纪法
思维

XINSHIDAI JIFA SIWEI XILIE CONGSHU
新时代纪法思维系列丛书

制度之治

历史底蕴与时代特征

莫纪宏——著

中国方正出版社

目　　录

论“中国式现代化”的法治保障…………………………………（1）
在法治轨道上建设社会主义现代化国家　………………………（30）
法治理念的历史底蕴与时代特征　………………………………（36）
从制度、制度化到制度体系构建　………………………………（54）
“制度之治”是法治的内在逻辑述要……………………………（75）
关于“制度”规定的语义学分析　………………………………（87）
论“化”的语境下制度发展和法治进步的理论特质………（107）
论中国特色社会主义法律体系、法治体系与制度体系的
　有机统一 ……………………………………………………（131）
论中国特色社会主义法治道路的法价值结构与功能 ………（158）

*　　*　　*

依规治党为自我革命提供有力保障 ……………………………（197）
党内法规体系建设重在实效 ……………………………………（203）
论党章的最高法规效力 …………………………………………（217）
建立和完善党内法规的监督机制 ………………………………（242）

*　　*　　*

创制中国特色监察权的伟大实践 …………………………（253）
修宪保证监察机关依法履职 ……………………………（259）
准确把握监察法的属性 ………………………………（262）
国家监察体制改革要注重对国家监察权性质的研究 ………（266）

参考文献 ……………………………………………（292）
后记 …………………………………………………（297）

论“中国式现代化”的法治保障

习近平总书记在党的二十大报告的第三部分明确提出了“中国式现代化”的概念，并指出，中国式现代化是中国共产党领导的社会主义现代化，既有各国现代化的共同特征，更有基于自己国情的中国特色。[①] 党的二十大报告提出了“中国式现代化”的九项本质要求，虽然在本质要求中没有对全面依法治国作出特别的阐述，但却在报告的第七部分强调了“在法治轨道上全面建设社会主义现代化国家”的政治主张。[②] 这充分说明了“中国式现代化”必须在法治轨道上全面建设，“中国式现代化”离不开法治的保障。这是面向未来五年和到2035年全面依法治国的重要任务和发展目标。

一、九项本质要求是实现“中国式现代化”的具体路径和必要条件

党的二十大报告在第三部分明确提出了“中国式现代化”的

---

① 习近平：《高举中国特色社会主义伟大旗帜　为全面建设社会主义现代化国家而团结奋斗——在中国共产党第二十次全国代表大会上的报告》，《求是》2022年第21期。

② 习近平：《高举中国特色社会主义伟大旗帜　为全面建设社会主义现代化国家而团结奋斗——在中国共产党第二十次全国代表大会上的报告》，《求是》2022年第21期。

九项本质要求，也就是：坚持中国共产党领导，坚持中国特色社会主义，实现高质量发展，发展全过程人民民主，丰富人民精神世界，实现全体人民共同富裕，促进人与自然和谐共生，推动构建人类命运共同体，创造人类文明新形态。[①] 这里提出的九项本质要求并非指“中国式现代化”的终极目标和现代化的指标体系，而是突出强调了实现“中国式现代化”终极目标的九条具体路径，是实现“中国式现代化”的必要条件。从九项本质要求与“中国式现代化”的具体逻辑关系来看，九项本质要求是整体性地与“中国式现代化”目标相对应，即任何一项本质要求都不可能有效实现“中国式现代化”的终极目标，只有九项本质要求都达到了既定标准，才有可能从整体上实现“中国式现代化”的既定目标。从逻辑关系上来看，九项本质要求是必要条件和逻辑前提，“中国式现代化”是九项本质要求合力作用的结果。如何在九项本质要求与“中国式现代化”之间建立缜密的法理逻辑关联，同时最大限度地发挥法治在实现“中国式现代化”这一制度目标中的规范功能和社会作用，是当下我国法学界必须重点加以研究的重大理论问题。

从法价值的功能来看，作为上层建筑的一部分，法律在调整人们行为时主要是发挥自身的规范确认功能和社会保障作用。与法律所具有的这两项基本功能相对应的是，法律规范的主要内涵包括两个方面：一是构建法律制度，通过具体的法律规范组成一

① 习近平：《高举中国特色社会主义伟大旗帜　为全面建设社会主义现代化国家而团结奋斗——在中国共产党第二十次全国代表大会上的报告》，《求是》2022 年第 21 期。

个调整某一国家生活和社会生活领域的社会关系的国家制度和法律制度；二是提出法律目标，主要是通过法律条文来宣示国家和社会发展的目标和任务，并为实现法律所倡导的发展目标和具体任务提供法律制度的有力保障。

“中国式现代化”是党的二十大报告明确提出的党和国家未来五年乃至到2035年和21世纪中叶一项具体奋斗目标和任务，九项本质要求与“中国式现代化”之间构成的是必要条件与结果之间的逻辑关系，并且作为必要条件，九项本质要求并没有穷尽所有的实现“中国式现代化”的必备要素，不能构成充分必要条件。但从逻辑关系上来看，没有九项本质要求的存在和作为“中国式现代化”实现的必要条件，“中国式现代化”就很难实现。在党的二十大报告中，基于“现代化”本身构成要素的复杂性，并没有对“中国式现代化”作出精确的定义，也没有完全列举“中国式现代化”的具体标志，而是通过“五项基本特征”[①]来作为确认“中国式现代化”的具体识别标准。从形式逻辑的定义法来看，“中国式现代化”的属概念是“现代化”，而种差则是五项基本特征，是“中国式现代化”区别于“非中国式现代化”的具体参照物。因此，法治在实现“中国式现代化”中的作用主要分两个方面：一是要保证九项本质要求的制度化、规范化，从而为实现“中国式现代化”这一具体的制度目标提供必要条件的满足关系；二是要确保实现的“中国式现代化”具有五个方面的基

① 党的二十大报告阐述了“中国式现代化”的五项基本特征，即中国式现代化是人口规模巨大的现代化，是全体人民共同富裕的现代化，是物质文明和精神文明相协调的现代化，是人与自然和谐共生的现代化，是走和平发展道路的现代化。

本特征，从而保证“中国式现代化”的“中国特色”，防止“中国式现代化”内涵的异化以及与“非中国式现代化”可能产生的完全“同质化”。因此，不论是“中国式现代化”自身存在的具体标识，还是“中国式现代化”具体实现的条件，都必须发挥法治固根本、稳预期、利长远的制度保障功能。“中国式现代化”在实践中既需要政策的倡导和推进，也需要法治的规范化保障，必须在法治轨道上有序推进与实现“中国式现代化”相关的党和国家各项事业健康发展，在法治轨道上全面实现社会主义现代化。

二、新中国成立后实现“中国式现代化”的法治道路

“现代化”是中国共产党人领导全体中国人民推翻三座大山，建设社会主义社会孜孜以求的奋斗目标。从早期的“工业化”理想，到“四个现代化”具体目标的确立，再到物质文明与精神文明高度发达的社会主义现代化强国，再到“中国式现代化”的“第二个百年奋斗目标”的确立，“中国式现代化”从对现代化理想的追求逐渐发展成为治国理政的大政方针，最终通过宪法确立为国家的发展目标，经过理念构造到政策引导再到法治保障成为不断发展和完善的党和国家各项事业的根本任务，形成了理论引导、实践推动，在法治轨道上有序推进的“中国式现代化”发展道路模式。这一演变的历史过程充分反映了“中国式现代化”的历史演变轨迹，也为未来“中国式现代化”指明了发展和前进方向。

（一）中国式现代化起源于党的第一代领导集体对“工业化”国家的憧憬以及对社会主义现代化具体目标的设想

关于现代化，一直是我们党领导中国人民进行革命、建设和改革所面临的重大理论和实践问题。1945 年，毛泽东在《论联合政府》中就明确指出未来新中国的现代化目标，即中国工人阶级的任务，不但是为着建立新民主主义的国家而奋斗，而且是为着中国的工业化和农业近代化而斗争。[①] 这是党的第一代领导人首次提出工业化和农业近代化这个未来新民主主义国家的经济建设大远景。新中国成立以后，现代化一直是社会主义建设的奋斗目标。早在新中国成立前夕召开的党的七届二中全会上的讲话中，毛泽东提出了“由落后的农业国变成了先进的工业国”[②] 的奋斗目标。改变落后的“农业国”，建成先进的“工业国”，是毛泽东这一时期对国家建设目标的表达方式。

1954 年 6 月 14 日，毛泽东在《关于中华人民共和国宪法草案》的讲话中说过，我们是一个六亿人口的大国，要实现社会主义工业化，要实现农业的社会主义化，机械化。[③] 这个提法比过去又前进了一步。同年 10 月 18 日，在国防委员会第一次会议上的讲话中，毛泽东第一次把工业、农业、文化、军事并提。他说：“我们现在工业、农业、文化、军事还都不行，帝国主义估

---

① 《毛泽东选集》第 3 卷，人民出版社 1991 年版，第 1081 页。

② 《毛泽东文集》第 6 卷，人民出版社 1999 年版，第 329 页。

③ 全国人大常委会法制工作委员会宪法室编：《中华人民共和国制宪修宪重要文献资料选编》，中国民主法制出版社 2021 年版，第 348 页。

量你只有那么一点东西，就来欺负我们。”① 这是“四个现代化”提法最初的雏形。1957 年 3 月，在中国共产党全国宣传工作会议上的讲话中，毛泽东提出了“三个现代化”的概念。毛泽东指出：“我们一定会建设一个现代工业、现代农业和现代科学文化的社会主义国家。”② 1959 年末至 1960 年初，在阅读苏联《政治经济学教科书》笔记中，毛泽东对“三个现代化”的提法做了完善和补充。他提出：“建设社会主义，原来要求是工业现代化，农业现代化，科学文化现代化，现在要加上国防现代化。”③

1964 年 12 月在第三届全国人民代表大会第一次会议上，周恩来根据毛泽东的建议，在《政府工作报告》中首次提出：在 20 世纪内，把中国建设成为一个具有现代农业、现代工业、现代国防和现代科学技术的社会主义强国，并宣布了实现四个现代化目标的“两步走”设想。第一步是用 15 年时间，建立一个独立的、比较完整的工业体系和国民经济体系，使中国工业大体接近世界先进水平；第二步是力争在 20 世纪末，使中国工业走在世界前列，全面实现农业、工业、国防和科学技术的现代化。④

---

① 许耀桐：《现代化的八次阐释和四次评析》，参见 http：//www. cssn. cn/zzx/xsdj_ zzx/xsdj_ xyt/201408/t20140825_ 1302551. shtml，2023 年 4 月 17 日最新访问。

② 许耀桐：《现代化的八次阐释和四次评析》，参见 http：//www. cssn. cn/zzx/xsdj_ zzx/xsdj_ xyt/201408/t20140825_ 1302551. shtml，2023 年 4 月 17 日最新访问。

③ 许耀桐：《现代化的八次阐释和四次评析》，参见 http：//www. cssn. cn/zzx/xsdj_ zzx/xsdj_ xyt/201408/t20140825_ 1302551. shtml，2023 年 4 月 17 日最新访问。

④《在第三届全国人民代表大会第一次会议上周恩来总理作政府工作报告》，《人民日报》1963 年 12 月 31 日。

在1975年召开的第四届全国人民代表大会第一次会议上，周恩来在《政府工作报告》中再次明确宣布要在20世纪末，实现工业、农业、科学技术和国防现代化。[①] 1976年至1978年，时任党的最高领导人的华国锋在讲话中多次提及将实现四个现代化作为拨乱反正、继往开来的社会主义新长征的重要任务。实现“四个现代化”成为拨乱反正和改革开放初期鼓舞中国亿万人民团结一致的奋斗目标和精神动力。中国改革开放的总设计师邓小平在会见外宾的谈话中就中国社会主义现代化问题的来龙去脉曾明确地指出，我们现在讲的四个现代化，实际上是毛主席提出来的，是周总理在他的政府工作报告里讲出来的。1979年12月6日，邓小平在与日本首相大平正芳会谈时，把四个现代化的具体目标表述为：到20世纪末，争取国民生产总值达到人均1000美元，实现小康水平。[②]

1979年邓小平在《坚持四项基本原则》等文章中指出：“没有民主就没有社会主义，就没有社会主义的现代化。”“民主化和现代化一样，也要一步一步地前进。社会主义愈发展，民主也愈发展”。[③] 邓小平上述关于民主化与现代化之间辩证关系的阐述，其实质意义在于首次明确了社会主义现代化实现的前置条件，即“民主化”。第一次科学地阐明了社会主义现代化作为党和国家各项事业的发展目标和根本任务必须具备的实现条件，揭示了社会

① 《中国共产党大事记·1975年》，参见 http://cpc. people. com. cn/GB/64162/64164/4416104. html，2023年4月17日最新访问。

② 梅丽红：《党史视角下的现代化征程》，《学习时报》2017年11月27日。

③ 《邓小平文选》第2卷，人民出版社1994年版，第168页。

主义现代化必须附条件才能实现的这个马克思主义辩证唯物主义命题。

党的十二大报告集中阐述了社会主义现代化目标的内涵、领导机制、实现方式。党的十二大报告的主题就是“全面开创社会主义现代化建设的新局面”，并明确四个现代化的关键是科学技术的现代化。报告还强调指出：在社会主义现代化建设的宏伟事业中，历史把重大的责任交给了我们党。我们一定要按照新党章的要求，努力把党建设成为领导社会主义现代化事业的坚强核心。党的十二大报告还对实现社会主义现代化的若干重要条件作了系统性阐述，指出：做好党在八亿农民中的工作，是实现现代化建设目标的重要条件。我们要全面开创社会主义现代化建设的新局面，必须特别重视充分发挥知识分子的作用。此外，党的十二大报告还通过强调“四件大事”的重要意义，进一步突出了实现社会主义现代化必要条件的重要性，即在今后一个时期内，必须有系统地完成机构改革和经济体制改革，必须大力建设社会主义精神文明，必须坚决打击破坏社会主义经济和其他破坏社会主义制度的严重犯罪活动，必须整顿党的作风和党的组织。这四件大事，是坚持社会主义制度、实现社会主义现代化的重要保证。

总之，党的十二大报告围绕着社会主义现代化这个目标任务进行了全面和系统的阐述，提出了明确的政策要求，指明了实现社会主义现代化的必要条件和具体路径。党的十三大报告提出“把我国建设成为富强、民主、文明的社会主义现代化国家”，这是在毛泽东提出的“社会主义的现代化的强国”的基础上作出的相类似的新表述。这个新表述，不仅提出了“社会主义现代化国家”的概念，而且还明确地规定了“强国”的内涵是“富强、民主、文明”。此后，这样的社会主义现代化国家内涵规定，为党的十四大至十六大报告所沿用。2007 年党的十七大报告，进一步提出“建设富强民主文明和谐的社会主义现代化国家”，又增加了“和谐”的内容，这在党的十八大报告和党的十八届三中全会的《决定》中也得到了肯定和使用。

为了进一步推进社会主义现代化建设事业不断稳步有效地向前发展，2013 年党的十八届三中全会审议通过的《中共中央关于全面深化改革若干重大问题的决定》明确提出“国家治理体系和治理能力现代化”[①] 的要求，这是对新中国成立以来我国现代化理论和现代化建设国策的继承和发展。一方面，“国家治理体系和治理能力现代化”是以“现代化”的要求来衡量的，“国家治理体系和国家治理能力”属于“现代化”的基本范畴；另一方面，“国家治理体系和治理能力现代化”是对以往“工业、农业、国防和科学技术现代化”的完善和发展，是对“社会主义现代化国家”内涵的不断补充和发展，在强调社会主义现代化“物质文明”属性的同时，又突出了社会主义现代化的“精神文明”要求。党的十九大报告对实现社会主义现代化国家的具体时间表、路线图作了科学规划，提出了“两步走”战略。党的十九大报告综合分析国际国内形势和我国发展条件，对社会主义现代化从 2020 年到 21 世纪中叶作了两个阶段的具体目标和任务的制度安排。

---

① 中共中央文献研究室编：《十八大以来重要文献选编》（上），中央文献出版社 2014 年版，第 512 页。

第一个阶段，从2020年到2035年，在全面建成小康社会的基础上，再奋斗15年，基本实现社会主义现代化。到那时，我国经济实力、科技实力、综合国力大幅跃升，跻身创新型国家前列；人民平等参与、平等发展权利得到充分保障，法治国家、法治政府、法治社会基本建成，各方面制度更加完善，国家治理体系和治理能力现代化基本实现；社会文明程度达到新的高度，国家文化软实力显著增强，中华文化影响更加广泛深入；人民生活更为宽裕，中等收入群体比重明显提高，城乡区域发展差距和居民生活水平差距显著缩小，基本公共服务均等化基本实现，全体人民共同富裕迈出坚实步伐；现代社会治理格局基本形成，社会充满活力又和谐有序；生态环境根本好转，美丽中国目标基本实现。

第二个阶段，从2035年到21世纪中叶，在基本实现现代化的基础上，再奋斗15年，把我国建成富强民主文明和谐美丽的社会主义现代化强国。到那时，我国物质文明、政治文明、精神文明、社会文明、生态文明将全面提升，实现国家治理体系和治理能力现代化，成为综合国力和国际影响力领先的国家，全体人民共同富裕基本实现，我国人民将享有更加幸福安康的生活，中华民族将以更加昂扬的姿态屹立于世界民族之林。

党的二十大报告在对实现社会主义现代化的具体条件和社会主义现代化的整体特征作出科学阐述的基础上，明确地使用了“中国式现代化”的概念来全面、系统和科学地归纳和总结中国特色社会主义现代化的制度标识和具体道路，对“中国式现代化”的内涵作了立体式、全息式的阐释，在政策层面全面和系统地确立了实现社会主义现代化国家必须完成的阶段性目标和具体任务。党的二十大报告中的现代化的具体方面也有了进一步发展，党的二十大报告涉及的具体方面的现代化要求至少有以下五个方面：一是大力度推进国防和军队现代化建设，加快军事理论现代化、军队组织形态现代化、军事人员现代化、武器装备现代化，加快建设现代化后勤；二是建成现代化经济体系，形成新发展格局，建设现代化产业体系；三是基本实现新型工业化、信息化、城镇化、农业现代化；四是基本实现国家治理体系和治理能力现代化；五是推进国家安全体系和能力现代化，坚决维护国家安全和社会稳定；等等。①

总的来说，经过中国共产党人的努力和全体中国人民的共同奋斗，通过党的二十大报告提出的“中国式现代化”概念使得中国人民对追求现代化的百年梦想成为近在咫尺的美好图景。“五项基本特征”“九项本质要求”“四个现代化”“国家治理体系和治理能力现代化”以及物质文明与精神文明相互协调形成分布于政治、经济、文化、社会等各个领域的现代化目标，成为今后五年乃至到2035年直至21世纪中叶全体中国人民在中国共产党领导下不懈奋斗的具体现代化事项，必须为此全力以赴、尽心尽责。

（二）“中国式现代化”的具体目标和价值要求始终得到了包括宪法在内的国家法律制度的确认和肯定

“中国式现代化”在政策层面经过了新中国成立后迂回曲折

① 习近平：《高举中国特色社会主义伟大旗帜　为全面建设社会主义现代化国家而团结奋斗——在中国共产党第二十次全国代表大会上的报告》，《求是》2022年第21期。

的社会主义现代化实践，到党的二十大报告中最终形成了科学的理论表达和具体的制度安排，成为全体中国人民可以明确无误地为之奋斗的目标。在“中国式现代化”不断付诸中国特色社会主义实践的过程中，现代化的宏伟蓝图、条件推动、制度保障等各种要素和运行机制，自始至终得到了中国特色社会主义法治的护航，形成了在法治轨道上有序推进“中国式现代化”的实践格局和行动路线。其中，通过四部宪法，不断肯定党和政府对社会主义现代化的认识成果，并赋予现代化目标以具体有效的制度条件的保障，是“中国式现代化”与法治建设并肩前进的最生动的写照。

1954 年新中国第一部宪法序言中提出了“建成繁荣幸福的社会主义社会”的奋斗目标，并规定了国家在过渡时期的总任务是“逐步实现国家的社会主义工业化”。虽然“社会主义工业化”不等于“社会主义现代化”，但在当时的历史阶段，“现代化”主要体现为“工业化”①，故 1954 年宪法已经关注“中国式现代化”问题，并将其作为过渡时期的“根本任务”。刘少奇在《关于中华人民共和国宪法草案的报告》（1954 年 9 月 5 日）中对如何实

① 1945 年，毛泽东在《论联合政府》中就明确指出未来新中国的现代化目标，即中国工人阶级的任务，不但是为着建立新民主主义的国家而奋斗，而且是为着中国的工业化和农业近代化而斗争。这是党的第一代领导人首次提出工业化和农业近代化这个未来新民主主义国家的经济建设大远景。参见《毛泽东选集》第 3 卷，人民出版社 1991 年版，第 1081 页。新中国成立以后，现代化一直是社会主义建设的奋斗目标。早在新中国成立前夕召开的党的七届二中全会上的讲话中，毛泽东提出了“由落后的农业国变成了先进的工业国”的奋斗目标。改变落后的“农业国”，建成先进的“工业国”，是毛泽东这一时期对国家建设目标的表达方式。参见《毛泽东文集》第 6 卷，人民出版社 1999 年版，第 329 页。

现社会主义工业化作了系统阐述。他指出，实现社会主义工业化是“十分艰巨复杂的任务”，必须要动员全国人民的力量，发挥广大人民群众的积极性和创造性，在正确的和高度统一的领导下，克服各种困难，才能完成这样的任务。[①] 为了完成这一任务和目标，刘少奇在报告中提出了两项基本要求：一是要更加发扬人民的民主，扩大我们国家民主制度的规模；二是我们必须建立高度统一的国家领导制度。[②] 上述实现社会主义工业化的两项基本要求与党的二十大报告提出的“中国式现代化”九项本质要求中的坚持党的领导、发展全过程人民民主具有异曲同工之妙。1975 年宪法受到“文化大革命”极“左”思潮的影响，在宪法序言中强调要坚持无产阶级专政下的继续革命理论，所以，没有承继 1954 年宪法所提出的实现“社会主义工业化”的任务，只是在序言中强调了要“多快好省地建设社会主义”。当然，1975 年宪法虽然受到极“左”思潮的影响，但对 1954 年宪法着力追求的社会主义工业化目标并没有简单地加以否定。恰恰相反，在《关于修改宪法的报告》中对 1954 年宪法中所阐明的社会主义类型宪法应当遵循的基本原则做了充分肯定。该报告强调指出，“一九五四年宪法，是中国第一个社会主义类型的宪法。它用根本大法的形式，总结了历史经验，巩固了我国人民的胜利成果，为全国人民规定了一条清楚的明确的前进道路。二十年来的实践

---

① 全国人大常委会法制工作委员会宪法室编：《中华人民共和国制宪修宪重要文献资料选编》，中国民主法制出版社 2021 年版，第 397 页。

② 全国人大常委会法制工作委员会宪法室编：《中华人民共和国制宪修宪重要文献资料选编》，中国民主法制出版社 2021 年版，第 397 页。

证明，这个宪法是正确的。它的基本原则，今天仍然适用。”[①] 上述规定肯定了1954年宪法所指引的社会主义工业化道路，坚守了1954年宪法中所确认的重大的宪法原则。1978年宪法虽然仍然保留了坚持无产阶级专政下继续革命的原则立场，但却首次在宪法序言中提出“在本世纪内把我国建设成为工业、农业、国防和科学技术现代化的伟大的社会主义强国”的奋斗目标。上述规定是作为国家的根本任务写入宪法序言的，正式宣告了建设社会主义现代化强国是作为根本法的宪法所要追求的制度目标，是“中国式现代化”与宪法的第一次“有机结合”，体现了作为根本法的宪法将“中国式现代化”纳入了宪法所追求的基本价值范围之内，彰显了宪法对“中国式现代化”的宣示和保障作用。关于1978年宪法为什么要直接明确实现社会主义现代化强国的根本任务，叶剑英在《关于修改宪法的报告》中作了非常详细的说明。叶剑英指出，建设社会主义的现代化强国，是党的第一代领导集体的核心毛泽东首先提出的任务。1964年12月，在第三届全国人民代表大会上，周恩来遵循毛泽东的指示，为全国人民明确了在20世纪内全面实现社会主义现代化，使我国国民经济走在世界前列的奋斗目标。[②] 但是《关于修改宪法的报告》在解释实现社会主义现代化的具体要求和实现路径时仍然没有摆脱无产阶级专政下继续革命理论的束缚，认为“不抓住阶级斗争这个纲，就不

---

① 全国人大常委会法制工作委员会宪法室编：《中华人民共和国制宪修宪重要文献资料选编》，中国民主法制出版社2021年版，第300页。

② 全国人大常委会法制工作委员会宪法室编：《中华人民共和国制宪修宪重要文献资料选编》，中国民主法制出版社2021年版，第269页。

能巩固无产阶级专政，也不可能实现四个现代化的任务”①。很显然，把抓“阶级斗争”视为实现四个现代化的“必要条件”，在法理上是站不住的，这不能不说是宪法在处理自身与“中国式现代化”相互之间关系的一个制度短板和缺陷，甚至可以视为在法理上存在重大的错误。

真正在宪法与“中国式现代化”之间确立科学合理的辩证关系的是1982年宪法即现行宪法。作为适应改革开放和社会主义现代化建设要求应运而生的1982年宪法，不仅肯定了1978年宪法首次明确提出的实现社会主义四个现代化和建设社会主义现代化强国的奋斗目标，更重要的是1982年宪法彻底清算了1978年宪法在论述实现“中国式现代化”的具体要求和实践路径上的错误认识，否定了抓“阶级斗争”与实现四个现代化之间的逻辑联系和制度关联，从马克思主义立场、观点和方法出发，科学地设定了社会主义四个现代化的奋斗目标，同时又提出了实现四个现代化的具体要求。1982年宪法首先在序言中肯定了新中国成立以后我们在追求“中国式现代化”过程中所取得的成绩，指出“经济建设取得了重大的成就，独立的、比较完整的社会主义工业体系已经基本形成，农业生产显著提高。教育、科学、文化等事业有了很大的发展”。在此基础上，1982年宪法序言第七自然段明确规定“逐步实现工业、农业、国防和科学技术的现代化，把我国建设成为高度文明、高度民主的社会主义国家”。上述规定不仅

① 全国人大常委会法制工作委员会宪法室编：《中华人民共和国制宪修宪重要文献资料选编》，中国民主法制出版社2021年版，第269页。

肯定了“中国式现代化”是由“工业、农业、国防和科学技术的现代化”构成的物质文明现代化，同时也是“高度文明、高度民主”的精神文明现代化，第一次突出强调了“中国式现代化”所具有的物质文明与精神文明相协调的基本特征。就此，彭真在《关于中华人民共和国宪法修改草案的报告》中作出了全面系统的明确解释。他指出：“拨乱反正的一项重大战略方针，就是把国家的工作重点坚决转移到社会主义现代化经济建设上来。一切工作都要围绕这个重点，为这个重点服务。国家的巩固强盛，社会的安定繁荣，人民物质文化生活的改善提高，最终都取决于生产的发展，取决于现代化建设的成功。今后必须坚定不移地贯彻执行这个战略方针，除非敌人大规模入侵；即使那时，也必须进行为战争所需要和实际可能的经济建设。把这个方针记载在宪法中，是十分必要的。在强调以经济建设作为工作重点的同时，还必须充分重视社会主义精神文明的建设，充分重视发展社会主义民主。”①

由此可见，作为国家根本法，从第一部宪法开始，对于“中国式现代化”的奋斗目标、基本特征和本质要求就作出了全面规划，宪法为实现“中国式现代化”提供了明确的法律指引，指明了“中国式现代化”的前进方向，为党的二十大报告正式提出“中国式现代化”五项基本特征和九项本质要求提供了坚实的制度基础。当然，由于受到新中国成立后不同历史阶段的意识形态特征的影响，在对实现“中国式现代化”的具体制度路径和保障条件上，1975 年宪法和 1978 年宪法都存在着严重缺陷，甚至可

---

① 全国人大常委会法制工作委员会宪法室编：《中华人民共和国制宪修宪重要文献资料选编》，中国民主法制出版社 2021 年版，第 97 页。

以说出现了法理上的错误。因此，作为根本法的宪法也是在不断适应实现“中国式现代化”、建设社会主义现代化强国的具体阶段的要求来对作为国家根本任务的“中国式现代化”的具体目标作必要的修正。1982 年宪法适应改革开放和社会主义现代化建设的需要，全面系统和科学地确立了建设社会主义现代化强国的目标，为在实践中铸造“中国式现代化”的制度内涵提供了坚实的宪法基础和制度依据。1982 年宪法正式施行后，迄今为止总共进行了五次修正。其中，1993 年、2004 年和 2018 年三次修正都对现行宪法关于“中国式现代化”的相关规定进一步加以明确和完善，更加科学和有效地确定了“中国式现代化”的制度内涵。1993 年宪法修正案在宪法序言第七自然段所规定的国家根本任务中增加了建设社会主义现代化的制度条件，即将 1982 年宪法文本中规定的“今后国家的根本任务是集中力量进行社会主义现代化建设”修改为“国家的根本任务是，根据建设中国特色社会主义的理论，集中力量进行社会主义现代化建设”，把“建设中国特色社会主义的理论”作为“社会主义现代化建设”的重要前提，强调了“中国式现代化”的实践离不开现代化理论的指导作用。此外，1993 年宪法修正案还把 1982 年宪法文本中的社会主义国家的“高度民主、高度文明”的精神文明现代化特征修改为“把我国建设成为富强、民主、文明的社会主义国家”。很显然，对“社会主义现代化”的现代化标准强调了“富强”与“民主、文明”相统一的物质文明现代化与精神文明现代化的有机统一。2004 年宪法修正案在 1993 年宪法修正案基础上，将“建设有中国特色社会主义的理论”作为“社会主义现代化建设”的重要前提修改为“沿着中国特色社会主义道路，集中力量进行社会主义现代化建设”，初步具备了“中国式现代化”概念中的“中国式”对现代化内涵的限定功能，强调了“举什么旗、走什么路”对现代化的根本决定性作用。2018 年宪法修正案在 2004 年宪法修正案的基础上，对社会主义现代化国家的具体样态又作进一步科学和系统的描述，在宪法序言第七自然段规定，“逐步实现工业、农业、国防和科学技术的现代化，推动物质文明、政治文明、精神文明、社会文明、生态文明协调发展，把我国建设成为富强民主文明和谐美丽的社会主义现代化强国，实现中华民族伟大复兴”。上述规定在宪法规范层面实际上起到了宪法中的“现代化”条款的功能。其中关于社会主义现代化的主要制度特征包括以下几个方面：一是在 2004 年宪法修正案所增加的描述“中国式现代化”的重要特征，“推动物质文明、政治文明和精神文明”三个文明协调发展扩展为“推动物质文明、政治文明、精神文明、社会文明、生态文明”五个文明协调发展，进一步丰富了“中国式现代化”的文明内涵和底蕴；二是对社会主义现代化国家的外在特征的描述，从“富强、民主、文明”三个要素增加到“富强、民主、文明、和谐、美丽”五个要素，进一步拓展了“中国式现代化”的表现形式；三是 2004 年宪法修正案并没有明确提出“社会主义现代化国家”，2018 年宪法修正案则首次提出要把我国建设成为“富强、民主、文明、和谐、美丽”的社会主义现代化强国，可以说，2018 年宪法修正案对“中国式现代化”的外在特征和内在品格的表达已经非常完整和成熟；四是延伸了“中国式现代化”的制度目标，增强了“实现中华民族伟大复兴”这一终极现代化目标，也就是说，实现“中国式现代化”不是为了现代化而现代化，“中国式现代化”最终是为了实现中华民族伟大复兴。因此，2018 年宪法修正案通过宪法文本确立了“实现中华民族伟大复兴”这一终极的制度目标，为实现“中国式现代化”奠定了坚实的宪法基础。

总的来说，新中国成立后，作为中国共产党领导全体中国人民孜孜不倦的奋斗理想，现代化以及以现代化作为存在形式的中华民族伟大复兴的历史使命，通过执政党的一系列大政方针和国家宪法法律得到了政策上的战略部署和法律上的制度安排，“中国式现代化”的内涵和外延在自身发展的过程中越来越清晰，为党的二十大报告正式提出“中国式现代化”这一概念和明确“中国式现代化”五项基本特征和九项本质要求提供了政策指引和法律依据，“中国式现代化”不再停留于理想和对未来的期许，已经成为指导党和国家各项事业的行动纲领。

三、“法治现代化”是实现“中国式现代化”的前提和条件

党的二十大报告在第七部分明确提出了“在法治轨道上全面建设社会主义现代化国家”的政治主张。这就从哲学方法论的层面明确了法治与现代化之间的辩证关系，确认了法治在实现“中国式现代化”中的基础性保障地位和作用。根据“在法治轨道上全面建设社会主义现代化国家”的政策要求，法治与“中国式现代化”之间的基本逻辑关系即法治是实现“中国式现代化”的必要条件，没有法治，就没有现代化。现代化必须在法治轨道上有

序推进，没有法治的保驾护航，“中国式现代化”的五项基本特征和九项本质要求就无法在现代化实践中获得制度上的稳定性，法治所具有的“固根本、稳预期、利长远”价值在实现“中国式现代化”过程就无法发挥应有的作用。所以，法治在实现“中国式现代化”过程中的作用是决定性的，毋庸置疑。从另一个角度来看，正因为法治在实现“中国式现代化”中具有举足轻重的地位，也在现代化理论和实践中引发了一个基础性问题，即法治凭什么能够为实现“中国式现代化”提供强有力和有效的制度保障？法治是否自身也需要“现代化”，才能为“中国式现代化”的实现提供真实和有效的制度保障？作为“现代化”意义上的法治应当具有哪些制度化的要件？法治现代化与“中国式现代化”五项基本特征和九项本质要求之间的具体制度联系和具体法治保障机制如何确立，等等。上述问题都是论述“中国式现代化”的法治保障这一主题时必须要认真加以回答的。本文就法治的“现代化”路径和法治在实现“中国式现代化”中的制度保障作用，结合作为马克思主义法治理论中国化的最新理论成果的习近平法治思想的立场、观点和方法，提出若干角度的解题方案。

（一）法治必须具有与时俱进的品格才能符合现代化的基本价值要求

法治是通过法律的治理。马克思主义法治理论认为，法律是随着国家的出现一起出现的，不同历史阶段的法律所发挥的制度功能和社会作用是不一样的。根据历史唯物主义的历史发展论，法律也经历了原始社会法律、奴隶社会法律、封建社会法律、资本主义法律和社会主义法律五个发展阶段。资本主义法律相对于原始社会法律、奴隶社会法律和封建社会法律要先进得多。资本主义法律适应了资产阶级反封建专制和特权的要求，提出了人人平等原则，并且主张限制国家权力、保障公民权利，因此，从法律文明状态来看，资本主义法律相对于资本主义法律以前的所有法律来说，具有“现代性”。列宁领导的俄国十月革命，建立世界上第一个社会主义国家，由此也诞生了区别于资本主义法律和一切剥削阶级法律的社会主义类型法律。社会主义法律以消灭私有制作为自身的历史使命和任务，因此，具有比资本主义法律更强的生命力。目前世界上主要存在着两种形态的法律文明，一种是适应资本主义生产方式要求的资本主义法律，一种是适应社会主义生产力发展需要的社会主义法律。新中国成立后，否定了国民党政府所奉行的以“六法全书”为基础的半殖民地半封建性质的法律制度体系，建立了符合人民利益的法律制度，并经过新中国成立初期过渡时期的法律发展为社会主义性质的法律。我国社会主义性质的法律从本质上是反映了最广大人民意志和利益的要求，符合社会发展的客观规律。特别是改革开放之后，我国的现行宪法和法律很好地适应了改革开放和社会主义现代化建设的各项要求，始终与时代发展的主题相呼应，具有与时俱进的品格。因此，我国的社会主义法律具有相对于其他法律文明形式的“现代性”，这就为建立在具有现代性基础上的法律制度的运行和由此形成的“法治”具有现代化的品格打下了坚实的基础。故我国的社会主义性质的法律从本质上来看，具备了“现代化”的基本条件，能够为“中国式现代化”提供有效的制度保障。

党的十五大报告将“依法治国”作为治国方略写入了报告，

1999 年现行宪法第三次修正时又将“中华人民共和国实行依法治国、建设社会主义法治国家”写入宪法，使得依法治国成为党和国家的大政方针。根据党的十五大报告的要求，第十一届全国人民代表大会第四次会议又在 2011 年初正式宣布中国特色社会主义法律体系基本形成。2014 年 10 月 23 日党的十八届四中全会审议通过的《中共中央关于全面推进依法治国若干重大问题的决定》又将“建设中国特色社会主义法治体系”视为全面依法治国各项工作的“总抓手”。从“法律体系”到“法治体系”反映了法治本身发展的内在规律，也是法治走向现代化的表象特征。从党的十一届三中全会明确提出“有法可依，有法必依，执法必严，违法必究”社会主义法制建设“十六字方针”到党的十八大提出“科学立法、严格执法、公正司法、全民守法”社会主义法治建设的新“十六字方针”，从“依法治国”到“全面依法治国”，从“有法可依”到“科学立法”，从“法律体系”到“法治体系”等，无一不深刻地反映中国法治的进步和法治走向现代化的痕迹。与中国法治现代化的发展历程相一致，“中国式现代化”因为获得良好的法治环境，各个方面的事业在法治现代化的推动下也都迈向了社会主义现代化征程。

（二）法治现代化的阶段性标志是全面依法治国总体格局基本形成

法治具有现代化的品格或者是法治达到现代化的程度和水平，必须要有一些制度性的标志，否则，法治现代化就会成为令人捉摸不定的概念和术语而不具有实践的价值和意义。改革开放以来，适应社会主义现代化建设的要求，中国特色社会主义法制的发展也呈现出不断健全和完善的特征，从“文化大革命”中的缺少法制到改革开放法治格局的逐渐形成，中国特色社会主义法治建设不断地迈向法治现代化的目标。1978 年 12 月党的十一届三中全会提出“有法可依、有法必依、执法必严、违法必究”的社会主义法制建设“十六字方针”，这一时期，法制建设的目标在于“有法可依”、确保各项法制要素的逐步到位。为此，“有法总比没法好”[①]“法律宜粗不宜细”，[②] 这样的法制理念都成了适应时代要求的标志性法制话语。1997 年召开的党的十五大把“依法治国”作为治国方略，从治国理政的层面重视法治的社会作用。2012 年党的十八大提出了全面依法治国的要求，党的十八届四中全会提出了要形成“科学立法、严格执法、公正司法、全民守法”的法治工作格局。党的十九大报告则强调，为了保证宪法实施，维护宪法权威，必须推进合宪性审查工作。

法治现代化的阶段性标志集中体现在“全面依法治国总体格局”概念的形成和重要论断的作出。全面依法治国总体格局基本形成这一重要论断最早见于习近平总书记在 2021 年 12 月 6 日举行的十九届中央政治局第三十五次集体学习时的重要讲话。在讲

---

① 1978 年改革开放总设计师邓小平指出：“现在立法的工作量很大，人力很不够，因此法律条文开始可以粗一点，逐步完善。有的法规地方可以先试搞，然后经过总结提高，制定全国通行的法律。修改补充法律，成熟一条就修改补充一条，不要等待‘成套设备’。总之有比没有好，快搞比慢搞好。”《邓小平文选》第 2 卷，人民出版社 1994 年版，第 147 页。

② 廉希圣教授指出：在香港基本法起草过程中，邓小平曾指示，基本法宜粗不宜细。“但在征求意见的过程中，写得原则性一点，怕执行时会有问题，写得稍微细一点，香港委员会说，没有给香港社会发展预留空间。所以，最终呈现出来的基本法有粗有细。”参见《中央为香港问题不惜一切代价》，《大公报》2020 年 4 月 3 日。

话中，习近平总书记指出：党的十八大以来，党中央把全面依法治国纳入“四个全面”战略布局予以有力推进，对全面依法治国作出一系列重大决策部署，组建中央全面依法治国委员会，完善党领导立法、保证执法、支持司法、带头守法制度，基本形成全面依法治国总体格局。[①] 习近平总书记在党的二十大报告的第一部分阐述新时代十年的伟大变革十六个方面的历史性成就时，在第八个方面论述“坚持走中国特色社会主义政治发展道路”这个重要成就时，明确指出：“全面依法治国总体格局基本形成。”上述重要论断具有深厚的历史逻辑、理论逻辑和实践逻辑，是在认真总结党的十八大以来以习近平同志为核心的党中央运用法治作为治国理政的基本方式在全面推进依法治国领域取得的各项历史性成就基础上得出的科学结论，是对新时代十年法治工作的高度肯定，同时也是对全面依法治国工作现状的科学表述，为进一步在实践中推进全面依法治国健康有序地向前发展具有非常重要的指导意义。所谓“总体格局”就是指法治作为社会系统工程的整体框架已经形成，各种法治要素齐备、要素之间的联结顺畅、结构合理、功能合理高效，故“全面依法治国总体格局”基本形成是中国特色社会主义法治现代化的阶段性标志，也是“法治轨道”“中国特色社会主义法治道路”等法治现代化中国话语的内在逻辑。基于党的二十大报告正式作出的“全面依法治国总体格局基本形成”的重要论断，中国特色社会主义法治现代化迈上了新台阶，法治现代化有了具体的评价标准，在实践逻辑上就产生

① 《习近平在中央政治局第三十五次集体学习强调　坚定不移走中国特色社会主义道路更好推进中国特色社会主义法治体系建设》，《人民日报》2021年12月8日。

了总体格局形成之前的法治状况、总体格局基本形成的法治状况和总体格局形成后的法治状况三种法治形态。总体格局形成之前，法治现代化已经积累了必要的法治要素，但尚未达到现代化的要求；总体格局形成时，法治要素齐备、结构合理、功能合理，法治运行秩序流畅，法治现代化初露端倪；总体格局形成后，立法更科学，执法司法效率更高，守法更有效，法治现代化的特征越来越明显。

总之，党的二十大报告通过作出“全面依法治国总体格局基本形成”的重要论断为中国特色法治现代化勾画了理论与实践的基础，为在法治轨道上全面建设社会主义现代化国家提供了具体的制度路径，为在法治现代化的基础上有序推进“中国式现代化”指明了前进的大方向。

（三）法治对实现“中国式现代化”的制度保障功能必须通过五项基本特征和九项本质要求的法治化来实现

党的二十大报告明确提出“在法治轨道上全面建设社会主义现代化国家”的政治要求，虽然说“中国式现代化”和“社会主义现代化国家”在具体的制度目标和实践要求方面来看侧重点不一样，但从两者之间的逻辑关系来看，“社会主义现代化国家”是“中国式现代化”的整体特征，是“中国式现代化”的根本标准。两者之间是形式和内容的关系，必须要有机结合起来加以考察。“在法治轨道上全面建设社会主义现代化国家”也就意味着“在法治轨道上”全面建设“中国式现代化”。虽然党的二十大报告并没有给“中国式现代化”下一个明确的定义，也没有列举“中国式现代化”的具体内容，但通过阐明“中国式现代化”的五项基本特征，对达不到“中国式现代化”标准和要求的“非中国式现代化”作了逻辑上的排除，也就是说，凡不具备五项基本特征的所谓现代化就不能被视为“中国式现代化”。此外，对于党的二十大报告提出的“中国式现代化”的九项本质要求，从逻辑关系上来看，九项本质要求是“中国式现代化”实现的必要条件，没有九项本质要求的充分满足，“中国式现代化”也就不可能实现。为此，“在法治轨道上全面建设中国式现代化”就表现为通过法治途径和手段来明确“中国式现代化”五项基本特征的重要地位和作用，同时基于法治来为“中国式现代化”九项本质要求的实现提供制度上的有效保障。

党的二十大报告精确地阐述了“中国式现代化”的五项基本特征，即中国式现代化是人口规模巨大的现代化；是全体人民共同富裕的现代化；是物质文明和精神文明相协调的现代化；是人与自然和谐共生的现代化；是走和平发展道路的现代化。[①] 上述五项基本特征在现行宪法的序言中都有所体现，因此，作为国家的根本任务，实现“中国式现代化”的各项任务和外在表现形式目前在宪法中有着较为清晰的框架，需要强调的是“人口规模巨大的现代化”特征，应当在现行宪法的条文中得到进一步的体现。为了全面和有效地实现“中国式现代化”的各项目标，党的二十大报告通过提出“中国式现代化”的九项本质要求来为“中国式现代化”的顺利实现指明了具体的实践路径，也就是坚持中

① 习近平：《高举中国特色社会主义伟大旗帜　为全面建设社会主义现代化国家而团结奋斗——在中国共产党第二十次全国代表大会上的报告》，《求是》2022 年第 21 期。

国共产党领导，坚持中国特色社会主义，实现高质量发展，发展全过程人民民主，丰富人民精神世界，实现全体人民共同富裕，促进人与自然和谐共生，推动构建人类命运共同体，创造人类文明新形态。[①] “坚持中国共产党的领导”“坚持中国特色社会主义”“推动构建人类命运共同体”这三项“中国式现代化”本质要求已经在现行宪法的最初文本和后来的五次修正案文本中得到了体现，目前需要通过修宪方式来加以确认和肯定的是实现高质量发展、发展全过程人民民主、丰富人民精神世界、实现全体人民共同富裕、促进人与自然和谐共生以及创造人类文明新形态六项本质要求，其中最突出的是要通过巩固和加强全过程人民民主的法治保障，来保证“中国式现代化”的实现获得良好的制度运行环境，正如邓小平所说：“没有民主就没有社会主义，就没有社会主义的现代化。”“民主化和现代化一样，也要一步一步地前进。社会主义愈发展，民主也愈发展。”[②] 改革开放的实践证明，没有法治保障的民主，就无法有效运行，因此，法治在保障“中国式现代化”中的具体制度功能是通过民主制度化法律化，特别是通过加强全过程人民民主的法治保障，为民主在实现“中国式现代化”中发挥充分有效的促进作用提供坚实的制度基础。

---

① 习近平：《高举中国特色社会主义伟大旗帜　为全面建设社会主义现代化国家而团结奋斗——在中国共产党第二十次全国代表大会上的报告》，《求是》2022 年第 21 期。

② 《邓小平文选》第 2 卷，人民出版社 1994 年版，第 168 页。

（四）以人民为中心才能确保法治在实现“中国式现代化”中发挥自身应有的制度保障作用

“以人民为中心”是中央全面依法治国工作会议所确认的习近平法治思想的核心要义之一。2020年11月16日，习近平总书记在中央全面依法治国工作会议上就当前和今后一段时间全面依法治国工作提出的“十一个坚持”发表重要讲话时明确指出：“全面依法治国最广泛、最深厚的基础是人民，必须坚持为了人民、依靠人民。要把体现人民利益、反映人民愿望、维护人民权益、增进人民福祉落实到全面依法治国各领域全过程。推进全面依法治国，根本目的是依法保障人民权益。要积极回应人民群众新要求新期待，系统研究谋划和解决法治领域人民群众反映强烈的突出问题，不断增强人民群众获得感、幸福感、安全感，用法治保障人民安居乐业。”① 2021年7月1日，在庆祝中国共产党成立一百周年大会上的重要讲话中，习近平总书记再一次强调：“江山就是人民，人民就是江山。”② “中国式现代化”归根到底就是要为了人民过上美好幸福的生活，让每一个人都获得自由发展的机会。党的二十大报告在科学阐述实现“中国式现代化”必须遵循的重大原则上也进一步重申“坚持以人民为中心的发展思想”。党的二十大报告指出：“维护人民根本利益，增进民生福祉，不断实现发展为了人民、发展依靠人民、发展成果由人民共享，让现代化建设成果更多更公平惠及全体人民。”可见，只有坚持以人民为中心的发展理念，才能确保中国特色社会主义法治

---

① 习近平：《论坚持全面依法治国》，中央文献出版社2020年版，第2页。

② 《习近平著作选读》第2卷，人民出版社2023年版，第482页。

发展的正确方向，而只有贯穿了以人民为中心的法治才能有效地服务于实现“中国式现代化”的奋斗目标。坚持以人民为中心的现代化理念，归根结底就是要确保法治的人民性，要保证法治在实现“中国式现代化”中的话语权和主动权始终掌握在人民手中，要让人民广泛参与“中国式现代化”的公共决策，让人民亲自参与实现“中国式现代化”制度目标的图景设计，让人民有权监督“中国式现代化”实施的发展进程，最终要让人民有权决定“中国式现代化”的实现状况。只有让人民自己决定与自己切身利益相关的“中国式现代化”事业的前途和命运，“中国式现代化”才能扎根于人民群众，获得全体中国人民最大程度的拥护和支持。在此过程中，必须用法治来贯彻以人民为中心的原则，让人民真正成为“中国式现代化”的主人，而不是“中国式现代化”的旁观者。

总之，在法治轨道上全面建设社会主义现代化国家，必须要基于马克思主义立场、观点和方法来辩证地处理法治与“中国式现代化”之间的关系，要通过发挥法治在肯定和确认“中国式现代化”五项基本特征和保障“中国式现代化”九项本质要求得到有效实现的基础上，全面有效地推进“中国式现代化”的发展进程，最大限度地发挥法治作为治国理政的基本方式在实现“中国式现代化”中的重要作用。

本文刊登在《山西师大学报（社会科学版）》2023 年 5 月第 50 卷第 3 期，收入本书时有增删。

在法治轨道上建设社会主义现代化国家

党的二十大报告强调："全面依法治国是国家治理的一场深刻革命，关系党执政兴国，关系人民幸福安康，关系党和国家长治久安。必须更好发挥法治固根本、稳预期、利长远的保障作用，在法治轨道上全面建设社会主义现代化国家。"这为科学理解"法治"与"中国式现代化"之间的关系提供了方向指引，对坚持全面依法治国、推进中国式现代化具有重要意义。

"法治"是"现代化"的内在要求

现代化作为一个世界历史进程，反映了人类社会从建立在自给自足的自然经济基础上的传统农业社会向建立在发达的市场经济基础上的现代工业社会发展的历史巨变特征。它是一种全球性的时代发展趋势。

新中国成立后，现代化一直是社会主义建设的奋斗目标。1978 年颁行的宪法明确了实现社会主义现代化的目标和任务，提出"在本世纪内把我国建设成为农业、工业、国防和科学技术现代化的伟大的社会主义强国"。1982 年，第五届全国人民代表大会第五次会议通过了新修改的《中华人民共和国宪法》，在序言中提出"今后国家的根本任务是集中力量进行社会主义现代化建设”“逐步实现工业、农业、国防和科学技术的现代化”。党的十二大对基本实现社会主义现代化作出了集中阐述。

为进一步推进社会主义现代化建设，党的十八届三中全会通过的《中共中央关于全面深化改革若干重大问题的决定》提出“推进国家治理体系和治理能力现代化”，这是对新中国成立以来我国现代化理论和实践的继承和发展。一方面，“国家治理体系和治理能力现代化”是以“现代化”的要求来衡量“国家治理体系和治理能力”，属于“现代化”的基本范畴；另一方面，“国家治理体系和治理能力现代化”是对以往“工业、农业、国防和科学技术的现代化”的完善，凸显了物质文明和精神文明相协调的现代化要求。

2014 年，习近平总书记出席中央政法工作会议并发表重要讲话，指出“党委政法委要明确职能定位，善于运用法治思维和法治方式领导政法工作，在推进国家治理体系和治理能力现代化中发挥重要作用”。这强调了“法治思维和法治方式”在推进国家治理体系和治理能力现代化中的重要意义，对于习近平法治思想中“坚持在法治轨道上推进国家治理体系和治理能力现代化”重要论断的形成起了重要作用。

国家治理体系是在党的领导下管理国家的制度体系，包括经济、政治、文化、社会、生态文明和党的建设等各领域体制机制、法律法规安排。法治是国家治理体系和治理能力的重要依托，关键是要建立健全国家治理法治体系。国家治理法治体系是基于以宪法为核心的法律体系建立起来的规范国家管理活动的国家管理系统，是国家治理法律体系的动态化、常态化和实效化，主要包括国家管理法律法规政策体系、国家权力体系、公民权利体系、公民义务体系、政府责任体系和国家责任体系等。从国家治理法律体系到国家治理法治体系的转变，体现了国家治理能力的不断提升，是国家治理能力现代化的重要特征。

“法治”与“现代化”相伴而生、相辅相成。没有“法治”作为制度保障，就无法形成推进“中国式现代化”所必需的制度条件和制度环境。全面依法治国就是要把法治作为治国理政的基本方式，更好地促进社会主义现代化事业全面发展和进步。

“四个全面”是推进中国式现代化的战略保障

党的十八大以来，以习近平同志为核心的党中央坚持和发展中国特色社会主义，团结带领全党全国各族人民励精图治、攻坚克难，推动党和国家事业取得历史性成就、发生历史性变革。2014 年，习近平总书记在党的群众路线教育实践活动总结大会上对全面推进从严治党进行部署。同年 11 月，习近平总书记在福建调研时强调，“协调推进全面建成小康社会、全面深化改革、全面推进依法治国进程”；12 月，习近平总书记在江苏调研时强调，要“协调推进全面建成小康社会、全面深化改革、全面推进依法治国、全面从严治党，推动改革开放和社会主义现代化建设迈上新台阶”，将“三个全面”上升到了“四个全面”。2015 年，习近平总书记指出，党的十八大以来，党中央从坚持和发展中国特色社会主义全局出发，提出并形成了全面建成小康社会、全面深化改革、全面依法治国、全面从严治党的战略布局。

“四个全面”战略布局是一个有机联系、环环相扣的整体。

全面建成小康社会是战略目标，全面深化改革、全面依法治国、全面从严治党是不可或缺的重要战略举措，为全面建成小康社会提供动力源泉、法治保障和政治保证；全面深化改革，既为全面建成小康社会提供强大动力，也是全面依法治国、全面从严治党的客观需要；全面依法治国，是全面建成小康社会的重要内容，同时又为全面建成小康社会提供法治保障，全面深化改革、全面从严治党都需要在法治的轨道上、框架下来进行；全面从严治党，是推进“四个全面”战略布局的关键，全面建成小康社会、全面深化改革、全面依法治国都必须坚持党的领导。

党的十九届五中全会提出“协调推进全面建设社会主义现代化国家、全面深化改革、全面依法治国、全面从严治党的战略布局”。在“全面建成小康社会”目标实现之后，“全面建设社会主义现代化国家”成为“四个全面”的新内容。其中，全面依法治国既是全面建设社会主义现代化国家的重要内容，又为全面建设社会主义现代化国家提供了坚实有力的法治保障。党的二十大报告提出：“从现在起，中国共产党的中心任务就是团结带领全国各族人民全面建成社会主义现代化强国、实现第二个百年奋斗目标，以中国式现代化全面推进中华民族伟大复兴。”“全面依法治国”作为“四个全面”的重要组成部分，相应地成为“中国式现代化”的重要内容、制度前提和行动保障。

“法治”与“中国式现代化”之间的关系既是部分与整体的关系，也是手段与目标的关系。作为部分与整体的关系，“法治”是“中国式现代化”的重要内容。党的十九大报告提出，到2035年，法治国家、法治政府、法治社会基本建成。党的二十大报告要求，“坚持法治国家、法治政府、法治社会一体建设”。作为手段与目标的关系，“法治”是“中国式现代化”的重要制度前提和行动保障，必须坚持走中国特色社会主义法治道路，建设中国特色社会主义法治体系、建设社会主义法治国家。党的二十大报告提出“在法治轨道上全面建设社会主义现代化国家”，明确了推进中国式现代化的必要条件。确保在法治轨道上推进国家治理体系和治理能力现代化，才能充分发挥法律规范保障作用，为全面建设社会主义现代化国家提供有力法治保障。

全面依法治国总体格局基本形成为推进中国式现代化提供有力保障

党的二十大报告提出，“我们坚持走中国特色社会主义政治发展道路，全面发展全过程人民民主，社会主义民主政治制度化、规范化、程序化全面推进”“全面依法治国总体格局基本形成”。这是对以习近平同志为核心的党中央推动建设社会主义法治国家重大成就的高度概括。

经过持续努力，我们已经基本形成了全面依法治国总体格局，主要特征包括：党的十八届三中全会提出建设法治中国；党的十八届四中全会提出贯彻中国特色社会主义法治理论以及全面推进依法治国的总目标和重大任务等；党的十九大报告提出，到2035年，法治国家、法治政府、法治社会基本建成；中央全面依法治国工作会议明确了习近平法治思想是全面依法治国的根本遵循和行动指南。这些为全面依法治国总体格局基本形成奠定了思想基础、提供了政策依据和行动指引。

从具体制度标志看，“中国特色社会主义法治体系”的建设和完善是具有划时代意义的“中国式现代化”具体实践形式。习近平总书记在十九届中央政治局第三十五次集体学习时指出：我们已经踏上了全面建设社会主义现代化国家、向第二个百年奋斗目标进军的新征程，立足新发展阶段，贯彻新发展理念，构建新发展格局，推动高质量发展，满足人民对民主、法治、公平、正义、安全、环境等方面日益增长的要求，提高人民生活品质，促进共同富裕，都对法治建设提出了新的更高要求。

迈上新征程，我们要深入推进全面依法治国各项事业，提高全面依法治国能力和水平，为全面建设社会主义现代化国家、实现第二个百年奋斗目标提供有力法治保障。

本文刊登在《经济日报》2023 年 1 月 31 日第 10 版。

法治理念的历史底蕴与时代特征

2021年11月，中国共产党第十九届中央委员会第六次全体会议通过了《中共中央关于党的百年奋斗重大成就和历史经验的决议》（以下简称《决议》）。在我们党的百年奋斗历程中，《决议》是第三个关于历史问题的决议。1945年党的六届七中全会通过了《关于若干历史问题的决议》，对建党以来党的历史及其基本经验教训作出系统总结，为召开党的七大创造了政治上、思想上的充分条件；1981年党的十一届六中全会通过了《关于建国以来党的若干历史问题的决议》，全面总结了新中国成立以后社会主义革命和建设的历史经验，对一些重大历史事件和重要历史人物作出了实事求是的评价。该决议肯定了党的十一届三中全会以来逐步确立的适合中国国情的建设社会主义现代化强国的正确道路，进一步指明了中国社会主义事业继续前进的方向。党的十九届六中全会通过的《决议》以“十个坚持”，即坚持党的领导，坚持人民至上，坚持理论创新，坚持独立自主，坚持中国道路，坚持胸怀天下，坚持开拓创新，坚持敢于斗争，坚持统一战线，坚持自我革命，总结了党百年奋斗的宝贵历史经验，是党和人民共同创造的精神财富，为坚定不移地走中国特色社会主义道路提供了理论支撑和信心源泉，必须倍加珍惜、长期坚持，并在新时代实践中不断丰富和发展。

毫无疑问，确立依法执政的大政方针，将依法治国作为治国方略，把法治作为治国理政的基本方式，确认习近平法治思想作为马克思主义法治理论中国化的最新成果，坚定不移地走中国特色社会主义法治道路，是党的百年奋斗重大成就和历史经验的重要组成部分。“一百年来，我们党领导人民持续探索、不断推进法治建设，成功走出了一条中国特色社会主义法治道路，已成为我们党百年奋斗重大成就和光辉历史的重要事项。”①《决议》对我们党尊重法律、遵守法律、依靠法律和捍卫法律的百年奋斗历史作了全面系统的概括和总结，对党依法执政的历史成就和重要经验进行了系统性的归纳，为中国特色社会主义法治建设指明了继续前进的方向。

本文拟从大数据分析方法出发，对《决议》中的“法”字进行系统性的归纳和总结，分析《决议》中“法”字的历史底蕴和所阐发的时代要求，突出党的十九届六中全会的法治理念，从而全面和系统地阐述中国共产党依法执政、依法治国、依法办事的百年奋斗的历史脉络，为实现第二个百年奋斗目标、全面建成社会主义法治国家提供方向明确的学术方案。

一、《决议》中 139 个“法”的类型特征及语义分析

习近平总书记在《关于〈中共中央关于党的百年奋斗重大成就和历史经验的决议〉的说明》中明确指出：“总结党的百年奋

① 王晨：《坚持全面依法治国　法治中国建设迈出坚实步伐》，《人民日报》2021 年 11 月 23 日第 6 版。

斗重大成就和历史经验，要坚持辩证唯物主义和历史唯物主义的方法论，用具体历史的、客观全面的、联系发展的观点来看待党的历史。要坚持正确党史观、树立大历史观，准确把握党的历史发展的主题主线、主流本质，正确对待党在前进道路上经历的失误和曲折，从成功中吸取经验，从失误中吸取教训，不断开辟走向胜利的道路。”法治作为治国理政的基本方式是在党的十八大报告中正式确立的，这是总结我们党治国理政的经验和教训得出的一条基本结论，反映了中国共产党百年奋斗的基本历史规律。党的十九届六中全会《决议》作为我们党关于历史问题的第三个专门性决议，其中自然而然也包括了对我们党百年奋斗的历史过程中尊崇法律、依法办事、依法执政和依法治国的重大成就的确认和历史经验的总结。从语言学的角度来看，《决议》文本总共36240字，其中“法”字有149处，涉及2个“方法”、2个“法西斯”、3个“法宝”、3个“无法”，共10个“法”字与作为行为规范的法现象无关，共有139个“法”字具备了形式和实体相统一的法律规范的含义，是《决议》全文中出现的高频字。

从《决议》涉及“法”字的文字表述来看，139个“法”字所在的位置和段落，充分反映了《决议》对我们党百年奋斗历程中对法律在治国理政中作用的高度重视。“法”字所在“处”准确地体现了我们党过去百年奋斗中对待法律、法治的基本态度，反映了我们党尊崇法律、依法办事、依法执政和依法治国所取得的巨大成就，同时也体现了我们党面向第二个百年奋斗目标对全面依法治国所持的政策倾向和价值目标，是我们党依法办事、依法执政百年奋斗史的“缩影”。毫无疑问，这些“法”字背后所蕴藏的历史故事是我们党治国理政的宝贵财富，是全面推进依法治国、建设法治国家最强大的精神动力和信心源头。

本文以139个“法”字所组成重要词组的出现次数、频率以及由此形成的“法”字的词“树”为研究对象，试图从中分析出《决议》对待我们党依法办事、依法执政历史的原则立场和基本态度，为进一步树立在党的领导下全面推进依法治国事业继续有序健康向前发展的理论信心和实践勇气提供有效的学术方案。具体分为四个层面的词“树”，包括“法治”“法律”“依法”和其他与法有关的判断。

1.《决议》全文涉及“法治”词组28处：其中，“法治化”1处，“法治道路”1处，“法治理论”1处，“法治权威”1处；“法治国家”3处，“法治政府”1处，“法治社会”1处，“法治中国”1处；“法治建设”1处，“法治精神”1处，“法治思维”2处，“法治方式”2处，“法治意识”1处；“法治体系”4处，“军事法治体系”1处，“国家安全法治体系”1处，“中国特色社会主义法治体系”2处，“法治实施体系”1处，“法治保障体系”1处，“法治监督体系”1处。在“法治”这一组词“树”上，“法治体系”出现了四次，“法治国家”出现了三次，这说明“法治体系”“法治国家”是《决议》关注的重点事项。

2.《决议》全文涉及“法律”词组9处，但与“法律”作为行为规则的法的特性和特征相关的词组远不止9处，其中比较有价值的词组包括：“中国特色社会主义法律体系”2处，“宪法”10处，“法律”9处，“法律制度”2处，“法律规范体系”1处，“法规”3处，“法规体系”2处，“基本法”4处，“国际法”1

处。由上可知，宪法作为根本法在《决议》中出现了十次，这反映了我们党百年奋斗历程中，在采取法治作为治国理政基本方式这一治国理念措施上，对作为根本法的宪法在治国理政中的制度功能给予了高度重视。值得关注的还有“基本法”出现了四次，说明《中华人民共和国香港特别行政区基本法》和《中华人民共和国澳门特别行政区基本法》两个基本法在维护香港和澳门繁荣和稳定方面发挥了重要作用，成为中国特色社会主义法律体系中的最重要的法律。《决议》还关注到“国际法”，说明了我们党在依法执政的过程中对于国际法在治国理政中的重要作用也是非常关注的。

3.《决议》涉及法律制度运行环节的词组 25 处，其中“立法”4 处，“执法”8 处，“司法”10 处，“司法责任制”1 处，“守法”2 处。由上可知，“司法”出现十次，“执法”出现八次，说明我们党已经充分认识到在立法、执法、司法和守法组成的法治运行机制中，“司法”“执法”是法治运行机制中最重要的环节，包含了执法司法在内的法律实施是依法治国各项工作的重点。

4.《决议》全文使用了“依法”词组 33 处，说明我们党对“依法办事”高度重视，其中“依法执政”3 处，“依法治国”16 处，“全面依法治国”9 处，“依法治理”1 处，“依法治军”2 处，“依法治港治澳”2 处。上面与“依法”相关联的词组中，“依法治国”16 处，这充分体现了依法治国作为治国方略在我们党治国理政历史中的重要地位。值得关注的是，《决议》还有 2 处规定了“依法治港治澳”，说明了党中央对于港澳两个特别行政区未来的发展所秉持的清晰立场和态度，即港澳特别行政区必须坚持“依法治理”原则才能解决各种阻碍经济和社会发展的干扰因素，保持特别行政区的稳定和繁荣。

5.《决议》还提到了“违法”4处，“枉法”1处，“合法”1处，“非法”1处。上述词组显示了我们党对法律在治国理政中作用的基本态度，即要鼓励合法，反对“违法”“枉法”和“非法”。此外，《决议》关于“政法”的规定有2处，说明了《决议》遵循我们党在依法执政过程中所形成的政法工作模式，突出了“法治”与“政治”之间紧密的制度联系。

总的来说，从139个“法”组词形成的词组和词“树”在《决议》文本中出现的次数、频率角度来分析《决议》对全面依法治国这一战略布局的重视力度是完全可行的，即所谓“抓铁有痕”。中国共产党百年奋斗历史对依法办事和依法执政的关注和重视程度都可以通过《决议》文本的“法”字以及由“法”字构成的词组和词“树”的分布特征充分体现出来。《决议》对我们党关于全面依法治国的政策立场通过文本中的“法”字表现出来，体现了《决议》在阐述党依法执政这一重大事项上是实事求是的，而且对全面依法治国所取得的重大成就也作出了科学总结，对其中获得的宝贵经验作了深刻和全面的阐述，为全面推进依法治国提供了政策指引。

二、《决议》描绘了我们党依法执政的历史脉络和特征

《决议》作为党关于历史问题的第三个决议，在时间段上着重阐述的是前两个历史问题决议之后的改革开放以来的历史成就

和重要经验。关于我们党依法执政的历史脉络及特征，《决议》作了非常清晰的论述，主要突出了以下几个方面的“时间轴”。

1. 对党的十一届三中全会前在法制建设方面取得的成就作了非常简短的概括，集中表现在对若干重要法律出台及其意义的阐述。《决议》指出：党领导建立和巩固工人阶级领导的、以工农联盟为基础的人民民主专政的国家政权，为国家迅速发展创造了条件。1949 年，中国人民政治协商会议第一届全体会议制定《中国人民政治协商会议共同纲领》。1954 年，召开第一届全国人民代表大会第一次会议，通过了《中华人民共和国宪法》。“新中国成立前夕，1949 年 2 月，党中央发出《中共中央关于废除国民党〈六法全书〉和确定解放区司法原则的指示》。1949 年 9 月，《中国人民政治协商会议共同纲领》第十七条规定：‘废除国民党反动政府一切压迫人民的法律、法令和司法制度，制定保护人民的法律、法令，建立人民司法制度。’这场巨大变革，从法制上为人民共和国的诞生、成长开辟了道路。”① 由此可见，《决议》对我们党百年奋斗在法治领域所取得成就的溯源立场是实事求是的，新中国从成立一开始就注重制定人民自己的法律来治理国家和社会，维护基本的社会秩序。

2. 对党的十一届三中全会在法制建设方面取得的重要成就作了充分肯定。《决议》指出：1978 年 12 月，党召开十一届三中全会，果断结束“以阶级斗争为纲”，实现党和国家工作中心战略转移，开启了改革开放和社会主义现代化建设新时期，实现了新

① 王晨：《坚持全面依法治国　法治中国建设迈出坚实步伐》，《人民日报》2021 年 11 月 23 日第 6 版。

中国成立以来党的历史上具有深远意义的伟大转折。党作出彻底否定“文化大革命”的重大决策。四十多年来，党始终不渝坚持这次全会确立的路线方针政策。《决议》指出，党的十一届三中全会之后，党坚持党的领导、人民当家作主、依法治国有机统一，发展社会主义民主政治，建设社会主义政治文明，积极稳妥推进政治体制改革，坚持依法治国和以德治国相结合，制定新宪法，建设社会主义法治国家，形成中国特色社会主义法律体系，尊重和保障人权，巩固和发展最广泛的爱国统一战线。

《决议》还着重强调了党的十一届三中全会以来我们党在加强中国社会主义法制建设方面所取得的重大历史成就，也就是说，改革开放以后，党坚持依法治国，不断推进社会主义法治建设。同时，有法不依、执法不严、司法不公、违法不究等问题严重存在，司法腐败时有发生，一些执法司法人员徇私枉法，甚至充当犯罪分子的“保护伞”，严重损害法治权威，严重影响社会公平正义。党深刻认识到，权力是一把“双刃剑”，依法依规行使可以造福人民，违法违规行使必然祸害国家和人民。党中央强调，法治兴则国家兴，法治衰则国家乱；全面依法治国是中国特色社会主义的本质要求和重要保障，是国家治理的一场深刻革命；坚持依法治国首先要坚持依宪治国，坚持依法执政首先要坚持依宪执政。必须坚持中国特色社会主义法治道路，贯彻中国特色社会主义法治理论，坚持依法治国、依法执政、依法行政共同推进，坚持法治国家、法治政府、法治社会一体建设，全面增强全社会尊法学法守法用法意识和能力。

3.《决议》对党的十八大以后以习近平同志为核心的党中央

运用法治作为治国理政基本方式在全面依法治国领域理论上取得的巨大成就和实践中取得的重大进展作了全面和系统的总结和阐述。《决议》指出：党的十八届四中全会和中央全面依法治国工作会议专题研究全面依法治国问题，就科学立法、严格执法、公正司法、全民守法作出顶层设计和重大部署，统筹推进法律规范体系、法治实施体系、法治监督体系、法治保障体系和党内法规体系建设。通过宪法修正案，制定反分裂国家法；制定民法典、外商投资法、国家安全法、监察法等法律，修改立法法、国防法、环境保护法等法律。《决议》指出：党的十八大以来，中国特色社会主义法治体系不断健全，法治中国建设迈出坚实步伐，法治固根本、稳预期、利长远的保障作用进一步发挥，党运用法治方式领导和治理国家的能力显著增强。

总之，虽然《决议》没有全面和系统地指出新中国成立以后我们党在建设社会主义法制和推进全面依法治国方略实施方面所采取的每一项措施以及每一个环节的特征，但是却从宏观角度谈及党依法执政的主要方面，强调要坚持党的领导、人民当家作主与依法治国有机统一，要加强党对全面依法治国各项工作的领导，同时要发挥各级人大作为国家权力机关在依法行使国家权力方面的作用。《决议》指出：党从思想、法律、体制、组织、作风上全面发力；保证人民依法实行民主选举；支持和保证人大依法行使立法权、监督权、决定权、任免权；坚持全面依法治国原则，提高科学执政、民主执政、依法执政水平；等等。《决议》对全面依法治国事业的前世今生作了非常精准的阐述，肯定了党领导人民建设中国特色社会主义法治的历史，阐释了坚定不移地走中国特色社会主义道路的力量之源和信心之源。“实行依法治国，是我们党总结长期历史经验得出的重要结论，是坚持和发展中国特色社会主义的必然选择。”①

三、《决议》对全面推进依法治国提出的整体性全面性的新要求

《决议》在总结党依法执政所取得的重大历史成就基础上，对当前和今后一段时间内全面推进依法治国事业各项工作提出了具体的要求。《决议》明确规定：全面依法治国最广泛、最深厚的基础是人民，必须把体现人民利益、反映人民愿望、维护人民权益、增进人民福祉落实到全面依法治国各领域全过程，保障和促进社会公平正义，努力让人民群众在每一项法律制度、每一个执法决定、每一宗司法案件中都感受到公平正义。党领导健全保证宪法全面实施的体制机制，确立宪法宣誓制度，弘扬社会主义法治精神，提高国家机构依法履职能力，提高各级领导干部运用法治思维和法治方式解决问题、推动发展的能力，增强全社会法治意识。制定修订相关法律法规，加强重点领域、新兴领域、涉外领域立法，加快完善以宪法为核心的中国特色社会主义法律体系。《决议》强调指出：贯彻依法治军战略，构建中国特色军事法治体系，加快治军方式根本性转变。推进军人荣誉体系建设。此外，《决议》还强调：完善集中统一、高效权威的国家安全领导体制，完善国家安全法治体系、战略体系和政策体系，建立国

① 王晨：《坚持全面依法治国　法治中国建设迈出坚实步伐》，《人民日报》2021年11月23日第6版。

家安全工作协调机制和应急管理机制。上述各项规定是《决议》对全面推进依法治国这一战略布局提出的宏观性和整体性的要求。具体来说，《决议》还对全面依法治国的重点领域工作提出了下列几项要求：

1.《决议》对依规治党在依法执政中的重要性进行了全面和系统的阐述。首先，对查处腐败案件的“零容忍”态度和决心表现了鲜明的态度和立场。《决议》表明了党中央查处周永康、薄熙来、孙政才、令计划等严重违纪违法案件的严正立场；坚决查处郭伯雄、徐才厚、房峰辉、张阳等严重违纪违法案件并彻底肃清其流毒影响的坚定态度。其次，对依规治党的要求进一步予以重申，强调“坚持纪严于法、执纪执法贯通，用好监督执纪‘四种形态’，强化政治纪律和组织纪律，带动各项纪律全面严起来。党坚持依规治党，严格遵守党章，形成比较完善的党内法规体系，严格制度执行，党的建设科学化、制度化、规范化水平明显提高”。最后，《决议》提出要加强各种监督，保证人民的监督权，对国家权力进行依法监督。《决议》规定：依纪依法设定权力、规范权力、制约权力、监督权力。

2. 对于立法执法司法守法四要素构成的法治运行环节，《决议》侧重强调了执法司法法律实施工作的重要性，指出：党领导深化以司法责任制为重点的司法体制改革，推进政法领域全面深化改革，加强对执法司法活动的监督制约，开展政法队伍教育整顿，依法纠正冤错案件，严厉惩治执法司法腐败，确保执法司法公正廉洁高效权威。

3. 依法治港治澳充分体现了党依法执政的决心和信心，也是集中反映党百年奋斗历程中伟大成就的重要事项。《决议》对依法治港治澳的历史由来以及必要性、基本制度要求、作用等方面作了全面和系统的阐述，为港澳特别行政区社会稳定和经济繁荣发展奠定了坚实的制度基础。《决议》指出：邓小平同志创造性提出“一个国家，两种制度”科学构想，开辟了以和平方式实现祖国统一的新途径。经过艰巨工作和斗争，我国政府相继对香港、澳门恢复行使主权，洗雪了中华民族百年耻辱。香港、澳门回归祖国后，中央政府严格按照宪法和特别行政区基本法办事，保持香港、澳门长期繁荣稳定。党中央审时度势，作出健全中央依照宪法和基本法对特别行政区行使全面管治权、完善特别行政区同宪法和基本法实施相关制度机制的重大决策，推动建立健全特别行政区维护国家安全的法律制度和执行机制、制定《中华人民共和国香港特别行政区维护国家安全法》、完善香港特别行政区选举制度，落实“爱国者治港”原则，支持特别行政区完善公职人员宣誓制度。中央人民政府依法设立驻香港特别行政区维护国家安全公署，香港特别行政区依法设立维护国家安全委员会。中央坚定支持香港特别行政区依法止暴制乱、恢复秩序，支持行政长官和特别行政区政府依法施政，坚决防范和遏制外部势力干预港澳事务，严厉打击分裂、颠覆、渗透、破坏活动。全面支持香港、澳门更好融入国家发展大局，高质量建设粤港澳大湾区，支持港澳发展经济、改善民生，增强港澳同胞国家意识和爱国精神。这一系列标本兼治的举措，推动香港局势实现由乱到治的重大转折，为推进依法治港治澳、促进“一国两制”实践行稳致远打下了坚实基础。

4. 除了进一步加强中国特色社会主义法治体系建设，全面推进依法治国事业不断向前发展，《决议》还十分重视国际法在构建国际社会秩序、构建人类命运共同体中的重要作用。《决议》指出：我国积极参与全球治理体系改革和建设，维护以联合国为核心的国际体系、以国际法为基础的国际秩序、以联合国宪章宗旨和原则为基础的国际关系基本准则，维护和践行真正的多边主义，坚决反对单边主义、保护主义、霸权主义、强权政治，积极推动经济全球化朝着更加开放、包容、普惠、平衡、共赢的方向发展。

此外，《决议》还对依法治理等问题作了重要阐述。《决议》规定：健全党组织领导的自治、法治、德治相结合的城乡基层治理体系；坚持系统治理、依法治理、综合治理、源头治理；社会治理社会化、法治化、智能化、专业化水平大幅度提升；坚持依法管网治网，营造清朗的网络空间。

四、《决议》对科学构建习近平法治思想的理论体系的重要意义

党的十八大以来，以习近平同志为核心的党中央全面和系统地以问题为导向，从中国特色社会主义法治建设的实际出发，总结全面推进依法治国实践的经验，形成了一系列关于全面依法治国的新理念新思想新战略。2020 年 11 月 16 日、17 日召开的中央全面依法治国工作会议首次确认了习近平法治思想的理论地位，为坚定不移地走中国特色社会主义法治道路提供了明确的理论指引和行动指南。中央全面依法治国工作会议围绕习近平法治思想所具有的理论特征作了全面和系统的阐述。会议指出：习近平法

治思想内涵丰富、论述深刻、逻辑严密、系统完备，从历史和现实相贯通、国际和国内相关联、理论和实际相结合上深刻回答了新时代为什么实行全面依法治国、怎样实行全面依法治国等一系列重大问题。习近平法治思想是顺应实现中华民族伟大复兴时代要求应运而生的重大理论创新成果，是马克思主义法治理论中国化最新成果，是习近平新时代中国特色社会主义思想的重要组成部分，是全面依法治国的根本遵循和行动指南。全党全国要认真学习领会习近平法治思想，吃透基本精神、把握核心要义、明确工作要求，切实把习近平法治思想贯彻落实到全面依法治国全过程。

《决议》对习近平新时代中国特色社会主义思想的理论特征作了全面和系统的概括和总结，指出：以习近平同志为主要代表的中国共产党人，坚持把马克思主义基本原理同中国具体实际相结合、同中华优秀传统文化相结合，坚持毛泽东思想、邓小平理论、“三个代表”重要思想、科学发展观，深刻总结并充分运用党成立以来的历史经验，从新的实际出发，创立了习近平新时代中国特色社会主义思想，明确中国特色社会主义最本质的特征是中国共产党领导，中国特色社会主义制度的最大优势是中国共产党领导，中国共产党是最高政治领导力量，全党必须增强“四个意识”、坚定“四个自信”、做到“两个维护”；明确坚持和发展中国特色社会主义，总任务是实现社会主义现代化和中华民族伟大复兴，在全面建成小康社会的基础上，分“两步走”在本世纪中叶建成富强民主文明和谐美丽的社会主义现代化强国，以中国式现代化推进中华民族伟大复兴；明确新时代我国社会主要矛盾是人民日益增长的美好生活需要和不平衡不充分的发展之间的矛盾，必须坚持以人民为中心的发展思想，发展全过程人民民主，推动人的全面发展、全体人民共同富裕取得更为明显的实质性进展；明确中国特色社会主义事业总体布局是经济建设、政治建设、文化建设、社会建设、生态文明建设五位一体，战略布局是全面建设社会主义现代化国家、全面深化改革、全面依法治国、全面从严治党四个全面；明确全面深化改革总目标是完善和发展中国特色社会主义制度、推进国家治理体系和治理能力现代化；明确全面推进依法治国总目标是建设中国特色社会主义法治体系、建设社会主义法治国家；明确必须坚持和完善社会主义基本经济制度，使市场在资源配置中起决定性作用，更好发挥政府作用，把握新发展阶段，贯彻创新、协调、绿色、开放、共享的新发展理念，加快构建以国内大循环为主体、国内国际双循环相互促进的新发展格局，推动高质量发展，统筹发展和安全；明确党在新时代的强军目标是建设一支听党指挥、能打胜仗、作风优良的人民军队，把人民军队建设成为世界一流军队；明确中国特色大国外交要服务民族复兴、促进人类进步，推动建设新型国际关系，推动构建人类命运共同体；明确全面从严治党的战略方针，提出新时代党的建设总要求，全面推进党的政治建设、思想建设、组织建设、作风建设、纪律建设，把制度建设贯穿其中，深入推进反腐败斗争，落实管党治党政治责任，以伟大自我革命引领伟大社会革命。这些战略思想和创新理念，是党对中国特色社会主义建设规律认识深化和理论创新的重大成果。

作为习近平新时代中国特色社会主义思想的重要组成部分，

构建习近平法治思想的理论体系也要遵循习近平新时代中国特色社会主义思想理论体系建设的相同理论逻辑，因此，以《决议》中关于中国共产党依法执政的重大成就和历史经验为基础，通过分析《决议》对全面依法治国的历史、现状以及未来所作的全面和系统的归纳和总结，按照《决议》中的“法”字以及由“法”字组成的词组和词“树”的分布次数、频率等特征，全面和系统地构建习近平法治思想的理论体系，具有非常重要的理论价值和实践意义。

首先，“法治”在《决议》中是一个高频字，由“法治”组合起来的词“树”成为全面推进依法治国的重要政策依据。中央全面依法治国工作会议明确指出，习近平法治思想是马克思主义法治理论中国化的最新成果，由此可见，习近平法治思想的理论特性首先属于一种“法治理论”，是关于法治的学说。《决议》总结了中国共产党奉行法治的历史经验，特别指出了党的十八届四中全会通过的《中共中央关于全面推进依法治国若干重大问题的决定》所提出的中国特色社会主义法治理论以及建设中国特色社会主义法治体系的政策要求和理论主张，为此，应当以中国特色社会主义法治理论为主体来构建习近平法治思想，要把中国特色社会主义法治理论作为习近平法治思想的“核心要义”，构建科学的习近平法治思想的理论体系。与此同时，正如习近平总书记在党的十八届四中全会《决定》说明中所指出的那样，建设中国特色社会主义法治体系是全面推进依法治国各项工作的总抓手，为此，中国特色社会主义法治体系的体系化特征也可以成为构建习近平法治思想的理论体系的重要方法。习近平法治思想的理论体系可以按照中国特色社会主义法治体系的体系结构来建构，包括习近平法治思想中的关于法律制度论述、法治实施论述、法治监督论述、法治保障论述和党内法规论述。毋庸置疑，《决议》确立了习近平新时代中国特色社会主义思想的指导思想地位，为习近平法治思想的理论体系的构建提供了基本的理论依据。

其次，《决议》对中国特色社会主义法律体系建设成就给予了充分肯定，对宪法、立法法、反分裂国家法、民法典、外商投资法、国家安全法、监察法等法律出台的重要意义进行了详细阐述。上述重要法律文件涵盖了中国特色社会主义法律体系中的七个法律部门调整对象的内容。习近平总书记对上述各项立法工作的特征和实践意义也有较为详细的阐述。基于重点领域、重要事项形成的重点立法中也蕴涵着丰富的习近平法治思想的思想资源和理论元素。因此，从构成中国特色社会主义法律体系的七个法律部门，即宪法相关法、行政法、民商法、社会法、经济法、刑法、诉讼法的分类方法也可以对习近平法治思想的理论内涵作较为体系化的划分，形成与中国特色社会主义法律体系结构相适应的习近平法治思想的理论体系，从而为健全和完善中国特色社会主义法律体系提供更加有效的法理指引。

再次，《决议》在归纳和总结立法执法司法守法等不同的法治运行环节取得的成就和经验方面，突出了执法司法等法律实施工作的重点，深刻地体现了习近平法治思想关于依法治国重要论述的理论特征。从“重大改革措施要于法有据”到“让人民群众在每一个司法案件中都能感受到公平正义”，习近平法治思想中关于依法治国的重要理论论述涉及立法、执法、司法、守法、法律监督、法治宣传教育、法治人才培养、涉外法治建设、党内法规建设等各个方面，故从作为全面依法治国的“根本遵循”和“行动纲领”的理论特征来看，习近平法治思想中蕴涵了立法思想、法律实施思想、法律监督思想、法治宣传教育思想、涉外法治思想、党内法规思想等丰富的法治内涵，从法治运行环节来考察习近平法治思想的理论内涵，并且构建相应的理论体系也是《决议》为习近平法治思想的理论体系建设提供的最好的历史经验的总结和政策指引。

总之，《决议》作为对中国共产党百年奋斗重大成就和历史经验的全面和系统的总结，对党依法办事、依法执政的历史经验的概括和总结是值得法学界认真关注的重要事项。在深入学习《决议》过程中，应当将对《决议》精神的学习与构建习近平法治思想的理论体系有机结合起来，弘扬党的十九届六中全会中的法治理念，要把习近平法治思想作为顺应中华民族伟大复兴时代要求的重大最新成果和中国特色社会主义法治发展史的重要篇章全面和系统地加以科学的归纳和总结，为实现第二个百年奋斗目标提供继续前进的理论指引和行动指南。

本文主要内容刊登在《现代法学》2022 年第 1 期上，原题为《党的十九届六中全会决议中的法治要义》，收入本书时有删改。

从制度、制度化到制度体系构建

2019年10月31日，党的十九届四中全会审议通过的《中共中央关于坚持和完善中国特色社会主义制度、推进国家治理体系和治理能力现代化若干重大问题的决定》(以下简称《决定》)第一次全面和系统地对中国特色社会主义制度的基本结构、重要特征和主要内容作了详尽的规定，为中国特色社会主义制度的成熟、定型和不断完善擘画了继续前行的方向。特别重要的是，党的十九届四中全会《决定》从中国特色社会主义制度体系的角度提出了制度进化和发展的内在逻辑，进一步拓展了中国特色社会主义制度的深刻内涵，为“制度之治”作为中国之治的定盘星奠定了“四梁八柱”。认真学习党的十九届四中全会《决定》关于中国特色社会主义制度和制度体系的各项规定精神，有助于从理论和实践两个层面来为中国特色社会主义制度建设提供更加科学和合理的行动指南。

一、制度化是改革开放的基本要求

“制度化”的概念和政策要求，起源于党的十一届三中全会公报。该公报指出：为了保障人民民主，必须加强社会主义法制，使民主制度化、法律化，使这种制度和法律具有稳定性、连续性和极大的权威，做到有法可依，有法必依，执法必严，违法必究。“民主制度化”突出了社会主义民主本身的内在要求。邓小平同志在《党和国家领导制度的改革》一文中曾经对党内民主长期没有得到“制度化”的原因做了深刻的分析。回顾党的历史，他指出，从遵义会议到社会主义改造时期，我们党一直比较重视实行集体领导，党内民主生活比较正常。但这些好的传统没有坚持下来，也没有形成严格的完善的制度。①

1980 年 8 月 18 日，邓小平同志在中共中央政治局扩大会议上的讲话中，在总结“文化大革命”的教训时就指出，制度问题是带有根本性和全局性的问题。“制度好可以使坏人无法任意横行，制度不好可以使好人无法充分做好事，甚至会走向反面。”②邓小平同志上述关于“制度”及其制度“意义”的基本判断是建立在对新中国成立后前三十年我国社会主义制度运行实际状况作出科学总结基础上的，特别是针对“文化大革命”十年浩劫的教训提出的，对于拨乱反正、确定改革开放新时期的大政方针具有非常重要的指引作用。

关于如何实行民主“制度化”，邓小平同志结合改革开放和社会主义现代化建设的实际提出了进行政治体制改革的“设想”。他在《关于政治体制改革问题》一文中指出，进行政治体制改革的目的，就是要消除官僚主义，发展社会主义民主。“要通过改

① 邓小平：《党和国家领导制度的改革》（1980 年 8 月 18 日），《邓小平文选》第 2 卷，人民出版社 1983 年版，第 330 页。

② 邓小平：《党和国家领导制度的改革》（1980 年 8 月 18 日），《邓小平文选》第 2 卷，人民出版社 1983 年版，第 333 页。

革，处理好法治和人治的关系，处理好党和政府的关系。”[①] 在《一切从社会主义初级阶段的实际出发》一文中，邓小平同志清醒地认识到政治体制改革可能遇到的各种复杂问题，他指出了政治体制改革很复杂，其中的每一项措施都涉及千千万万人的利益。因此，“政治体制改革要分步骤、有领导、有秩序地进行。我们不能照搬资本主义国家那一套，不能搞资产阶级自由化”[②]。

江泽民同志对“制度化”问题也很重视，特别是对干部工作的“制度化”提出了明确的要求。2001 年 7 月 1 日，《在庆祝中国共产党成立八十周年大会上的讲话》中，江泽民同志指出，要坚持党管干部的原则，“努力推进干部工作的科学化、民主化、制度化”[③]。胡锦涛同志对干部工作“制度化”也有深刻的阐述。他强调指出，要把干部选准用好，“一个治本之策是要深化干部人事制度改革，努力推进干部工作的科学化、民主化、制度化”[④]。2011 年 7 月 1 日，《在庆祝中国共产党成立九十周年大会上的讲话》中，胡锦涛同志又明确指出了“党的建设制度化”，也就是“健全民主集中制，不断推进党的建设制度化、规范化、

① 邓小平：《关于政治体制改革问题》，《邓小平文选》第 3 卷，人民出版社 1993 年版，第 177 页。

② 邓小平：《一切从社会主义初级阶段的实际出发》，《邓小平文选》第 3 卷，人民出版社 1993 年版，第 252 页。

③ 江泽民：《在庆祝中国共产党成立八十周年大会上的讲话》（2001 年 7 月 1 日），《江泽民文选》第 3 卷，人民出版社 2006 年版，第 289 页。

④ 《胡锦涛谈十六大：思想政治组织上提供坚强保证》（2001 年 12 月 29 日），参见 http://www.chinanews.com/2001-12-29/26/150775.html，2021 年 10 月 25 日最新访问。

程序化”[①]。

党的十八大以来，以习近平同志为核心的党中央高度重视中国特色社会主义制度建设的制度化水平，比较全面和系统地对改革开放和社会主义现代化建设各个领域各个方面的工作提出了“制度化”的要求，为建立和完善中国特色社会主义制度提供了丰富的理论资源和政策依据。习近平总书记从宏观和微观两个角度，全方位地对各方面工作提出了制度化要求。在宏观方面，习近平总书记强调要实现“党的领导制度化”，明确提出，我们要继续推进党的领导制度化、法治化，“不断完善党的领导体制和工作机制”[②]。在微观领域，习近平总书记也非常重视一些具体工作领域的“制度化”。例如，2019年7月23日，习近平总书记在致中国志愿服务联合会第二届会员代表大会的贺信中指出，各级党委和政府要为志愿服务搭建更多平台，给予更多支持，“推进志愿服务制度化常态化”[③]。

由上可见，改革开放之后，中国特色社会主义制度建设是以制度化的政策要求和实践为先导的。制度化是对未来理想和应然制度的期许，对制度建设提出的实际要求往往是改革型的、试验性的和探索性的。制度化所追求的是通过不断的制度建设实践来寻找可以趋向成熟和定型的制度体系。“制度化”中的“化”一

① 胡锦涛：《在庆祝中国共产党成立九十周年大会上的讲话》（2011年7月1日），《胡锦涛文选》第3卷，人民出版社2016年版，第533—534页。

② 习近平：《加强党对依法治国的全面领导》，《求是》2019年第4期。

③ 新华社北京2019年7月24日电：《习近平致中国志愿服务联合会第二届会员代表大会的贺信》，参见 http://www.xinhuanet.com/politics/leaders/2019-07/24/c_1124792815.htm，2021年10月25日最新访问。

词是描述中国特色社会主义制度不断走向成熟和定型的一个非常重要的制度学术语，它深刻地体现了制度成长的过程与特点，是理解中国特色社会主义制度成长历史的“金钥匙”。

二、制度发展目标与制度的成熟和定型

鉴于社会主义制度建设的长期性、复杂性，制度化是一个与改革开放和社会主义现代化建设不断相适应的过程，需要很长时间的经验积累才能形成比较可靠和稳定的制度建设成果。1992年，邓小平同志在南方谈话中对制度建设的长期性有着较为清醒的认识。他认为“恐怕再有三十年的时间”，才能在各方面形成一整套更加成熟、更加定型的制度。[①] 邓小平同志关于需要三十年左右的时间才能形成一整套更加成熟、更加定型的制度的政治判断，是基于对制度化过程的复杂性和长期性的认识产生的，符合中国特色社会主义制度建设的内在要求。据此，邓小平同志提出了“三个有利于”判断标准，即“是否有利于”发展社会主义社会的生产力，“是否有利于”增强社会主义国家的综合国力，“是否有利于”提高人民的生活水平。[②] 按照邓小平同志提出的中国特色社会主义制度的“成熟”“定型”的时间表，也就是说从1992年再过三十年，即2022年，中国特色社会主义制度才能大致成熟和定型，在这个过程中要始终不断地通过制度改革、渐次

① 邓小平：《在武昌、深圳、珠海、上海等地的谈话要点》（1992年1月18日—2月21日），《邓小平文选》第3卷，人民出版社1993年版，第372页。

② 邓小平：《在武昌、深圳、珠海、上海等地的谈话要点》（1992年1月18日—2月21日），《邓小平文选》第3卷，人民出版社1993年版，第372页。

提升的制度化努力来实现制度成熟和定型的目标。三十年这个时间段正好与中国共产党建党一百周年相契合，属于我们党完成“第一个百年”的历史使命的时间节点。邓小平同志提出的时间表很快为党的正式文件所确认，成为指导中国特色社会主义制度建设的大政方针。

从党的十四大报告到党的十七大报告，“制度完善”“制度定型”问题都在历次报告中得到了充分体现。例如，党的十四大报告提出为了实现小康水平的第二步发展目标，通过二十年的努力，到2021年中国共产党成立一百周年时，“将在各方面形成一整套更加成熟更加定型的制度”。党的十五大报告又重申了十四大报告的要求，提出经过十年的努力，到2021年，使得“各项制度更加完善”。党的十六大报告从“理论创新”的角度提出了“推动制度创新”的要求。党的十七大报告则宣告，到“2020年”将把我国建设成为“各方面制度”更加完善、社会更加充满活力而又安定团结的国家。

党的十四大报告到党的十七大报告，关于制度建设的要求一个最重要的特点就是明确了一个非常清晰的制度成熟和定型的“时间节点”，即2020年或者是2021年，这个时间节点是邓小平同志1992年在南方谈话中首次明确提出的。为了保证在这个时间节点之前能够推动制度走向成熟和定型，党的十四大、十五大、十六大和十七大都反反复复强调了这个时间节点之前制度建设的目标和任务，显示了我们党在制度建设方面的坚强决心和政策目标的连续性。

党的十八大以来，我们党把制度建设和制度化水平摆到更加突出的位置，制度建设不仅注重了不同领域工作的“制度化”水平，而且还围绕着如何提高国家治理体系和治理能力现代化这个具体的目标和任务，对制度建设提出了“体系化”的要求。党的十八大报告强调必须构建“系统完备的”“科学规范的”及“运行有效的”制度体系，要使得各方面制度更加“成熟”、更加“定型”；党的十八届三中全会审议通过的《中共中央关于全面深化改革若干重大问题的决定》第一次提出“推进国家治理体系和治理能力现代化”这个重大命题，并把“完善和发展中国特色社会主义制度、推进国家治理体系和治理能力现代化”确定为全面深化改革的总目标。党的十八届五中全会提出“十三五规划”实施期间，要保证各领域基础性制度体系“基本形成”①。

党的十九大报告明确了到本世纪中叶把我国建成富强民主文明和谐美丽的社会主义现代化强国的战略目标，其中，对制度化水平和治理能力现代化提出的具体时间表分为两个阶段。第一阶段截至 2035 年，要做到各方面制度“更加完善”，国家治理体系和治理能力现代化基本实现；第二阶段直到本世纪中叶，“实现国家治理体系和治理能力现代化”②。党的十九大把中国特色社会主义制度建设的任务和使命提升到了一个新的历史高度，即在确保 2021 年中国共产党建党一百周年实现中国特色社会主义制度“更加成熟”“更加定型”基础上，提出了再经过十五年到 2035

① 参见《党的十九届四中全会精神宣讲提纲》，载《学习强国》2020 年 1 月 10 日。

② 习近平：《决胜全面建成小康社会　夺取新时代中国特色社会主义伟大胜利——在中国共产党第十九次全国代表大会上的报告》(2017 年 10 月 18 日)，《党的十九大报告学习辅导百问》，党建读物出版社、学习出版社 2017 年版，第 22—23 页。

年左右，要努力使得成熟和定型的中国特色社会主义制度更加“完善”，到本世纪中叶第二个“一百年”来临之时，实现国家治理体系和治理能力现代化。

党的十九届四中全会《决定》可以说是党的十一届三中全会以来我们党关于中国特色社会主义制度理论论述的总纲领。习近平总书记在关于党的十九届四中全会《决定》的说明中明确指出：十九届四中全会对坚持和完善中国特色社会主义制度、推进国家治理体系和治理能力现代化问题进行了重点研究，并指出《决定》“对巩固党的执政地位、确保党和国家长治久安，具有重大而深远的意义”①。

党的十九届四中全会《决定》的出台具有重大而深远的历史意义和现实意义。从历史意义角度来看，《决定》第一次全面和系统地从十三个方面阐述了中国特色社会主义制度的框架体系和基本特征。从时间维度上及时地回答了邓小平同志在 1992 年南方谈话中提出的用三十年时间“在各方面形成一整套更加成熟、更加定型的制度”的科学预见，为第一个“一百年”建成“更加成熟和定型”的中国特色社会主义制度提供了精确的时间表和路线图，体现了中国特色社会主义制度建设理论预期与科学实践的有机统一，也充分展现了中国特色社会主义制度建设过程中制度化水平不断提升的完整过程。从现实意义上来看，党的十九届四中

① 习近平：《关于〈中共中央关于坚持和完善中国特色社会主义制度、推进国家治理体系和治理能力现代化若干重大问题的决定〉的说明》，《关于〈中共中央关于坚持和完善中国特色社会主义制度、推进国家治理体系和治理能力现代化若干重大问题的决定〉辅导读本》，人民出版社 2019 年版，第 54—55 页。

全会《决定》涉及“制度”一词222次，通篇全面和系统地回答了中国特色社会主义制度的性质、存在形式、重要内容、基本特征和框架体系等理论问题，科学和系统地总结了新中国成立七十年来，特别是党的十一届三中全会以来我们在中国特色社会主义制度建设方面取得的各项实际成就，既肯定了当下中国特色社会主义制度的现状，又指明了中国特色社会主义制度未来发展的方向，具有指引中国特色社会主义制度建设行动纲领的重要作用。与此同时，党的十九届四中全会《决定》中“制度化”一词只使用了4次，说明了经过近三十年努力，需要纳入制度范围内调整的事项和工作越来越少，国家治理和社会治理各项工作制度化的水平已经达到了一个很高的程度。

三、制度体系是制度化的重要成果

相对于既往党的重要文件对中国特色社会主义制度的表述来说，党的十九届四中全会《决定》对中国特色社会主义制度特征的描述突出了“制度体系”的特点，进一步深化了中国特色社会主义制度的理论品格与实践特征，实现了制度建设从制度化到制度体系构建的历史性跨越。

“制度体系”一词进入党的正式文件始于党的十七大。而在党的十七大之前，只有从党的十一届三中全会公报开始使用的“制度化”概念，制度建设只有一般意义上的“化”的要求，而没有严格意义上的“体系”构建的要求。即便是党的十六大报告，也只是进一步强调“以科学化、民主化和制度化为目标，改革和完善干部人事制度，健全公务员制度”，尚未出现“体系化”

的制度建设主张。党的十七大报告指出要形成拒腐防变教育长效机制、“反腐倡廉制度体系”、权力运行监控机制。其中，“反腐倡廉制度体系”一词第一次以“制度体系”的形式出现在党的正式文件中，这说明“反腐倡廉”制度建设领域是首先提出“体系化”要求的。

随后，党的十八大报告正式提出了“制度体系”的概念，并对制度体系的一般理论品格与实践特征提出了全面和系统的“要求”，即：全面建成小康社会，必须“构建系统完备、科学规范、运行有效的制度体系，使各方面制度更加成熟更加定型”。党的十八大报告在一般意义上提出“制度体系”概念的同时，还重点提出了要加强“党内民主制度体系”建设，指出：“党内民主是党的生命。”“要坚持民主集中制，健全党内民主制度体系，以党内民主带动人民民主。”党的十九大报告除了进一步突出了党的十八大报告所提出的一般意义上的“制度体系”① 概念之外，还提出了建设“人民当家作主制度体系”②、“国家安全制度体系”③、“党内法规制度体系”④ 和“生态文明制度体系”⑤ 的要求，与党的十八大报告相比，党的十九大报告对中国特色社会主

① 党的十九大报告提出要“构建系统完备、科学规范、运行有效的制度体系”。

② 党的十九大报告把“健全人民当家作主制度体系，发展社会主义民主政治”作为一个重要主题来全面和系统地加以阐述。

③ 党的十九大报告从贯彻落实“总体国家安全观”的角度提出要“完善国家安全制度体系”。

④ 党的十九大报告指出，要“增强依法执政本领”，必须要“加快形成覆盖党的领导和党的建设各方面的党内法规制度体系”。

⑤ 党的十九大报告对“生态文明制度体系加快形成”给予了充分肯定。

义制度建设更加突出了“制度体系”建设的特征，注重从整体上和宏观上来建立和健全中国特色社会主义制度。

党的十九届四中全会《决定》对“制度体系”在中国特色社会主义制度建设中的地位和作用作了全面而深入的阐述，主要特征表现在以下几个方面：

第一，第一次对中国特色社会主义制度与制度体系之间的关系作了科学的表述，指出“中国特色社会主义制度是党和人民在长期实践探索中形成的科学制度体系”。上述论述科学地揭示了“制度体系”是中国特色社会主义制度的一个重要特征。“制度体系”是各项工作制度建设和“制度化”的必然结果。党的十九届四中全会《决定》对“制度体系”概念在一般意义上予以肯定和确认，这反映了《决定》对中国特色社会主义制度所产生的一个新认识，也就是说，中国特色社会主义制度本身是一个“体系化”的制度，是由诸多方面和诸多层次的制度要素构成的一个制度体系，而不只是一个个毫无联系的制度“孤岛”。中国特色社会主义制度中的各种制度要素是相互有机联系在一起的有机整体，不同的制度之间存在共同发挥制度作用的“合力”，制度化的结果必然会产生体系意义上的作为整体的中国特色社会主义制度。

第二，党的十九届四中全会《决定》明确了中国特色社会主义制度内部存在着一个按照重要性和功能加以区分的制度层级体系。《决定》强调指出，要突出坚持和完善支撑中国特色社会主义制度的“根本制度、基本制度、重要制度”，构建系统完备、科学规范、运行有效的制度体系。从上述可知，中国特色社会主义制度作为一个制度体系，本身是由三个层级制度组成的制度结构，包括根本制度、基本制度和重要制度[①]。根本制度、基本制度和重要制度三个层级的制度充分反映了中国特色社会主义制度结构的重要特征，体现了中国特色社会主义制度体系的科学结构和重要功能。

第三，党的十九届四中全会《决定》首次明确提出了十二项已经成熟和定型的“制度体系”概念。这些制度体系有党的领导制度体系[②]、人民当家作主制度体系[③]、宏观调控制度体系[④]、国家基本服务制度体系[⑤]、国家安全法律制度体系[⑥]、生态文明制度体系、中国特色社会主义军事政策制度体系[⑦]、人民军队党的建

① 参见《党的十九届四中全会精神宣讲提纲》，载《学习强国》2020 年 1 月 10 日。

② 党的十九届四中全会《决定》把“坚持和完善党的领导制度体系”作为一个独立的主题全面和系统地加以阐述，指出要“健全总揽全局、协调各方的党的领导制度体系，把党的领导落实到国家治理各领域各方面各环节”。

③ 党的十九届四中全会《决定》把“坚持和完善人民当家作主制度体系”作为一个独立的主题加以全面和系统的论述。

④ 党的十九届四中全会《决定》涉及了“宏观调控制度体系”的规定，该制度体系的特点是“以国家发展规划为战略导向”，“以财政政策和货币政策为主要手段”，就业、产业、投资、消费等政策“协同发力”。

⑤ 党的十九届四中全会《决定》在确立国家基本公共服务制度体系时，对“基本公共服务”范围作了系统列举，包括“幼有所育、学有所教、劳有所得、病有所医、老有所养、住有所居、弱有所扶”等内容。

⑥ 党的十九大报告只是提出了“国家安全制度体系”，而十九届四中全会《决定》进一步明确了“国家安全法律制度体系”的特征，突出了“国家安全法律制度体系”在“国家安全制度体系”中的重要地位。

⑦ 党的十九届四中全会《决定》规定要“构建中国特色社会主义军事政策制度体系”。

设制度体系[①]、军事力量运用政策制度体系[②]、军事力量建设政策制度体系[③]、军事管理政策制度体系[④]以及“一国两制”制度体系[⑤]等。在上述十二项制度体系中，人民当家作主制度体系、国家安全法律制度体系、生态文明制度体系在党的十九大报告中已经提及，十九届四中全会《决定》进一步予以确认，这一重复性的确认至少说明了这三种制度体系从正式提出到正式确认已经在实践中“成熟”“定型”，应当予以肯定和保留。《决定》中关于“中国特色社会主义军事政策制度体系”“人民军队党的建设制度体系”“军事力量运用政策制度体系”“军事力量建设政策制度体系”以及“军事管理政策制度体系”等的规定实际上表达了制度体系本身的“体系化”特征，也就是说，在中国特色社会主义军事政策制度体系这个大的制度体系下面还有若干小的制度体系，即包括人民军队党的建设制度体系、军事力量运用政策制度体系、军事力量建设政策制度体系、军事管理政策制度体系四个子体系，这四个子体系与中国特色社会主义军事政策制度体系一道共同成为中国特色社会主义制度体系中最重要的制度构成要素。

第四，在《决定》所规定的由根本制度、基本制度和重要制

---

① 党的十九届四中全会《决定》规定要“健全人民军队党的建设制度体系”。

② 党的十九届四中全会《决定》规定军事力量运用政策制度体系的特点是“基于联合、平战一体”。

③ 党的十九届四中全会《决定》规定军事力量建设政策制度体系的特点是“聚焦打仗、激励创新、军民融合”。

④ 党的十九届四中全会《决定》对军事管理政策制度体系提出的要求是“精准高效”“全面规范”和“刚性约束”。

⑤ 党的十九届四中全会《决定》将“一国两制”制度体系作为一个独立的主题加以全面和系统的论述。

度构成的中国特色社会主义制度的层级体系中，第一次明确了作为不同层级的根本制度、基本制度和重要制度所具有的内涵以及各自在中国特色社会主义制度中的地位。其中，“根本制度”涉及两项内容，即坚持马克思主义在意识形态领域指导地位的根本制度，坚持和完善人民代表大会制度这一根本政治制度；“基本制度”中明确了社会主义基本经济制度，其内涵包括公有制为主体、多种所有制经济共同发展，按劳分配为主体、多种分配方式并存，社会主义市场经济体制等；“重要制度”涉及一个重要制度事项，也就是：“一国两制”是党领导人民实现祖国和平统一的一项重要制度等。通过确定上述根本制度、基本制度和重要制度三个不同层级的制度内容和特征，充分展示了中国特色社会主义制度体系的理论逻辑和价值内涵。

总之，党的十九届四中全会《决定》首次以党的正式文件形式勾画了中国特色社会主义制度体系的基本框架，肯定了党的十一届三中全会以来中国特色社会主义制度建设的“制度化”各项成果，科学地回答了“第一个百年”我们党领导人民建立和健全中国特色社会主义制度达至成熟和定型的基本状况，为到 2035 年建设更加完善的中国特色社会主义制度提供了正确的方向指引，具有深远的历史意义和现实意义。

四、法治化是制度化的最佳状态

党的十一届三中全会以来，法治化与制度化是两个相互共生的概念，党的十一届三中全会公报明确地把“民主制度化、法律化”作为社会主义民主政治发展的重要目标。从改革开放至今，随着中国特色社会主义法治建设不断深化，法律化[①]、法制化[②]、法治化[③]成为法治建设不同历史阶段的重要指标。法律化强调的是各项工作要做到“有法可依”，法制化突出了静态的法律规范系统化、制度化的要求，法治化则不仅强调了各项工作必须做到有法可依，还要在实践中有效地推动宪法和法律的实施，并积极创造有利于宪法和法律实施的法律文化，促进法律价值的有效传播。

党的十一届三中全会公报在提出“民主制度化、法律化”之后，紧接着就提出“从现在起，应当把立法工作摆到全国人民代表大会及其常务委员会的重要议程上来”。为了贯彻落实党的十一届三中全会公报关于加强全国人大及其常委会立法工作的要求，第五届全国人民代表大会第二次会议于1979年6月18日至7月1日通过了提交大会审议的七部法律，即《中华人民共和国刑法》《中华人民共和国刑事诉讼法》《中华人民共和国全国人民代表大会和地方各级人民代表大会选举法》《中华人民共和国地方各级人民代表大会和地方各级人民政府组织法》《中华人民共和国人民法院组织法》《中华人民共和国人民检察院组织法》《中华人民共和国中外合资经营企业法》等。上述七部法律的出台对于推动改革开放和社会主义现代化建设起到了非常重要的保障作

① 柳华文在《推动构建人类命运共同体：法律化及其落实》一文主题是通过“法律化”来推动构建人类命运共同体，这里强调的是人类命运共同体制度化的初始状态应当是“法律化”，未来的目标才是法制化和法治化。参见《厦门大学学报(哲学社会科学版)》2019年第6期。

② 王峰：《论政府法制化的路径选择》，《边缘法学论坛》2019年第2期。

③ 王雅琴：《中国国家治理法治化的当代实践》，《晋中学院学报》2019年第6期。

用，在“民主法律化”领域向前迈出了一大步。紧接着就是1982年12月4日第五届全国人民代表大会第五次会议通过了现行宪法，并在宪法序言最后一个自然段明确规定：本宪法“以法律的形式”确认了中国各族人民奋斗的成果，规定了国家的根本制度和根本任务，是国家的根本法，具有最高的法律效力。全国各族人民、一切国家机关和武装力量、各政党和各社会团体、各企业事业组织，都必须以宪法为“根本的活动准则”，并且负有维护宪法尊严、保证宪法实施的职责。1982年诞生的现行宪法连同1979年全国人民代表大会一次性通过的七部法律，为改革开放提供了最基础的法律依据，为“民主法律化”提供了最好的实践基础。

党的十三大报告首次提出了“法制化”的概念，在强调有法可依的前提下，进一步突出了法律实施工作的重要性。党的十三大报告指出：为了巩固机构改革的成果并使行政管理走上法制化的道路，必须加强行政立法，完善行政机关组织法、编制法，用法律和预算手段控制机构设置和人员编制。要层层建立行政责任制，提高工作质量和工作效率。制定行政诉讼法，加强对行政机关和行政人员的监察，追究一切行政人员的失职、渎职和其他违法违纪行为。很显然，党的十三大报告对“法制化”概念的理解不仅包括了立法工作，而且还涉及了执法以及法律监督、行政诉讼等工作，使得“法制化”的内涵远远地比“法律化”更加具体和丰富。党的十四大报告进一步肯定了“法制化”的概念，提出“同经济体制改革和经济发展相适应”，必须按照民主化和法制化紧密结合的要求，积极推进政治体制改革。

党的十七大报告第一次使用了“法治化”的概念来表述依法治国的各项要求。该报告规定：坚持依法治国基本方略，树立社会主义法治理念，实现国家各项工作法治化，保障公民合法权益。至此，从党的十一届三中全会公报提出“法律化”，到党的十三大报告提出“法制化”，再到党的十七大报告提出“法治化”，法律化、法制化、法治化“法的三化”全面和系统地反映了中国特色社会主义法治建设不同阶段的不同要求，勾画了中国特色社会主义法治道路发展和演进的轨迹。党的十八大报告进一步肯定了党的十七大报告所提出“法治化”理念，规定“加快推进社会主义民主政治制度化、规范化、程序化，从各层次各领域扩大公民有序政治参与，实现国家各项工作法治化”。党的十九大报告全面肯定了“法治化”概念的意义，共有三个地方涉及“法治化”。一是规定长期坚持、不断发展我国社会主义民主政治，积极稳妥推进政治体制改革，“推进社会主义民主政治制度化、规范化、法治化、程序化”。与党的十一届三中全会公报提出的“民主制度化、法律化”的目标相比，党的十九大报告发展了上述目标，提出了“民主制度化、法治化”主张，很显然，对社会主义民主政治提出了更多的期许。二是提出了社会治理“法治化”要求。三是规定要“提高国防和军队建设法治化水平”。由此可见，党的十九大报告已经对“法治化”概念的内涵有了更加清晰的认识，把“法治化”的要求拓展到了社会主义民主政治、社会治理及国防和军队建设领域，丰富了“法治化”的制度功能。

党的十九届四中全会《决定》对“法治化”的制度功能的认

识又上升到了一个新的高度，从四个具体方面又进一步延展了党的十九大报告所涉及的“法治化”目标，包括：(1) 社会治安领域的“法治化”。《决定》规定，要坚持专群结合、群防群治，提高社会治安立体化、“法治化”、专业化、智能化水平。(2) 自然资源统一确权登记领域的“法治化”。《决定》规定，要推进自然资源统一确权登记“法治化”、规范化、标准化、信息化。(3) 涉外工作“法治化”。《决定》规定，要加强涉外法治工作，建立涉外工作法务制度，加强国际法研究和运用，提高涉外工作“法治化”水平。(4) 纪检监察工作“法治化”。《决定》规定，深化纪检监察体制改革，推进纪检监察工作规范化、“法治化”。很明显，党的十九届四中全会《决定》中的“法治化”概念已经从国家工作的宏观领域逐步向具体的微观领域渗透，突出显示了全面推进依法治国对国家治理和社会治理各个领域、各个方面所提出的全面和系统的具体要求，真正地体现了“法治化”中的“化”一字所表现出的“普遍性”“发展性”和“广延性”，使得“法治化”一词具有了比“法律化”“法制化”更加丰富的制度表现力和实践引导力。

党的十九届四中全会《决定》还从 13 个方面全面和系统地阐述了中国特色社会主义制度的基本特征和内涵，并对“制度化”的延展领域也作了基本要求，涉及社会主义协商民主[①]、基

① 党的十九届四中全会《决定》规定的“社会主义协商民主”涉及政党协商、人大协商、政府协商、政协协商、人民团体协商、基层协商以及社会组织协商等各个方面的“制度化实践”。

层直接民主[①]、理想信念教育[②]和群众参与基层社会治理[③]等方面。值得注意的是，从党的十一届三中全会公报起就已经在“制度化”和“法律化”之间建立了制度上的紧密逻辑联系，也就是说，先有制度，后有法律，国家治理和社会治理的各个领域、各个方面，在总结实践经验基础上，先建章立制，然后上升到法律层次加以规范，因此，从逻辑上来看，法律化、法制化和法治化是制度化的“高级阶段”，是制度化的“成熟”“定型”阶段。2019 年 9 月 24 日，习近平总书记在中共中央政治局就“新中国国家制度和法律制度的形成和发展”举行第十七次集体学习时的重要讲话中指出，中国特色社会主义国家制度和法律制度需要坚持好、实施好，也需要不断完善和发展。我们要在坚持好、巩固好已经建立起来并经过实践检验的“根本制度”“基本制度”“重要制度”的前提下，坚持从我国国情出发，继续加强制度创新，加快建立健全国家治理急需的制度、满足人民日益增长的美好生活需要必备的制度；要及时总结实践中的好经验好做法，成熟的经验和做法可以“上升”为制度、“转化”为法律[④]。习近平总书记的重要讲话非常科学地阐述了制度与法律、制度化与法治化

① 党的十九届四中全会《决定》规定要“着力推进基层直接民主制度化、规范化、程序化”。

② 党的十九届四中全会《决定》规定要“推动理想信念教育常态化、制度化”。

③ 党的十九届四中全会《决定》规定要“完善群众参与基层社会治理的制度化渠道”。

④ 参见《习近平在中央政治局第十七次集体学习时强调　继续沿着党和人民开辟的正确道路前进　不断推进国家治理体系和治理能力现代化》，https://www.chinanews.com/gn/2019/09-24/8964624.shtml，2021 年 10 月 25 日最新访问。

之间的关系，是理解中国特色社会主义制度建设和中国特色社会主义法治建设两者相互关系的金钥匙。党的十九届四中全会《决定》提出的需要“法治化”的四个领域，即社会治安领域、自然资源统一确权登记领域、涉外工作和纪检监察工作，都是已经“制度化”但尚未“法治化”的工作领域，而《决定》中提出的需要“制度化”的四个领域，即社会主义协商民主、基层直接民主、理想信念教育和群众参与基层社会治理，目前仍然处于建章立制阶段，等到各方面条件成熟时，也要提出“法治化”的要求，从而将上述四个方面的工作纳入全面依法治国的轨道。由此可见，“法治化”是“制度化”的最佳状态，是坚持和完善中国特色社会主义制度必须要始终不渝追求的理想目标，离开了对“法治化”与“制度化”两者之间逻辑关系的清醒认识，就无法准确和有效地解读党的十九届四中全会《决定》关于使得中国特色社会主义制度更加“成熟”、更加“定型”的各项制度安排的意义，就很容易隔离法治与制度之间的逻辑关系，甚至把法治、法治化排斥在中国特色社会主义制度建设之外，继而对中国特色社会主义法治体系作为中国特色社会主义制度体系的重要组成部分所具有的制度意义产生误读和误解。

事实上，正是基于对“法治化”是制度化的最佳状态逻辑关系的理解，才能真正地有效把握中国特色社会主义法治体系相较于“中国特色社会主义法律制度体系”所具有的更加丰富和深刻的制度内涵，透彻领悟“法治体系”“制度体系”作为“法治化”“制度化”的重要特征和实践结果的理论意义和实践价值。中国特色社会主义制度体系必须在“制度化”中来构建“体系化”结构，同样，中国特色社会主义法治体系也离不开对“法治化”制度功能的深刻理解，“法治体系化”是“法治化”的一个阶段或过程的表现形式，是“法治化”的成熟和定型。把“法治化”作为制度化的最佳状态，可以非常科学地解释从中国特色社会主义制度建设到制度体系构建的逻辑演进线路，更加充分和有效地发挥建设中国特色社会主义法治体系作为全面推进依法治国各项法治工作的“总抓手”的制度功能和实践作用。

本文最初刊登在《西北大学学报（哲学社会科学版）》2020年第3期，原题为《从制度、制度化到制度体系构建——制度发展内在逻辑》，收入本书时有增删。

“制度之治”是法治的内在逻辑述要

党的十九届四中全会审议通过的《中共中央关于坚持和完善中国特色社会主义制度、推进国家治理体系和治理能力现代化若干重大问题的决定》(以下简称十九届四中全会《决定》)聚焦坚持和完善中国特色社会主义制度的根本制度、基本制度、重要制度，安排了十三个部分，明确了各项制度必须坚持和巩固的根本点、完善和发展的方向，并作出工作部署。[①] 深入学习和贯彻党的十九届四中全会《决定》精神，关键是要从理论上科学地把握中国特色社会主义制度的基本特征，正确地解读中国特色社会主义法律体系、法治体系和制度体系之间的内在逻辑关系，在“制度之治”与“法治”之间建立更加科学有效的法解释学框架，从而保证制度实践与法治实践之间的价值统一。

一、法治体系是法律制度体系的根本特征

在全面和深刻地了解党的十九届四中全会《决定》提出的中

① 习近平：《关于〈中共中央关于坚持和完善中国特色社会主义制度、推进国家治理体系和治理能力现代化若干重大问题的决定〉的说明》，《关于〈中共中央关于坚持和完善中国特色社会主义制度、推进国家治理体系和治理能力现代化若干重大问题的决定〉辅导读本》，人民出版社 2019 年版，第 59 页。

国特色社会主义制度体系的框架特征和基本内涵精神的基础上，不断地建立和健全中国特色社会主义制度不可回避的一个基础性理论问题就是法律制度在中国特色社会主义制度体系中的地位和作用。毫无疑问，对这个基础性理论问题的回答直接关系到如何认识法律体系、法治体系和制度体系三者之间的逻辑关系，也是“成熟”的中国特色社会主义制度必须解决的基本理论问题。法律体系与法治体系之间的逻辑关系，这个问题法学界已经讨论很多，基本上形成了共识①。党的十五大报告首次提出了到2010年形成有中国特色社会主义法律体系，这是对党的十一届三中全会提出的“有法可依”法制原则的发展和完善，即从“文化大革命”时期的“无法可依”到“有法可依”，再到“法律体系”，反映了我们在立法工作上的进步和立法质量的提升，这一过程也是中国特色社会主义法律制度的进步，也就是说在静态法制层面实现了法律规范的制度化②。“中国特色社会主义法治体系”的概念是党的十八届四中全会审议通过的《中共中央关于全面推进依法治国若干重大问题的决定》（以下简称《全面推进依法治国决定》）中首次明确提出的，并且作为全面推进依法治国的总目标和总抓手。《全面推进依法治国决定》对中国特色社会主义法治体系的特征作了五个方面的阐述，包括形成完备的法律规范体系、高效的法治实施体系、严密的法治监督体系、有力的法治保障体

---

① 张建升、薄政峰：《从法律体系到法治体系——中国特色社会主义法律体系形成之后的思考》，《东岳论丛》2013年第2期。

② 张婧：《中国特色社会主义法律体系形成之路》，《经济师》2015年第8期。

系，形成完善的党内法规体系。从党的十五大提出"有中国特色社会主义法律体系"到党的十八届四中全会《全面推进依法治国决定》确立"中国特色社会主义法治体系"，中国特色社会主义法律制度建设从静态的法律规范层面上升到动态的法律实施层面，形成了"法律体系"与"法治体系"有机统一的静态与动态相结合的法律制度体系①，这也充分反映了中国特色社会主义法律制度不断走向成熟和定型的制度化特点。

党的十九届四中全会《决定》以坚持和完善中国特色社会主义法治体系为出发点，把中国特色社会主义法治体系纳入中国特色社会主义制度体系之中，并明确规定了中国特色社会主义法治体系建设的四个方面的任务，包括：健全保证宪法全面实施的体制机制；完善立法体制机制；健全社会公平正义法治保障制度；加强对法律实施的监督。党的十九届四中全会《决定》明确指出：建设中国特色社会主义法治体系、建设社会主义法治国家是坚持和发展中国特色社会主义的内在要求。因此，要以坚持和完善中国特色社会主义法治体系为"抓手"，提高党依法治国、依法执政的能力。尽管《决定》没有使用"中国特色社会主义法律制度体系"的概念，但"中国特色社会主义法治体系"既有效地涵盖了"中国特色社会主义法律体系"的内涵，又涉及中国特色社会主义法律制度体系建设的各个方面的法治工作，特别是着重强调了中国特色社会主义法律实施制度体系的重要性。从法理上来看，不能因为党的十九届四中全会《决定》没有使用"中国特

① 李杨：《法律体系与法治体系的关系——中国特色社会主义法治体系提出后的思考》，《法制与经济》2016 年第 3 期。

色社会主义法律制度体系”的概念，就想当然地认为该《决定》所提出的中国特色社会主义制度体系中就没有包括中国特色社会主义法律制度体系的内容。

中国特色社会主义法律制度体系是在新中国成立后中国特色社会主义法治建设的过程中逐渐形成的，与中国特色社会主义国家制度体系相辅相成、相得益彰。习近平总书记在中共中央政治局2019年9月24日就“新中国国家制度和法律制度的形成和发展”举行第十七次集体学习时的讲话中明确指出：中国特色社会主义国家制度和法律制度是在长期实践探索中形成的，是人类制度文明史上的伟大创造。中国特色社会主义国家制度和法律制度是一套行得通、真管用、有效率的制度体系，这是我们坚定“四个自信”的一个基本依据。中国特色社会主义国家制度和法律制度需要坚持好、实施好，也需要不断完善和发展[①]。习近平总书记上述讲话是从“制度体系”的高度来认识中国特色社会主义国家制度和法律制度的特征的，从理论上解决了中国特色社会主义国家制度体系和法律制度体系的正当性问题，为全面和正确地理解党的十九届四中全会《决定》提出的“坚持和完善中国特色社会主义法治体系”的深刻内涵提供了很好的政策依据和方法论。习近平总书记上述讲话把中国特色社会主义国家制度与法律制度两者紧密地结合在一起来认识中国特色社会主义制度体系的特征，说明中国特色社会主义法律制度体系与国家制度体系之间存

① 《习近平主持中央政治局第十七次集体学习并讲话》，新华社2019年9月24日，参见http://www.gov.cn/xinwen/2019-09/24/content_5432784.htm，2021年10月25日最新访问。

在着紧密的逻辑联系，也就是“成熟的经验和做法可以上升为制度、转化为法律”。这就意味着，国家建设的经验首先转为国家制度，然后再通过法律上升为法律制度，通过法律的规范保障作用来保证国家机器的正常运行[①]。当然，国家制度转化为法律制度并不是一一对应的逻辑关系，国家制度有着自身的独立性，其中党的政策、社会主义核心价值观等各种有效的行为规则也是国家制度得以有效运行的制度保障，法律制度是国家制度中最重要的组成部分，也是国家制度得以有效存在和运行最主要的制度载体，具有其他行为规则所不具有的制度稳定性和制度执行力。

党的十八届四中全会之前，法学界习惯用“法律制度体系”来涵盖“法律体系”，并将法制区分为“静态的法律规范”和“动态的法律实施”[②]。党的十八届四中全会《全面推进依法治国决定》提出“中国特色社会主义法治体系”概念后，由于“中国特色社会主义法治体系”将“党内法规体系”纳入其中，拓展了“法律制度体系”的内容，因此，“中国特色社会主义法治体系”可以更加科学地体现了“中国特色社会主义法律制度体系”的各项特征，故党的十九大报告进一步明确了全面推进依法治国的总目标之一就是“建设中国特色社会主义法治体系”，上述规定进一步赋予了“中国特色社会主义法治体系”作为全面推进依法治国各项法治工作的“总抓手”的地位。也就是说，“法治体系是

① 刘会娜、冯磊：《政策和法律关系之辩：基于历史、理论和现实》，《法制与社会》2015 年第 21 期。

② 贺晓荣：《试论动态法制与静态法制相悖的文化因素》，《法律科学》1989 年第 2 期。

以立法、以形成法律体系作为基础的。法律体系形成了，法治就进入到一个有法可依的阶段。我们把无法可依的问题解决了，剩下的就是怎样把法律规定的都实现了。中国法治建设的主要矛盾，三十年前是无法可依，现在已经转移到有法必依上”[①]。所以说，从“中国特色社会主义法治体系”的高度来认识“中国特色社会主义法律制度体系”的特征，继而进一步科学地阐述中国特色社会主义法律制度体系在中国特色社会主义制度体系中的地位和作用，对于不断完善和丰富中国特色社会主义法律制度体系理论具有非常重要的理论意义和实践价值。

二、“制度之治”是法治的内在逻辑

党的十九届四中全会《决定》通过全面和系统地阐述中国特色社会主义制度以及制度体系的特征、结构和基本内涵，突出“制度之治”在坚持走中国特色社会主义道路中的基础性作用[②]。强调“制度之治”，并不是要忽视或降低法治在治国理政中的地位和作用。党的十八大报告明确指出：法治是治国理政的基本方式。这是由法治作为国家治理方式的基本特点决定的。法治依靠的是宪法和法律的权威，依托的是宪法和法律所确立的严格的法定程序和机制，将静态意义上的法律规范与动态意义上的法律实施有机结合起来，特别是将国家法律和党内法规有机结合起来，

---

① 徐燕、朱燕红：《法律体系是法治体系的逻辑起点——全国人大常委会委员徐显明谈中国特色社会主义法律体系》，中国人大网，2011 年 5 月 30 日，参见 http://www.npc.gov.cn/npc/zgrdzz/2011-05/30/content_1669093.htm，2021 年 10 月 25 日最新访问。

② 周叶中：《“中国之治”的制度密码》，《济南日报》2019 年 11 月 28 日。

充分体现了我们党依法治国、依法执政的执政规律[①]。但是，法治作为治国理政的基本方式也必须尊重治国理政的基本规律，强调法治在治国理政中的基础性作用并不意味着法治可以解决国家治理和社会治理中的所有问题。法治是依靠宪法和法律的权威来规范人们的行为，确立国家治理和社会治理的基本秩序。法治要能发挥自身的治国理政的作用，首先要依赖于法治自身的“制度化水平”。法治的基本要素既有作为静态意义上的法律规范，也有作为动态意义上的法律实施[②]，此外，中国特色社会主义法治体系中还包括了约束执政党的党组织和党员的党内法规。法治构成的复杂性，决定了法治的内部结构必须科学、合理，必须符合制度化的基本要求。从立法角度来看，如果不同立法主体之间的立法权限不清晰，存在法出多门的问题，不同的法律法规之间存在相互冲突和不一致却得不到有效的解决，国家法律与党内法规之间存在价值冲突得不到有效协调，那么，纵有各种各样的法律规范，但法律规范之间缺少有效和必要的逻辑联系，法律规范不能有效地聚集在一起发挥制度意义上的整体功能，即有规范无制度，那么，此种意义上的“有法可依”在实践中就会变成“有法不能依”[③]，杂乱无章的法律规范根本无法造就可靠的制度秩序和法律秩序。因此，法治能否在治国理政中发挥自身的可预见性、可重复性的普遍适用和有效的规范统一特征，必须要按照制度化

① 张学博：《习近平治国理政的法治思维》，《特区实践与理论》2019 年第 1 期。

② 甘藏春：《现代法治的基本标准和要素》，《法制日报》2015 年 5 月 16 日。

③ 万文周：《刍议有法不依的原因及对策》，《楚天主人》1996 年第 3 期。

建设的要求在不同的法律规范之间建立科学的逻辑联系，在法律规范与法律实施之间建立起可靠和有效的法律实施保障和法律实施监督机制，否则，“徒法不足以自行”①，仅有纸上规定的完善的法律规范，却无法产生实践中的法律治理效果，法治的治国理政功能“不稳定”，这样的法治也是低效的、无能的。因此，法治之治的内涵应当是符合制度建设规律、具有基本制度逻辑结构和制度功能的“制度之治”。

“制度之治”作为法治的内在逻辑，在共产党作为执政党长期执政的中国特色社会主义制度下，至少表现为以下几个方面的具体要求：

一是“制度之治”决定了法治的正当性基础。我国是共产党执政国家，党对国家生活和社会生活的领导作用是无处不在的，这一点完全不同于西方宪政理论下的“法治”。党的十八届四中全会《全面推进依法治国决定》明确规定：党的领导是中国特色社会主义最本质的特征，是社会主义法治最根本的保证。把党的领导贯彻到依法治国全过程和各方面，是我国社会主义法治建设的一条基本经验。党的领导和社会主义法治是一致的，社会主义法治必须坚持党的领导，党的领导必须依靠社会主义法治。党的十九届四中全会《决定》也开宗明义地规定：中国共产党领导是中国特色社会主义最本质的特征，是中国特色社会主义制度的最大优势。所以说，在中国特色社会主义制度体系的语境下，中国特色社会主义法治体系必须要依托党的领导制度体系才能获得自

① 《孟子·离娄上》。

身的合法性，否则，一切偏离党的领导制度体系的解释方法只能将中国特色社会主义法治体系的理论逻辑引向歧途，用西式的法治话语来解释中国法治建设的规律，不仅使得法治缺少中国特色社会主义制度的正当性前提，而且会导致在实际中根本无法指导法治建设的具体实践，这一点是党的十八届四中全会《全面推进依法治国决定》和党的十九届四中全会《决定》最核心的精神要义，是理解中国特色社会主义法治体系内涵的金钥匙。

二是“制度之治”主导了法治的治理方式。我国是社会主义国家，社会主义制度是中华人民共和国的根本制度。党的十九届四中全会《决定》所确认的13个方面的中国特色社会主义制度，都是作为中华人民共和国根本制度——社会主义制度的具体制度要素。我国现行宪法第一条第二款明确规定了我国的根本国家制度是社会主义制度，这就决定了我国的法治是社会主义性质的，但是，在统一的宪法制度下，还可以通过宪法或者是基本法规定在特别行政区实行区别于主体部分所实行的社会主义制度的资本主义制度。不过，社会主义制度是我国的主体制度，资本主义制度只是在特别行政区适用的地方区域性制度。因此，我国的法治模式是主体部分的社会主义法治与特别行政区的资本主义法治两个方面的结合。香港基本法和澳门基本法都规定了香港和澳门回归之后保持原有的资本主义制度50年不变，这就决定了香港和澳门作为特别行政区所实行的法治的资本主义特性。党的十九届四中全会《决定》对坚持和完善“一国两制”制度体系作了明确的肯定，这就意味着在中华人民共和国主权范围内所实行的“法治”受到了“制度之治”的约束，香港和澳门回归后不实行社会主义制度，自然也就不实行社会主义法治。党的十九届四中全会《决定》对于香港和澳门特别行政区的“法治”提出了与内地主体部分实行的社会主义法治不一样的“制度要求”，运用了“中国特色社会主义法治体系”中的“完备的法律规范体系”摄涵了“中国特色社会主义法律体系”的内容，同时提出坚持依法治港治澳，完善特别行政区同宪法和基本法实施相关的制度和机制，坚持以爱国者为主体的“港人治港”“澳人治澳”，提高特别行政区依法治理能力和水平。

三是“制度之治”左右了法治的治理功能。党的十九届四中全会《决定》将“坚持和完善中国特色社会主义法治体系”作为坚持和完善中国特色社会主义制度体系的一项重要内容，并指出“坚持和完善中国特色社会主义法治体系”目标还是在于“提高党依法治国、依法执政能力”。建设中国特色社会主义法治体系的重要任务不仅仅要保证国家治理体系和治理能力现代化，同时也要保证党依法治国、依法执政能力的提高，因此，中国特色社会主义法治体系也要容纳一切与社会主义核心价值观相适应、相一致的治理手段和方式，要将社会主义核心价值观融入法治建设之中，要坚持依法治国与以德治国的有机统一，要依据党章和宪法，正确地处理党内法规与国家法律之间的关系，要通过制度的手段把党的政策及时和有效地转化为国家法律。中国特色社会主义制度建设的目标决定了中国特色社会主义法治体系建设的使命，必须始终保持法治与“制度之治”的目标一致性，防止法治的发展偏离作为中华人民共和国根本制度——社会主义制度发展的方向，必须要与西方形形色色的法治理论和法治方案划清界限，我们所实行的法治其制度功能指向应当是坚持、完善和巩固中国特色社会主义制度，而不是消磨社会主义制度的根基，阻挠社会主义制度的健康和有序发展。

四是"制度之治"构成了法治的基本结构。习近平总书记多次强调，要把权力关进"制度"的笼子。习近平总书记相关重要论述深刻地反映了"制度之治"作为"中国之治"的根本特征。强调把权力关进"制度"的笼子首先意味着要依法来约束权力，把权力关进"法律"的笼子，但由于我国是共产党执政的社会主义国家，国家制度和社会制度的诸多方面还会受到方方面面因素的影响，特别是执政党的党组织和党员领导干部，必须要将党的纪律挺在国家法律的前面，才能更有效地防止权力滥用和权力寻租。2018 年 3 月 12 日，现行宪法第五次修改时把监察委员会写进了宪法，同时在 2018 年 3 月 20 日又出台了《中华人民共和国监察法》，加强对所有行使公权力的公职人员的监督，纪检监察部门的专门监督成为约束各种公权力的制度武器，这充分体现了中国特色"制度之治"的优势。事实证明，党纪国法双管齐下，才能编织起约束权力的更加严密的制度笼子。所以，没有制度之"笼"作为法治发挥治国理政作用的重要保障，法治运行的效率就要大打折扣，法治很难将自身的治理优势真正转化为实际的治理效能。

总之，把"制度之治"作为法治的核心要素对待，可以进一步丰富和发展中国特色社会主义法治理论，通过将中国特色社会主义法治体系纳入中国特色社会主义制度体系，可以真正地找到法治作为治国理政的基本方式在国家治理和社会治理实践中发挥自身治理优势的制度突破口，有效地消除在理论上一谈法治就会受到西方法治思想的困扰的思维障碍，真正有效地解决法治理论与法治实践“两张皮”问题，将法治理论更好地服务于法治实践，在建设中国特色社会主义法治体系的过程中，不断完善中国特色社会主义制度体系，最终实现社会主义法治国家的战略目标。

本文修改版刊登在《现代法学》2020年第3期。

关于“制度”规定的语义学分析

学习和领悟党的十九届四中全会《中共中央关于坚持和完善中国特色社会主义制度、推进国家治理体系和治理能力现代化若干重大问题的决定》（以下简称《决定》）的重要精神，除了要结合习近平总书记关于《决定》的说明以及中央宣传部门公开出版的相关宣传读物和材料对《决定》规定的内容进行深入和细致的研读之外，还可以通过运用马克思主义立场、观点和方法来分析和研究《决定》所规定的各项制度的特征，特别是可以通过语言学和语义学的方式，通过对《决定》中所规定的“制度”一词以及与“制度”语义相近的语词进行科学和深入的语义分析，真正弄懂吃透《决定》所规定的各项制度的内涵，从而更好地推动在实际中有效地贯彻和落实《决定》的各项要求。

一、从语义学来看《决定》中规定的应当“坚持和完善”的“制度”存在状况与特征

从语言学[①]和语义学[②]的角度来对党的重要文件作出全面和系统的分析，这种研究方法在学术界还很少采用。从语言学的角度来看，要透彻理解党的十九届四中全会《决定》中所确立的中国特色社会主义制度的含义，首先要对“制度”一词在《决定》中的分布状况和特点进行归纳和分析。数据统计表明，《决定》共有“制度”一词222处，从语言学的角度来看，学习《决定》所规定的制度内涵，首先要立足于对《决定》文本中使用“制度”一词的上下文进行研究，来发现《决定》中的“制度”一词的语言学分布规律和特征。《决定》中222处关于“制度”一词的规定从语义学上来看，并不意味着就有222项制度与《决定》关于“制度”一词222处相对应，这里涉及的语言学问题至少有以下几个方面：

一是《决定》中关于“制度”一词的语言学意义的使用方法是多元的，例如，关于“社会主义制度”一词的使用有23处，“中国特色社会主义制度”一词的使用有20处，在上述“制度”

---

① 语言学（Linguistics）是以人类语言为研究对象的学科，探索范围包括语言的性质、功能、结构、运用和历史发展，以及其他与语言有关的问题。语言学被普遍定义为对语言的一种科学化、系统化的理论研究。并且语言是人类最重要的交际工具，是思想的直接现实。

② 语义学（Semantics），也作“语意学”，是一个涉及语言学、逻辑学、计算机科学、自然语言处理、认知科学、心理学等诸多领域的一个术语。语义学研究目的在于找出语义表达的规律性、内在解释、不同语言在语义表达方面的个性以及共性。

一词使用之处，“制度”只指向了“社会主义制度”或“中国特色社会主义制度”，而不涉及其他含义上的制度。所以说，《决定》关于“制度”一词的规定有222处，但能够具有独立的语言学意义的“制度”则由于许多“制度”被同一词语所使用，从而减少了具体“制度”的数量。

二是《决定》中许多地方对“制度”一词的使用采用了习惯中的缩写，即“中心词”加“制”，这种语言学意义上的“制度”在语义学上也是独立存在的，可以被计算到《决定》所确认的“制度”之中。例如，《决定》使用了“制”这个字，其中有很多地方其语义与“制度”完全相同或相似，例如，《决定》规定的“落实行政执法责任制”“促进非公有制经济健康发展”以及“落实意识形态工作责任制”中的“制”，虽然从语言学上来看，都是“制”这个单字，但是其语义学的含义却与“制度”的内涵等值无疑。这就为从数量上统计《决定》所确认的具体制度提供了新的统计方法。

三是《决定》的主题是“坚持和完善中国特色社会主义制度”，既然是“坚持和完善”，那么，《决定》所确认的“制度”的基本语义学特征必须是已经存在的“制度”，而不是正在构建的或者是尚未构建的“制度”，因此，在统计《决定》中所确认的“中国特色社会主义制度”时，如果在“制度”前面使用的是“建立”或者是在“制度”一词之后加上了后缀“化”，这样的“制度”虽然在语言学上可以视为《决定》所确认的“制度”，但从语义学上却并不适宜作为《决定》已经确认业已存在的“制度”范围，只能算作“待建”制度。例如，《决定》规定“加快建立基本养老保险全国统筹制度”，上述中的“基本养老保险全国统筹制度”虽然从语言学上来看属于“制度”范畴，但由于《决定》是从“加快建立”的角度来表达“基本养老保险全国统筹制度”，所以，根据《决定》上述规定，“基本养老保险全国统筹制度”应当属于尚未构建起来的“制度”，从统计学上不应当把“基本养老保险全国统筹制度”统计进“坚持和完善”的“中国特色社会主义制度”的范围。此外，党的十九届四中全会《决定》中有4处使用了“制度化”，由于“化”对中心词“制度”的逻辑联系是建立在“改变”或者是“向其发展”的语义上的，所以，《决定》中使用“制度化”的地方也不能认定已经建立起应当“坚持和完善”的制度，而只应统计进尚未构建或者是正在努力构建的“制度”范围。例如，《决定》规定：“推动理想信念教育常态化、制度化，弘扬民族精神和时代精神，加强党史、新中国史、改革开放史教育，加强爱国主义、集体主义、社会主义教育，实施公民道德建设工程，推进新时代文明实践中心建设。”上述规定中的“理想信念”“制度化”从语义学上来看，很显然表明目前关于“理想信念”尚未构建起可“坚持和完善”的制度。

四是《决定》中有大量的从语言学上来看内涵和外延不同于“制度”的词汇，但是，从语义学上来看，这些词汇的语义都比较接近“制度”，很难加以区分，甚至在逻辑上存在相互包含的关系。如果要作为应当“坚持和完善”的“制度”来统计从语义学上也是没有问题的，有的直接用“制度”一词来替换也不改变原有的词意。这种在语义学上与“制度”非常靠近的词汇在《决定》中主要集中在“体系”“体制”“机制”和“体制机制”等词汇上。例如，《决定》中所规定的“坚持和完善中国特色社会主义法治体系”，这里的“法治体系”中的“体系”虽然从语言学上来看，与“制度”一词完全不同，但是，从语义学上却可以发现，“法治体系”中的“体系”已经有效地包含了“制度”一词的含义，“法治体系”从语义学上换成“法律制度”或“法律制度体系”在逻辑上也是成立的。再如，《决定》中有18处使用了“体制机制”一词，其中绝大多数地方换成“制度”一词都是可以的，从语义学上来看，“体制机制”与“制度”基本等值。例如，《决定》规定：“全面贯彻党的教育方针，坚持教育优先发展，聚焦办好人民满意的教育，完善立德树人体制机制”；“建立健全把社会效益放在首位、社会效益和经济效益相统一的文化创作生产体制机制”，上述规定中的“体制机制”从语义学上替换为“制度”含义基本相同，也就是说，《决定》上述的两处关于“体制机制”的规定，完全可以改写成“全面贯彻党的教育方针，坚持教育优先发展，聚焦办好人民满意的教育，完善立德树人制度”；“建立健全把社会效益放在首位、社会效益和经济效益相统一的文化创作生产制度”。

总之，正是由于从语义学上来研究党的十九届四中全会《决定》所规定的“制度”存在的状况和特征所形成的复杂性，因此，从统计学上简单地得出《决定》总共明确了多少个应当“坚持和完善”的“制度”确实是一件比较困难的事情。

二、从语言学的角度分析《决定》所确认的13个方面的“制度”内涵及其特征

据统计，党的十八届三中全会《决定》推出了336项改革措施[①]，党的十八届四中全会《决定》出台了190几项法治改革措施[②]，可以说，通过具体的数字来凸显党的十八届三中全会、四中全会的重要意义已经成为党的十八大以来党的重要文件发布的一个显著特点。数字具体，任务就清晰，工作目标就容易确定，这是数字化带来的效益。党的十九届四中全会《决定》确认了应当“坚持和完善”的13个方面的“中国特色社会主义制度”，但到底确认了多少具体的“制度”，这个数字迄今为止尚未见权威部门发布，学术界也没有做过精确的统计和系统的研究。鉴于本文提出的语言学和语义学认识结论上的差异，从语义学的角度来统计党的十九届四中全会《决定》所确认的应当“坚持和完善”的“制度”确实会遇到统计口径上的障碍，但从语言学上以《决定》所规定的13个方面的“制度”一词作为统计标准，大致上可以得出《决定》所确认的应当“坚持和完善”或“待建”的具体制度的数量和范围，总值在160个上下。这里必须事先确定好统计的口径以便消除重复的统计或者是遗漏的统计。

首先，所有作为统计对象的“制度”必须以《决定》文本中

---

① 《中央改革办：十八届三中全会提出的336项改革举措已出台实施方案的超95%》，《人民日报》2018年12月28日。

② 《改革开放40年：从公平正义到全面依法治国》，参见http://news.cctv.com/2018/10/08/ARTIdTC44s2Mq7Mtpvx8yNfS181008.shtml，2021年10月25日最新访问。

的明确的“制度”一词为依据，以单字“制”“体系”“体制”“机制”或者“体制机制”表达出来的制度内涵都不计入统计对象的范围，也就是说，本文采取以事论事的方式，采取语言学意义上的“直观”判断和归类法；其次，对于《决定》文本中就具体制度之前的列举事项，如果是多项列举的，每个单项计算为一项，如果只有两项，并且以“和”作为事项并列词的，算作一项；再次，凡是“制度”之前以“坚持和完善”“完善”“健全”“建立健全”等表述“制度”存在状况和特征的，计入统计对象，凡是以“建立”“落实”等具有进行时和未来时特征的动词连接通常不考虑计入“坚持和完善”的制度的统计对象，而是放到“待建”的制度范围；最后，明显属于语言学意义上的疏漏应当纳入统计对象的，以总误差不超过5%的额度计算。

以上述标准来统计党的十九届四中全会《决定》所规定的应当“坚持和完善”或“待建”的各项制度，暂不区分“抽象”和“具象”两种意义上的内涵，只从语言学上考虑能够构成“中心词”加“制度”复合词组的，就算作一项独立的“制度”，就此，以《决定》13个方面为类别，党的十九届四中全会《决定》共确认了以下应当“坚持和完善”或“待建”的各项中国特色社会主义“制度”。

第1个方面：坚持和完善党的领导制度体系，提高党科学执政、民主执政、依法执政水平。从语言学和语义学相结合的角度来审读《决定》第二部分规定的应当“坚持和完善”的中国特色社会主义制度，可以确认以下几个方面的制度：总揽全局、协调各方的党的领导制度；坚定维护党中央权威和集中统一领导的各项制度；向党中央请示报告制度；维护党的集中统一的组织制度；党的全面领导制度；党领导人大、政府、政协、监察机关、审判机关、检察机关、武装力量、人民团体、企事业单位、基层群众自治组织、社会组织等制度；各级党委（党组）工作制度；党领导各项事业的具体制度；为人民执政、靠人民执政各项制度；保证人民在国家治理中的主体地位，着力防范脱离群众的危险制度[①]；党员、干部联系群众制度；提高党的执政能力和领导水平制度；发展党内民主和实行正确集中的相关制度；全面从严治党制度；党的建设制度；党管干部、选贤任能制度；全面从严治党责任制度等 17 项制度。此外，该部分还明确了需要待建制度 1 项，即“建立不忘初心、牢记使命的制度”。

第 2 个方面：坚持和完善人民当家作主制度体系，发展社会主义民主政治。从语言学和语义学相结合的角度来审读《决定》第三部分规定的应当“坚持和完善”的中国特色社会主义制度，可以确认以下几个方面的制度：人民当家作主制度；民主制度；人民代表大会制度这一根本政治制度；人大对“一府一委两院”监督制度；人大组织制度；人大选举制度；论证、评估、评议、听证制度；中国共产党领导的多党合作和政治协商制度；中国特色社会主义政党制度；民主党派中央直接向中共中央提出建议制度；我国新型政党制度；人民政协专门协商机构制度；有事好商量、众人的事情由众人商量的制度；党外代表人士队伍建设制

① 党的十九届四中全会《决定》规定：通过完善制度保证人民在国家治理中的主体地位，着力防范脱离群众的危险。上述“通过完善制度”的表达方式可以归入“坚持和完善”制度的统计对象范围。

度；民族区域自治制度；充满活力的基层群众自治制度；以职工代表大会为基本形式的企事业单位民主管理制度等 17 项制度。此外，该部分还明确规定“着力推进基层直接民主制度化”，上述规定表明“基层直接民主制度”是一项需要待建的制度。

第 3 个方面：坚持和完善中国特色社会主义法治体系，提高党依法治国、依法执政能力。从语言学和语义学相结合的角度来审读《决定》第四部分规定的应当“坚持和完善”的中国特色社会主义制度，可以确认以下几个方面的制度：备案审查制度；社会公平正义法治保障制度；审判制度；检察制度；律师制度；惩罚性赔偿制度等 6 项制度。

第 4 个方面：坚持和完善中国特色社会主义行政体制，构建职责明确、依法行政的政府治理体系。从语言学和语义学相结合的角度来审读《决定》第五部分规定的应当“坚持和完善”的中国特色社会主义制度，可以确认以下几个方面的制度：行政执法责任制和责任追究制度；政府权责清单制度；行政审批制度；以财政政策和货币政策为主要手段，就业、产业、投资、消费、区域等政策协同发力的宏观调控制度；国家重大发展战略和中长期经济社会发展规划制度；各级政府事权、支出责任和财力相适应的制度等 6 项制度。此外，该部分还规定了 2 项待建制度：一是“现代中央银行制度”；二是“运用互联网、大数据、人工智能等技术手段进行行政管理的制度”。

第 5 个方面：坚持和完善社会主义基本经济制度，推动经济高质量发展。从语言学和语义学相结合的角度来审读《决定》第六部分规定的应当“坚持和完善”的中国特色社会主义制度，可以确认以下几个方面的制度：社会主义基本经济制度；中国特色现代企业制度；支持中小企业发展制度；农村集体产权制度；农村基本经营制度；直接税制度；公平竞争制度；市场准入负面清单制度；生产许可制度；破产制度；以公平为原则的产权保护制度；要素市场制度；资本市场基础制度；农业农村优先发展和保障国家粮食安全的制度；外商投资准入前国民待遇加负面清单管理制度；外商投资国家安全审查制度；反垄断审查制度；国家技术安全清单管理制度；不可靠实体清单制度等 19 项制度。此外，该部分还规定了 3 项待建的制度，包括：一是公平竞争审查制度；二是知识产权侵权惩罚性赔偿制度；三是集体诉讼制度等。

第 6 个方面：坚持和完善繁荣发展社会主义先进文化的制度，巩固全体人民团结奋斗的共同思想基础。从语言学和语义学相结合的角度来审读《决定》第七部分规定的应当“坚持和完善”的中国特色社会主义制度，可以确认以下几个方面的制度：社会主义先进文化的制度；马克思主义在意识形态领域指导地位的根本制度；党委（党组）理论学习中心组等各层级学习制度；以社会主义核心价值观引领文化建设制度；人民文化权益保障制度；舆论监督制度；文化企业履行社会责任制度等 7 项制度。此外，该部分还规定了 1 项待建制度，即“理想信念教育常态化、制度化”。

第 7 个方面：坚持和完善统筹城乡的民生保障制度，满足人民日益增长的美好生活需要。从语言学和语义学相结合的角度来审读《决定》第八部分规定的应当“坚持和完善”的中国特色社会主义制度，可以确认以下几个方面的制度：统筹城乡的民生保障制度；健全幼有所育、学有所教、劳有所得、病有所医、老有所养、住有所居、弱有所扶等方面国家基本公共服务制度；公共就业服务和终身职业技能培训制度；公平就业制度；城乡、可持续的基本养老保险制度；基本医疗保险制度；社会救助制度；社会福利制度；慈善事业制度；优抚安置制度；退役军人工作体系和保障制度；男女平等、妇女全面发展的制度；残疾人帮扶制度；提高人民健康水平的制度；基本医疗卫生制度；现代医院管理制度；重特大疾病医疗保险和救助制度；促进全民健身制度等18项制度。此外，该部分还有3项待建制度方面的规定，包括：一是加快建立基本养老保险全国统筹制度；二是加快落实社保转移接续、异地就医结算制度；三是加快建立多主体供给、多渠道保障、租购并举的住房制度等。

第8个方面：坚持和完善共建共治共享的社会治理制度，保持社会稳定、维护国家安全。从语言学和语义学相结合的角度来审读《决定》第九部分规定的应当“坚持和完善”的中国特色社会主义制度，可以确认以下几个方面的制度：共建共治共享的社会治理制度；信访制度；安全生产责任和管理制度；食品药品安全监管制度；群众参与基层社会治理的制度；国家安全法律制度等6项制度。

第9个方面：坚持和完善生态文明制度体系，促进人与自然和谐共生。从语言学和语义学相结合的角度来审读《决定》第十部分规定的应当“坚持和完善”的中国特色社会主义制度，可以确认以下几个方面的制度：生态文明制度；最严格的生态环境保护制度；主体功能区制度；绿色生产和消费的法律制度；生态环境保护法律体系和执法司法制度；自然资源产权制度；垃圾分类和资源化利用制度；海洋资源开发保护制度；生态保护和修复制度；国家公园保护制度；生态环境保护责任制度；生态环境监测和评价制度；生态环境公益诉讼制度等13项制度。此外，该部分还规定了10项待建制度，包括：国土空间规划和用途统筹协调管控制度；以排污许可制为核心的固定污染源监管制度；资源高效利用制度；资源有偿使用制度；资源总量管理和全面节约制度；垃圾分类和资源化利用制度；自然资源统一调查、评价、监测制度；生态文明建设目标评价考核制度；中央生态环境保护督察制度；生态补偿和生态环境损害赔偿制度等10项制度。

第10个方面：坚持和完善党对人民军队的绝对领导制度，确保人民军队忠实履行新时代使命任务。从语言学和语义学相结合的角度来审读《决定》第十一部分规定的应当“坚持和完善”的中国特色社会主义制度，可以确认以下几个方面的制度：党对人民军队的绝对领导制度；人民军队党的建设制度；基于联合、平战一体的军事力量运用政策制度；战备制度；解放军现役部队和预备役部队、武装警察部队、民兵建设，统筹军队各类人员制度；军官职业化制度；文职人员制度；兵役制度；国防科技创新和武器装备建设制度等9项制度。此外，该部分还规定4项待建制度，包括：中国特色社会主义军事政策制度；军委主席负责制各项制度；聚焦打仗、激励创新、军民融合的军事力量建设政策制度；精准高效、全面规范、刚性约束的军事管理政策制度等。

第11个方面：坚持和完善“一国两制”制度体系，推进祖国和平统一。从语言学和语义学相结合的角度来审读《决定》第十二部分规定的应当“坚持和完善”的中国特色社会主义制度，可以确认以下几个方面的制度：“一国两制”制度；特别行政区同宪法和基本法实施相关的制度；中央依照宪法和基本法对特别行政区行使全面管治权的制度；中央对特别行政区行政长官和主要官员的任免制度；全国人大常委会对基本法的解释制度；特别行政区行政长官对中央政府负责的制度；台湾同胞的社会制度；两岸合作交流制度；两岸融合发展、保障台湾同胞福祉的制度等9项制度。此外，该部分还规定了1项待建的制度，即特别行政区维护国家安全的法律制度。

第12个方面：坚持和完善独立自主的和平外交政策，推动构建人类命运共同体。该部分规定了1项待建的制度，即涉外工作法务制度。

第13个方面：坚持和完善党和国家监督体系，强化对权力运行的制约和监督。从语言学和语义学相结合的角度来审读《决定》第十四部分规定的应当“坚持和完善”的中国特色社会主义制度，可以确认以下几个方面的制度：党和国家监督制度；领导班子内部监督制度；巡视巡察整改、督察落实情况报告制度；人大监督制度；民主监督制度；行政监督制度；司法监督制度；群众监督制度；舆论监督制度；分事行权、分岗设权、分级授权、定期轮岗制度；党务、政务、司法和各领域办事公开制度；审批监管、执法司法、工程建设、资源开发、金融信贷、公共资源交易、公共财政支出等重点领域监督制度等12项制度。

总结党的十九届四中全会《决定》13个方面应当“坚持和完善”的制度和应当“待建”的制度，按照本文的统计标准，

《决定》总共规定了134项应当“坚持和完善”的制度，规定了27项应当“待建”的制度。其中，社会主义基本经济制度方面应当“坚持和完善”的制度最多达到了19项，生态文明制度方面应当“待建”的制度达到了10项。上述统计结果也表明，目前我国经济领域的制度相对成熟和定型，而生态文明领域需要建立的制度还很多，在制度化建设方面还有很多工作要做。

三、统计数据显示的《决定》中的“制度”所具有的语义特征

为了进一步加深对党的十九届四中全会《决定》中所确认的应当“坚持和完善”或者是“待建”的中国特色社会主义制度中“制度”一词所具有的语义特征的认识，本文拟选择几个统计数据来进一步深入分析《决定》所揭示的中国特色社会主义制度的内涵。

（一）“制度”与“制度体系”的逻辑关联

党的十九届四中全会《决定》文本中总共有222处涉及“制度”，而将“制度”与“体系”两个词结合在一起构成“制度体系”的共有16处。其中，从语言学上来看，《决定》所使用的“制度体系”一词可以视为解释“制度”内涵的描述性概念。《决定》规定：中国特色社会主义制度是党和人民在长期实践探索中形成的科学制度体系，我国国家治理一切工作和活动都依照中国特色社会主义制度展开，我国国家治理体系和治理能力是中国特色社会主义制度及其执行能力的集中体现。从上述规定可以看到，“制度”是“制度体系”的表述，可以说是对制度概念的描

述性定义，这就意味着《决定》所希望“坚持和完善”或者是“待建”的“制度”本身具有“体系化”的特点，从语义学上来看，虽然《决定》所规定的“法律制度”只有2处，一处是“健全国家安全法律制度体系”，另一处是“完善绿色生产和消费的法律制度”，但不能认为《决定》文本忽视了“制度”与“法律”之间的语义关联。《决定》所使用的“中国特色社会主义法治体系”一词也可以视为“制度体系”的一个组成部分，并且作为体现“制度”存在状况的一个重要方面。如果在扩张意义上来解释，“中国特色社会主义法治体系”可以解释为“中国特色社会主义法律制度体系”或者是包含了“中国特色社会主义法律制度体系”的内涵。《决定》中可以从语言学角度明显判定的“制度体系”有12处，包括党的领导制度体系①、人民当家作主制度体系②、宏观调控制度体系③、国家基本服务制度体系④、国家安

---

① 党的十九届四中全会《决定》规定，“二、坚持和完善党的领导制度体系，提高党科学执政、民主执政、依法执政水平”。中国共产党领导是中国特色社会主义最本质的特征，是中国特色社会主义制度的最大优势，党是最高政治领导力量。必须坚持党政军民学、东西南北中，党是领导一切的，坚决维护党中央权威，健全总揽全局、协调各方的党的领导制度体系，把党的领导落实到国家治理各领域各方面各环节。

② 党的十九届四中全会《决定》规定，“三、坚持和完善人民当家作主制度体系，发展社会主义民主政治。”

③ 党的十九届四中全会《决定》规定：健全以国家发展规划为战略导向，以财政政策和货币政策为主要手段，就业、产业、投资、消费、区域等政策协同发力的宏观调控制度体系。

④ 党的十九届四中全会《决定》规定：必须健全幼有所育、学有所教、劳有所得、病有所医、老有所养、住有所居、弱有所扶等方面国家基本公共服务制度体系。

全法律制度体系[①]、生态文明制度体系、中国特色社会主义军事政策制度体系[②]、人民军队党的建设制度体系[③]、军事力量运用政策制度体系[④]、军事力量建设政策制度体系[⑤]、军事管理政策制度体系[⑥]以及"一国两制"制度体系[⑦]等。其中，人民当家作主制度体系、国家安全法律制度体系、生态文明制度体系在党的十九大报告中已经提及，党的十九届四中全会《决定》进一步加以确认，说明了这三种制度体系从正式提出到正式确认已经在实践中"成熟""定型"。关于中国特色社会主义军事政策制度体系、军事力量运用政策制度体系、军事力量建设政策制度体系、军事管理政策制度体系的规定是在"建立健全"语境下确认的，实际上表达了上述四种制度体系之间的两种逻辑关系：一是大的制度体系下面还有小的制度体系，从逻辑上来看，中国特色社会主义军事政策制度体系应当是军事力量运用政策制度体系、军事力量建

① 党的十九大报告只是提出了"国家安全制度体系"，而党的十九届四中全会《决定》更进一步明确了"国家安全法律制度体系"的特征，突出了"国家安全法律制度体系"在"国家安全制度体系"中的重要地位。

② 党的十九届四中全会《决定》规定：必须牢固确立习近平强军思想在国防和军队建设中的指导地位，巩固和拓展深化国防和军队改革成果，构建中国特色社会主义军事政策制度体系。

③ 党的十九届四中全会《决定》规定：健全人民军队党的建设制度体系。

④ 党的十九届四中全会《决定》规定：建立健全基于联合、平战一体的军事力量运用政策制度体系。

⑤ 党的十九届四中全会《决定》规定：建立健全聚焦打仗、激励创新、军民融合的军事力量建设政策制度体系。

⑥ 党的十九届四中全会《决定》规定：建立健全精准高效、全面规范、刚性约束的军事管理政策制度体系。

⑦ 党的十九届四中全会《决定》规定：十二、坚持和完善"一国两制"制度体系，推进祖国和平统一。

设政策制度体系、军事管理政策制度体系三个子体系的母体系，并共同成为中国特色社会主义制度体系的最重要的制度构成要素。二是中国特色社会主义军事政策制度体系、军事力量运用政策制度体系、军事力量建设政策制度体系、军事管理政策制度体系四个制度体系之间存在的逻辑关系并不是对已经存在的制度体系之间的逻辑关系状态作出的“事实判断”，而是对将要构建的制度体系及其相互之间逻辑关系的“理想期待”。这里的双重逻辑关系，必须从语言学和语义学有机结合的基础上才能综合判断出来。

（二）“制度化”中的“化”体现了待建制度的语义特征

“化”字在汉语中是个多义字，本意为“改变”“变化”。从语义学的角度来看，“化”字被广泛地作为一种政策性的语词来使用，从宏观意义上来形容事物变化的一个过程或者是一种状态。“化”形容的是一个动态的状态，处于两个特性相对稳定的事物中间。党的十九届四中全会《决定》中提出的需要“制度化”的四个领域，即社会主义协商民主、基层直接民主、理想信念教育和群众参与基层社会治理，目前仍然处于建章立制阶段，等到各方面条件成熟时，才能形成成熟和定型的“制度”和“制度体系”。因此，《决定》中的四个“制度化”从语义学上应当纳入“待建”或“正在建”制度的范围，而不是应当“坚持和完善”的制度范围，这种统计口径特征只能从语义学上才能深刻地揭示出来。

（三）根本制度、基本制度和重要制度构成的中国特色社会主义制度内在的层级体系需要借助于语言学和语义学的描述

习近平总书记在关于党的十九届四中全会《决定》的说明中

明确指出：《决定》聚焦坚持和完善中国特色社会主义制度的根本制度、基本制度、重要制度，安排了13个部分，明确了各项制度必须坚持和巩固的根本点、完善和发展的方向，并作出工作部署。上述说明中指出的根本制度、基本制度和重要制度三个层次的制度，除了从制度学和政策学角度做出更加具有实质意义的政策解读之外，从语言学和语义学的角度可以大致确认三项制度的特征：

一是《决定》中关于“根本制度”的规定只有两处，即一处是“突出坚持和完善支撑中国特色社会主义制度的根本制度、基本制度、重要制度”，另一处是“坚持马克思主义在意识形态领域指导地位的根本制度”。如果仅仅从语言学的角度来看，《决定》只规定了具有“根本制度”特性的制度一项，即“马克思主义在意识形态领域指导地位的根本制度”，但如果借助于语义学的分析手段，就可以发现，《决定》中有8处规定了“根本”一词，除了“马克思主义在意识形态领域指导地位的根本制度”属于典型的“根本制度”之外，《决定》关于“坚持和完善人民代表大会制度这一根本政治制度”的规定揭示了“人民代表大会制度”也具有“根本制度”的制度特性。此外，《决定》所规定的“以政治安全为根本”“中央军委实行主席负责制是坚持党对人民军队绝对领导的根本实现形式”也具有表述“根本制度”特性的语义功能，实际上从语义学的角度可以推导“政治安全制度”和“中央军事主席负责制”也是《决定》视为具有“根本制度”特性的具体制度。

二是《决定》中的“基本制度”的具体制度体现要从“基本

制度”一词以外去寻找。纵观《决定》本身，使用“基本制度”一词的只有一处，即“突出坚持和完善支撑中国特色社会主义制度的根本制度、基本制度、重要制度”，从上述规定来看，“基本制度”只是与“根本制度”“重要制度”相对应的概念，而没有指向任何具体内容的基本制度。但如果检索《决定》中的“基本”一词共有28处，其中关于“社会主义基本经济制度”的规定中蕴含了多项“基本制度”的内容。《决定》规定：“公有制为主体、多种所有制经济共同发展，按劳分配为主体、多种分配方式并存，社会主义市场经济体制等社会主义基本经济制度。”上述规定从语义学上至少可以解读出两个“基本制度”，一是“公有制为主体、多种所有制经济共同发展”的“基本所有制度”，一是“按劳分配为主体、多种分配方式并存”的“基本分配制度”。此外，《决定》所规定的“健全统筹城乡、可持续的基本养老保险制度、基本医疗保险制度，稳步提高保障水平。加快建立基本养老保险全国统筹制度”中的“基本养老保险制度”“基本医疗保险制度”以及“基本养老保险全国统筹制度”等都具有“基本制度”的制度特性。

三是《决定》所规定的“重要制度”也可以从语义学上来推导更多的制度所具有的制度特性。《决定》中只有2处规定了“重要制度”，即一处是“突出坚持和完善支撑中国特色社会主义制度的根本制度、基本制度、重要制度”，上述“重要制度”仅与“根本制度”“基本制度”相对应，没有指向具体的重要制度；另一处是“‘一国两制’是党领导人民实现祖国和平统一的一项重要制度，是中国特色社会主义的一个伟大创举”，很显然，上述规定确认了“一国两制”的“重要制度”地位，但从《决定》对“重要”一词的规定来看，“加强重要领域立法”所产生的法律制度应当具有“重要制度”的制度特性。

总之，从语义学的角度来深度解读党的十九届四中全会《决定》关于应当“坚持和完善”或“待建”的中国特色社会主义制度的具体制度数量，可以得出一般政策学或制度学意义上无法揭示出来的制度内涵和特征。增强运用语言学和语义学分析方法的学术自觉，有助于学懂弄懂领悟党的十九届四中全会《决定》的重要精神，有助于从理论和实践两个层面有效地贯彻落实《决定》的各项规定，真正解决在学习贯彻落实《决定》中所遇到的各种疑难和困惑。

本文刊登在《中国特色社会主义研究》2020年第1期，收入本书时有增删。

论“化”的语境下制度发展和法治进步的理论特质

“化”，古字为“匕”。始见于商代。商代金文中的“化”字，是正反两个人形，本义即“变化”。《说文》：匕，变也。徐灏曰：“匕化古今字。”“化”字在汉语中是个多义字，本意为“改变”“变化”。《辞源》“化”字引庄子《逍遥游》：“北冥有鱼，其名为鲲，鲲化而为鸟，其名为鹏。”[①] 现代汉语中，“化”作名词或形容词后缀，意指“使成为”。例如，“民主化”言指“成为民主的状态”；“现代化”意即“达到现代的样子”[②]。“化”字在现代汉语中被普遍作为名词或形容词的后缀使用，表明希望达到名词或形容词本身所处的那种状态。

从语义学[③]的角度来看，“化”字被广泛地作为一种政策性的

① 《辞源（合订本）》，商务印书馆1988年版，第210页。

② 《牛津插图词典》在解释“modernize”时，解释为“make modern”，“modernization”，为名词。也就是说，“ization”的词缀言指“使……成为现代的样子”。Cf.“Oxford Illustrated Dictionary”, Oxford University Press 1962, p.526.

③ 语义学（Semantics），也作“语意学”，是一个涉及语言学、逻辑学、计算机科学、自然语言处理、认知科学、心理学等诸多领域的一个术语。语义学研究目的在于找出语义表达的规律性、内在解释、不同语言在语义表达方面的个性以及共性。

语词来使用，从宏观意义上来形容事物变化的一个过程或者是一种状态。“化”形容的是一个动态的状态，处于两个特性相对稳定的事物中间。由于“化”字所具有的上述语义功能，在政治学、法学理论中，“化”字被广泛地加以使用，出现了诸如制度化、体系化、民主化、法律化、法制化、法治化等带有“化”作为后缀型组词结构的名词“群”。但长期以来，学术界并没有对由“化”作为名词群的语义现象进行系统化研究，以至于严重影响对重大政策性文件内涵的精准理解。本文以“制度”和“法治”作为“中心词”，全面和系统地考察党的十一届三中全会以来党的各项重要文件，特别是历次党的代表大会报告中使用“化”字来表达某种特定政策性要求的情形，希冀通过这种语义学意义上的研究来强化对重大政策文件的有效解读，推动重大政策的有效贯彻落实。

一、“制度化”对“制度建设”的政策性要求

党的十一届三中全会是我国现代化发展史上具有里程碑意义

的盛会，全会围绕着“现代化”这个时代主题①，提出了一系列拨乱反正的新理念新思想新举措，为新时期改革开放政策的顺利推进奠定了政策基础。党的十一届三中全会公报通篇使用了23处“现代化”一词，首先确定了党和国家工作的重点转移到“现代化”建设这个历史使命上，其次适应党和国家工作重点转移到“现代化”这个新形势的需要，必须加强社会主义民主，并提出了“民主制度化、法律化”的政策主张。②

① 1954年9月15日，毛泽东在第一届全国人民代表大会第一次会议上致开幕词时宣布：准备在几个五年计划之内，将我国“建设成为一个工业化的具有高度现代文化程度的伟大的国家”。9月23日，周恩来在这次会上所作的政府工作报告中，从“摆脱落后和贫困”必须具备的条件出发，提出要“建设起强大的现代化的工业、现代化的农业、现代化的交通运输业和现代化的国防”。这是新中国领导人第一次提出四个现代化的概念。四个现代化正式确定为国家发展的总体战略目标，是在1964年底到1965年初召开的三届全国人大一次会议上。1964年12月21日，根据毛泽东的提议，周恩来在政府工作报告中正式提出四个现代化的战略目标。他指出：我们今后发展国民经济的主要任务，“就是要在不太长的历史时期内，把我国建设成为一个具有现代农业、现代工业、现代国防和现代科学技术的社会主义强国，赶上和超过世界先进水平”。他同时提出，要在20世纪内分两步实现四个现代化，即“第一步，建立一个独立的比较完整的工业体系和国民经济体系；第二步，全面实现农业、工业、国防和科学技术的现代化，使我国经济走在世界前列”。从此，四个现代化成为激励全国各族人民共同奋斗的宏伟目标。1975年1月，四届全国人大一次会议在北京召开。1月13日，已重病在身的周恩来受中共中央和毛泽东的委托，向大会作政府工作报告。5000字的报告，周恩来已经没有气力读完，他对2864名代表说，我只念头尾两段。但是，当读到我国经济发展战略目标时，周恩来站了起来，用沉稳有力的声音重申：“在本世纪内，全面实现农业、工业、国防和科学技术的现代化，使我国国民经济走在世界的前列。”《四个现代化宏伟目标的提出》，新华社2009年9月16日，中央政府门户网站，http://www.gov.cn/jrzg/2009-09/16/content_1418909.htm，2021年10月25日最新访问。

② 党的十一届三中全会公报（1978年12月22日通过）规定：全会决定，鉴于中央在二中全会以来的工作进展顺利，全国范围的大规模的揭批林彪、“四人帮”的群众运动已经基本上胜利完成，全党工作的着重点应该从1979年转移到社会主义现代化建设上来。为了适应社会主义现代化建设的需要，全会决定在党的生活和国家政治生活中加强民主，明确党的思想路线，加强党的领导机构。

从制度学的角度来研究党的十一届三中全会公报提出的“制度”，共有6处涉及“制度”一词，其中3处是在比较抽象意义上使用的，包括“使民主制度化、法律化，使这种制度和法律具有稳定性、连续性和极大的权威”“要忠实于法律和制度”，上述三个“制度”是整体和宏观意义上的，并没有指向某个具体的制度，而是指向了制度整体；另外3处的“制度”是比较具体和相对稳定的“制度”，包括“考核、奖惩、升降等制度”“人民公社要坚决实行三级所有、队为基础的制度”以及“需要严格执行各种规章制度和劳动纪律”等。应当说，党的十一届三中全会公报中的6处“制度”彼此之间并没有明显的政策联系，但“制度”一词本身是带有确定性的，是客观存在的，即便是抽象意义上的“制度”，也是以客观存在的各种制度为基础的“制度整体”。公报中真正有划时代意义的是规定了“民主制度化”，这里把“制度”与“化”从语言学上有机结合起来了。如果从语言学上来分析，“民主制度化”可以解释为“民主”朝着“制度”方向转化，或者是建立起各种各样的制度来实行民主。如果从语义学来分析，党的十一届三中全会公报中有23处“现代化”，“民主制度化”只有一处，但是这里的“制度化”中的“化”显然与23处“现代化”中的“化”有语义上的逻辑关联，都具有“百业待兴”“百废待举”的激励之义，即“现代化”离不开“民主制度化”。

上述对党的十一届三中全会公报使用“现代化”与“民主制度化”两词可能产生的两者之间的语义关联的分析虽然学术界长期以来忽视了这个角度，但却得到了政策学上学术证据的佐证。

1979年3月30日，邓小平在党的理论工作务虚会上发表讲话。在讲话中，邓小平指出，我们必须坚持无产阶级专政。我们已经作了大量的宣传，说明无产阶级专政对于人民来说就是社会主义民主，是工人、农民、知识分子和其他劳动者所共同享受的民主，是历史上最广泛的民主。在民主的实践方面，我们过去做得不够，并且犯过错误。现在我们已经坚决纠正了过去的错误，并且采取各种措施继续努力扩大党内民主和人民民主。他说：“没有民主就没有社会主义，就没有社会主义的现代化。当然，民主化和现代化一样，也要一步一步地前进。社会主义愈发展，民主也愈发展。这是确定无疑的。”① 很显然，邓小平同志上述讲话为党的十一届三中全会公报中规定“民主制度化”作了很好的政策注脚。

不过，从语义学上来看，“民主制度化”中的“化”字确实为党的十一届三中全会以来中国特色社会主义民主制度的发展作了很好的政策指引。因为“化”只是表达了一种“变化”或者朝着某个方向转化的语义，所以，从政策上提出“民主制度化”，不仅“民主”的内涵需要不断界定，“制度”的模板也可以在实践中不断发展。一个“化”字为中国特色社会主义民主政治的发展提供了非常大的政策空间，“民主制度化”一词也就成为改革开放之后相当长的一段时间中国特色社会主义民主政治和制度建设的重要政策目标。

---

① 邓小平：《坚持四项基本原则》，《邓小平文选》第2卷，人民出版社1983年版，第168页。

（一）“民主制度化”中的“民主”一词内涵存在着很大的理论解释空间

邓小平在《坚持四项基本原则》一文中就指出了这个问题，他说：“什么是中国人民今天所需要的民主呢？中国人民今天所需要的民主，只能是社会主义民主或称人民民主，而不是资产阶级的个人主义的民主。”[①] “我们过去对民主宣传得不够，实行得不够，制度上有许多不完善，因此，继续努力发扬民主，是我们全党今后一个长时期的坚定不移的目标。但是我们在宣传民主的时候，一定要把社会主义民主同资产阶级民主、个人主义民主严格地区分开来，一定要把对人民的民主和对敌人的专政结合起来，把民主和集中、民主和法制、民主和纪律、民主和党的领导结合起来。”[②] 综上可见，“民主制度化”中的“民主”也是需要加以甄别的，指的是社会主义民主，而不是资本主义民主，故“民主制度化”的“化”的方向绝对不是向资本主义民主方向发展，而是要坚定不移地坚守社会主义民主，这是“民主制度化”中的“化”字所应当持有的语义背景。

（二）“民主制度化”中的“制度”一词也有着不断成熟和定型的解释方法

从语义学的角度来看，“民主制度化”中的“制度”是民主“化”的方向，“化”实际上是在社会主义民主与社会主义制度两

---

① 邓小平：《坚持四项基本原则》，《邓小平文选》第2卷，人民出版社1983年版，第175页。

② 邓小平：《坚持四项基本原则》，《邓小平文选》第2卷，人民出版社1983年版，第176页。

个中心词架起了相互联系的逻辑桥梁，如果说社会主义民主本身需要正本清源的话，社会主义制度的内涵更需要从理论上明确地加以揭示，不然，“民主”就无法“制度化”。关于社会主义制度，邓小平曾经明确过其基本性质，他指出：“社会主义制度和资本主义制度哪个好？当然是社会主义制度好。”[①] 但是，邓小平也深刻地认识到能够体现社会主义价值要求的“民主制度”在实践中并没有得到有效的确立。邓小平在《党和国家领导制度的改革》一文中曾经对党内民主长期没有建立起相对稳定的制度的原因做了深刻的分析。回顾党的历史，他指出：“陈独秀、王明、张国焘等人都是搞家长制的。从遵义会议到社会主义改造时期，党中央和毛泽东同志一直比较注意实行集体领导，实行民主集中制，党内民主生活比较正常。可惜，这些好的传统没有坚持下来，也没有形成严格的完善的制度。例如，党内讨论重大问题，不少时候发扬民主、充分酝酿不够，由个人或少数人匆忙做出决定，很少按照少数服从多数的原则实行投票表决，这表明民主集中制还没有成为严格的制度。”[②]

鉴于民主本身的“制度”建设尚未完全到位，而建立和健全民主制度的过程是相对复杂的，需要确立一定的时间表和路线图来逐渐实现，1980 年 8 月 18 日，邓小平在中共中央政治局扩大会议上的讲话中在总结“文化大革命”的教训时就指出：“领导

① 邓小平：《坚持四项基本原则》，《邓小平文选》第 2 卷，人民出版社 1983 年版，第 167 页。

② 邓小平：《党和国家领导制度的改革》（1980 年 8 月 18 日），《邓小平文选》第 2 卷，人民出版社 1983 年版，第 330 页。

制度、组织制度问题更带有根本性、全局性、稳定性和长期性。”“制度好可以使坏人无法任意横行，制度不好可以使好人无法充分做好事，甚至会走向反面。”因此，必须要对制度进行“改革”，才能保证制度本身的科学性和稳定性。邓小平指出：“如果不坚决改革现行制度中的弊端，过去出现过的一些严重问题今后就有可能重新出现。只有对这些弊端进行有计划、有步骤而又坚决彻底的改革，人民才会信任我们的领导，才会信任党和社会主义，我们的事业才有无限的希望。”[①] 邓小平上述关于“制度”存在状态的基本判断是建立在对新中国成立后前三十年我国社会主义制度运行实际状况作出科学总结基础上的，特别是针对“文化大革命”十年浩劫的教训提出的，对于拨乱反正、确定改革开放新时期的大政方针具有非常重要的指引作用。

鉴于社会主义制度建设的长期性、复杂性，“制度化”或者从语义学上来考察“制度”要“化”，这是一个与改革开放和社会主义现代化建设不断相适应的过程，需要很长时间的经验积累才能形成比较可靠和稳定的制度建设成果。1992 年，邓小平在南方谈话中说：“恐怕再有三十年的时间，我们才会在各方面形成一整套更加成熟、更加定型的制度。在这个制度下的方针、政策，也将更加定型化。现在建设中国式的社会主义，经验一天比一天丰富。”[②] 邓小平关于需要三十年左右的时间才能形成一整套

① 邓小平：《党和国家领导制度的改革》（1980 年 8 月 18 日），《邓小平文选》第 2 卷，人民出版社 1983 年版，第 333 页。

② 邓小平：《在武昌、深圳、珠海、上海等地的谈话要点》（1992 年 1 月 18 日—2 月 21 日），《邓小平文选》第 3 卷，人民出版社 1993 年版，第 372 页。

更加成熟、更加定型的制度的政治判断，是基于对制度化过程的复杂性和长期性的认识产生的，符合中国特色社会主义制度建设的内在要求。据此，邓小平在南方谈话中还提出了姓"社"姓"资"的"三个有利于"判断标准，即"是否有利于发展社会主义社会的生产力，是否有利于增强社会主义国家的综合国力，是否有利于提高人民的生活水平"①。按照邓小平提出的中国特色社会主义制度的"成熟""定型"的时间表，也就是说从1992年再过三十年，即2022年，中国特色社会主义制度才能大致成熟和定型，在这个过程中要始终不断地通过制度改革、渐次提升的制度化努力来实现制度成熟和定型的目标。三十年这个时间段正好与中国共产党建党"一百周年"相契合，属于我们党完成第一个"一百年"的历史使命的关键期。邓小平提出的时间表和路线图很快为党的正式文件所确认，成为指导中国特色社会主义制度建设的大政方针。

2001年7月1日，在《庆祝中国共产党成立八十周年大会上的讲话》中，江泽民指出，要坚持党管干部的原则，"努力推进干部工作的科学化、民主化、制度化"②。胡锦涛同志对于干部工作"制度化"也有深刻的阐述。他强调指出，要把干部选准用好，"一个治本之策是要深化干部人事制度改革，努力推进干部

---

① 邓小平：《在武昌、深圳、珠海、上海等地的谈话要点》（1992年1月18日—2月21日），《邓小平文选》第3卷，人民出版社1993年版，第372页。

② 江泽民：《在庆祝中国共产党成立八十周年大会上的讲话》（2001年7月1日），《江泽民文选》第3卷，人民出版社2006年版，第289页。

工作的科学化、民主化、制度化”①。江泽民、胡锦涛同志上述关于干部人事工作“科学化、民主化、制度化”的“三化”论述，进一步体现了“民主制度化”中的“化”的整体性和复杂性，“民主制度化”必须要综合考虑科学、民主和制度之间的有机联系，才能形成“化”的合力。

党的十八大以来，以习近平同志为核心的党中央高度重视中国特色社会主义民主制度建设的制度化水平，全面和系统地对改革开放和社会主义现代化建设各个领域各个方面的工作提出了“制度化”的要求，以“制度自信”为依托，对中国特色社会主义民主的“制度化”提出新要求、新目标。首先，对邓小平提出的“社会主义”内涵做了充分肯定，从而进一步明确了中国特色社会主义民主制度的发展方向。习近平总书记指出：“邓小平同志开创了中国特色社会主义，第一次比较系统地初步回答了在中国这样经济社会文化比较落后的国家如何建设社会主义、如何巩固和发展社会主义的一系列基本问题，用新的思想观点，继承和发展了马克思主义，开拓了马克思主义新境界，把对社会主义的认识提高到新的认识水平。”② 上述论述充分体现了“民主制度化”过程中坚持“社会主义民主”这个根本方向的重要性。我国是社会主义国家，共产党是执政党，国家一切权力属于人民，社会主义制度是我国的根本制度。在我国建设包括民主制度在内的

---

① 《胡锦涛谈十六大：思想政治组织上提供坚强保证》（2001 年 12 月 29 日），参见 http://www.chinanews.com/2001-12-29/26/150775.html，2021 年 10 月 25 日最新访问。

② 《习近平谈治国理政》，外文出版社 2014 年版，第 22 页。

各项政治制度，大方向不能偏，脱离了社会主义制度这个根本前提，就不可能建成适应中国特色社会主义民主政治国情的民主制度，就容易迷失在美西方国家以“三权鼎立”为基础的资本主义民主的迷潭中，所以，“民主制度化”中的“化”必须始终坚持“社会主义”这个总的原则和大方向，绝不能“化”到资本主义民主道路上去，绝不能走上“邪路”。其次，对“民主制度化”的追求必须要坚持“制度自信”。中国特色社会主义民主制度是党领导人民坚持依法治国、保障人民当家作主的政治制度，这个制度汇聚了党的意志与人民的意志，形成了作为中国特色社会主义根本政治制度的人民代表大会制度运行的基本原则，即“党的领导、人民当家作主与依法治国有机统一”，这是区别于美西方国家以多党制、“一人一票”为基础的资本主义民主制度的根本特征。新中国成立七十多年来，我们始终不渝地坚守了这一社会主义民主的基本原则，最大限度地保障了人民当家作主的民主权利，取得了社会主义革命、建设和改革的巨大成就，因此，只有坚定对社会主义民主必胜的信念，才能不断健全和完善中国特色社会主义民主制度，才能最大限度地发挥中国特色社会主义民主制度的巨大优势。再次，明确了“民主制度化”的核心判断标准。与美西方国家所倡导的多党制、“一人一票”的资本主义民主完全不同的是，中国特色社会主义民主制度化中的“化”具有自身独特的判断标准。在 2014 年 9 月 5 日纪念全国人民代表大会成立六十周年大会上的讲话中，习近平总书记用 8 个“能否”来评价一个国家政治制度是不是民主的、有效的：国家领导层能否依法有序更替；全体人民能否依法管理国家事务和社会事务、管理经济和文化事业；人民群众能否畅通表达利益要求；社会各方面能否有效参与国家政治生活；国家决策能否实现科学化、民主化；各方面人才能否通过公平竞争进入国家领导和管理体系；执政党能否依照宪法法律规定实现对国家事务的领导；权力运用能否得到有效制约和监督。[①]

由上可见，改革开放之后，中国特色社会主义制度建设是以制度化的政策要求和实践为先导的。制度化是对未来理想和应然制度的期许，对制度建设提出的实际要求往往是改革型的、试验性的和探索性的。制度化所追求的是通过不断的制度建设实践来寻找可以趋向成熟和定型的制度体系。以“民主制度化”为例，努力实现“民主制度化”的过程，就是坚定不移地走中国特色社会主义道路、坚定中国特色社会主义民主制度“自信”的过程。“制度化”中的“化”一词是描述中国特色社会主义制度不断走向成熟和定型的一个非常重要的制度学术语，它深刻地体现了制度成长的过程与特点，是理解中国特色社会主义制度成长历史的“金钥匙”。“化”在中国特色社会主义制度发展史中所体现出来的是历史与逻辑的统一，是综合了制度发展的各方面要素所形成的制度合力和综合性趋势。

（三）“党内民主制度体系”“人民当家作主制度体系”等概念的诞生彻底解决了“民主制度”概念内涵的确定性问题

根据邓小平给出的制度化的时间表和路线图，党的十四大、十五大、十六大、十七大都对国家治理和社会治理各项工作制度

① 《习近平谈治国理政》第2卷，外文出版社2017年版，第287页。

化的水平提出明确要求。党的十四大提出：“在九十年代，我们要初步建立起新的经济体制，实现达到小康水平的第二步发展目标。再经过二十年的努力，到建党一百周年的时候，我们将在各方面形成一整套更加成熟更加定型的制度。”党的十五大提出：再经过十年的努力，到建党一百年时，使国民经济更加发展，各项制度更加完善。党的十六大提出：通过理论创新推动制度创新、科技创新、文化创新以及其他各方面的创新，不断在实践中探索前进，永不自满，永不懈怠，这是我们要长期坚持的治党治国之道。党的十七大提出：到2020年全面建设小康社会目标实现之时，我们这个历史悠久的文明古国和发展中社会主义大国，将成为工业化基本实现、综合国力显著增强、国内市场总体规模位居世界前列的国家，成为人民富裕程度普遍提高、生活质量明显改善、生态环境良好的国家，成为人民享有更加充分民主权利、具有更高文明素质和精神追求的国家，成为各方面制度更加完善、社会更加充满活力而又安定团结的国家，成为对外更加开放、更加具有亲和力、为人类文明作出更大贡献的国家。

从党的十四大到党的十七大，加强中国特色社会主义制度建设，努力使国家治理和社会治理各项工作和事业都纳入制度化的过程，到建党一百周年时使得各项制度更加成熟和更加定型成为不同时代我们党所坚守的目标一致的历史使命。

随后，党的十八大报告正式提出了“制度体系”的概念，并对制度体系的一般理论品格与实践特征提出了全面和系统的“要求”，即：全面建成小康社会，必须以更大的政治勇气和智慧，不失时机深化重要领域改革，坚决破除一切妨碍科学发展的思想观念和体制机制弊端，构建系统完备、科学规范、运行有效的制度体系，使各方面制度更加成熟更加定型。党的十八大报告在一般意义上提出“制度体系”概念的同时，还重点提出了要加强“党内民主制度体系”建设，指出：党内民主是党的生命。要坚持民主集中制，健全党内民主制度体系，以党内民主带动人民民主。党的十九大报告除了进一步突出了党的十八大报告所提出的一般意义上的“制度体系”① 概念之外，还提出了建设“人民当家作主制度体系”② 的要求。与党的十八大报告相比，党的十九大报告对中国特色社会主义制度建设更加突出了“制度体系”建设的特征，注重从整体上和宏观上来建立和健全中国特色社会主义制度。

党的十八大报告提出的“党内民主制度体系”和党的十九大报告提出的“人民当家作主制度体系”的概念从语义学来看，比较好地解决了“民主制度化”的政策要求。因为“制度体系”只有在比较成熟和定型的制度下才能形成，所以，“党内民主制度体系”和“人民当家作主制度体系”概念的产生就说明了“民主制度化”已经通过“民主制度体系”的结果表现出来，其中的

① 党的十九大报告指出：必须坚持和完善中国特色社会主义制度，不断推进国家治理体系和治理能力现代化，坚决破除一切不合时宜的思想观念和体制机制弊端，突破利益固化的藩篱，吸收人类文明有益成果，构建系统完备、科学规范、运行有效的制度体系，充分发挥我国社会主义制度优越性。

② 党的十九大报告指出：“六、健全人民当家作主制度体系，发展社会主义民主政治。”我国是工人阶级领导的、以工农联盟为基础的人民民主专政的社会主义国家，国家一切权力属于人民。我国社会主义民主是维护人民根本利益的最广泛、最真实、最管用的民主。发展社会主义民主政治就是要体现人民意志、保障人民权益、激发人民创造活力，用制度体系保证人民当家作主。

“化”已经处于“完成时”，而不再是“进行时”，是对党的十一届三中全会公报提出的“民主制度化”政策主张的现实回应，通过赋予“化”字语义学意义上的逻辑周延性，兑现了“民主制度化”的政策承诺。

党的十九届四中全会《决定》可以说是党的十一届三中全会以来我党关于中国特色社会主义制度理论论述的总纲领。习近平总书记在《决定》说明中明确指出：党的十九届四中全会重点研究坚持和完善中国特色社会主义制度、推进国家治理体系和治理能力现代化问题并作出决定，体现了党中央高瞻远瞩的战略眼光和强烈的历史担当，对决胜全面建成小康社会、全面建设社会主义现代化国家，对巩固党的执政地位、确保党和国家长治久安，具有重大而深远的意义。[①] 党的十九届四中全会《决定》对“制度体系”在中国特色社会主义制度建设中的地位和作用作了全面而深入的阐述，对中国特色社会主义制度与制度体系的逻辑关系作了清晰的描述，指出：中国特色社会主义制度是党和人民在长期实践探索中形成的科学制度体系，我国国家治理一切工作和活动都依照中国特色社会主义制度展开，我国国家治理体系和治理能力是中国特色社会主义制度及其执行能力的集中体现。上述论述实际上揭示了“制度体系”是中国特色社会主义制度的一个重要特征，而不是独立于制度外的体系结构，作为“制度化”的结果，“制度体

① 习近平：《关于〈中共中央关于坚持和完善中国特色社会主义制度、推进国家治理体系和治理能力现代化若干重大问题的决定〉的说明》，《关于〈中共中央关于坚持和完善中国特色社会主义制度、推进国家治理体系和治理能力现代化若干重大问题的决定〉辅导读本》，人民出版社2019年版，第54—55页。

系”概念在一般意义上得到肯定和确认，这反映了党的十九届四中全会《决定》对中国特色社会主义制度所产生的一个新认识，即中国特色社会主义制度本身是一个体系化的制度，中国特色社会主义制度是由诸多方面和诸多层次的制度要素构成的一个制度体系，而不只是孤零零的制度个体或只是制度“孤岛”，中国特色社会主义制度中的各种制度要素是相互有机联系在一起的整体，制度之间存在共同作用的“合力”和共同发力的制度推动力，制度化的结果必然会产生体系意义上的作为整体的中国特色社会主义制度。

关于“民主制度体系”，党的十九届四中全会《决定》涉及两个方面的内容：党的领导制度体系①、人民当家作主制度体系②。这两个方面的“民主制度体系”可以说比较好地回答了党的十一届三中全会公报所提出的“民主制度化”的政策主张，基本上实现了使“民主”得以“制度化”的政策目标。

此外，党的十九届四中全会《决定》从 13 个方面全面和系统地阐述了中国特色社会主义制度的基本特征和内涵，并对“制

① 党的十九届四中全会《决定》规定，“二、坚持和完善党的领导制度体系，提高党科学执政、民主执政、依法执政水平”。中国共产党领导是中国特色社会主义最本质的特征，是中国特色社会主义制度的最大优势，党是最高政治领导力量。必须坚持党政军民学、东西南北中，党是领导一切的，坚决维护党中央权威，健全总揽全局、协调各方的党的领导制度体系，把党的领导落实到国家治理各领域各方面各环节。

② 党的十九届四中全会《决定》规定：“三、坚持和完善人民当家作主制度体系，发展社会主义民主政治。”

度化”的延展领域也作了基本要求，涉及社会主义协商民主[①]、基层直接民主[②]、理想信念教育[③]和群众参与基层社会治理[④]等方面。从语义学上来看，社会主义协商民主、基层直接民主和群众参与基层社会治理这三个方面的“制度化”政策要求的提出意味着上述三个领域的“民主制度”建设仍然处于探索之中，与党内民主制度体系、人民当家作主制度体系相比，这三个领域仍然是党的十九届四中全会《决定》所关注的“民主制度化”的具体领域，这些领域的“民主制度化”直接关系到党的十九大报告提出的到2035年“各方面制度更加完善，国家治理体系和治理能力现代化基本实现”的战略目标的实现。党的十九届四中全会《决定》对社会主义协商民主、基层直接民主和群众参与基层社会治理这三个方面的“制度化”的规定，更进一步展现了“化”字对于中国特色社会主义民主制度走向完善的政策导向作用。一个

① 党的十九届四中全会《决定》规定：坚持社会主义协商民主的独特优势，统筹推进政党协商、人大协商、政府协商、政协协商、人民团体协商、基层协商以及社会组织协商，构建程序合理、环节完整的协商民主体系，完善协商于决策之前和决策实施之中的落实机制，丰富有事好商量、众人的事情由众人商量的制度化实践。

② 党的十九届四中全会《决定》规定：健全基层党组织领导的基层群众自治机制，在城乡社区治理、基层公共事务和公益事业中广泛实行群众自我管理、自我服务、自我教育、自我监督，拓宽人民群众反映意见和建议的渠道，着力推进基层直接民主制度化、规范化、程序化。

③ 党的十九届四中全会《决定》规定：推动理想信念教育常态化、制度化，弘扬民族精神和时代精神，加强党史、新中国史、改革开放史教育，加强爱国主义、集体主义、社会主义教育，实施公民道德建设工程，推进新时代文明实践中心建设。

④ 党的十九届四中全会《决定》规定：完善群众参与基层社会治理的制度化渠道。

“化”字非常好地把“民主制度”“民主制度化”和“民主制度体系”三个政策性主张从逻辑上有机地结合起来，彰显了“化”的语境下中国特色社会主义民主政治不断发展的理论活力，充分体现了“化”所具有的语义表达能力和对政策主张的规范和引导作用。

二、“法治化”对“法治建设”的政策推动作用

党的十一届三中全会公报明确地把“民主制度化、法律化”作为社会主义民主政治发展的重要目标，从语义学上来看，“民主制度化”与“民主法律化”是两个相互共生的概念，两者都使用了“化”字后缀型组词结构来表达中国特色社会主义民主制度未来发展的方向和目标。公报在提出“民主制度化、法律化”之后，紧接着就提出，“从现在起，应当把立法工作摆到全国人民代表大会及其常务委员会的重要议程上来”。为了贯彻落实党的十一届三中全会公报关于加强全国人大及其常委会立法工作的要求，第五届全国人民代表大会第二次会议于1979年6月18日至7月1日在北京举行。会议通过了提交大会审议的七部法律：《中华人民共和国刑法》《中华人民共和国刑事诉讼法》《中华人民共和国地方各级人民代表大会和地方各级人民政府组织法》《中华人民共和国全国人民代表大会和地方各级人民代表大会选举法》《中华人民共和国人民法院组织法》《中华人民共和国人民检察院组织法》《中华人民共和国中外合资经营企业法》。上述七部法律的出台对于推动改革开放和社会主义现代化建设起到了非常重要的保障作用，在“民主法律化”领域向前迈出了一大步。紧接着

就是1982年12月4日，第五届全国人民代表大会第五次会议通过了现行宪法，并在宪法序言最后一个自然段明确规定：本宪法以法律的形式确认了中国各族人民奋斗的成果，规定了国家的根本制度和根本任务，是国家的根本法，具有最高的法律效力。全国各族人民、一切国家机关和武装力量、各政党和各社会团体、各企业事业组织，都必须以宪法为根本的活动准则，并且负有维护宪法尊严、保证宪法实施的职责。1982年现行宪法的诞生连同1979年全国人民代表大会一次性通过的七部法律，为改革开放提供了最基础的法律依据，为“民主法律化”提供了最好的实践基础。但在加强立法工作的同时，“民主法律化”也被片面地强调为“民主立法化”“民主法律规范化”，“民主法律化”中的“法律”逐渐被理解成纸面上的“法律规定”或“法律规范”了，“法律化”一词遂被法学界从狭义上加以认可和固化了。

法学界对“法律化”语义功能的限制导致了“法律化”在政策表达上被“法制化”所代替。党的十三大报告首次提出了“法制化”的概念，在强调有法可依的前提下，进一步突出了法律实施工作的重要性。党的十三大报告指出：为了巩固机构改革的成果并使行政管理走上法制化的道路，必须加强行政立法，为行政活动提供基本的规范和程序。要完善行政机关组织法，制定行政机关编制法，用法律手段和预算手段控制机构设置和人员编制。要层层建立行政责任制，提高工作质量和工作效率。要制定行政诉讼法，加强对行政工作和行政人员的监察，追究一切行政人员的失职、渎职和其他违法违纪行为。很显然，党的十三大报告对“法制化”概念的理解不仅包括了立法工作，而且还涉及执法以及法律监督、行政诉讼等工作，使得“法制化”从形式上具有了比“法律化”更加具体和丰富的内涵。党的十四大报告进一步肯定了“法制化”的概念，提出“同经济体制改革和经济发展相适应，必须按照民主化和法制化紧密结合的要求，积极推进政治体制改革”。

党的十七大报告第一次使用了“法治化”的概念来表述依法治国的各项要求。该报告规定：坚持依法治国基本方略，树立社会主义法治理念，实现国家各项工作法治化，保障公民合法权益。至此，党的十一届三中全会公报提出“法律化”，到党的十三大报告提出“法制化”，再到党的十七大报告提出的“法治化”，法律化、法制化、法治化“法的三化”成为法学界公认的全面和系统地反映中国特色社会主义法治建设不同阶段的不同要求、勾画中国特色社会主义法治道路发展和演进的轨迹的三个进化阶段。党的十八大报告进一步肯定了党的十七大报告所提出“法治化”理念，规定“加快推进社会主义民主政治制度化、规范化、程序化，从各层次各领域扩大公民有序政治参与，实现国家各项工作法治化”。党的十九大报告全面肯定了“法治化”概念的意义，共有三个地方涉及“法治化”。一是规定“长期坚持、不断发展我国社会主义民主政治，积极稳妥推进政治体制改革，推进社会主义民主政治制度化、规范化、法治化、程序化，保证人民依法通过各种途径和形式管理国家事务，管理经济文化事业，管理社会事务，巩固和发展生动活泼、安定团结的政治局面”。与党的十一届三中全会公报提出的“民主制度化、法律化”的目标相比，党的十九大报告发展了上述目标，提出了“民主制度化、法治化”主张，很显然，对社会主义民主政治提出了更多的期许。二是提出了社会治理“法治化”要求，规定“加强社会治理制度建设，完善党委领导、政府负责、社会协同、公众参与、法治保障的社会治理体制，提高社会治理社会化、法治化、智能化、专业化水平”。三是规定“全面从严治军，推动治军方式根本性转变，提高国防和军队建设法治化水平”。由此可见，党的十九大报告已经对“法治化”概念的内涵有了更加清晰的认识，把“法治化”的要求拓展到了社会主义民主政治、社会治理和国防和军队建设领域，丰富了“法治化”的制度功能。与“法治化”概念相适应，党的十八届四中全会《决定》提出了“建设中国特色社会主义法治体系”，并且将“建设中国特色社会主义法治体系”作为全面推进依法治国各项法治工作的“总抓手”；党的十九大报告肯定了“建设中国特色社会主义法治体系”作为全面推进依法治国总目标的地位；党的十九届四中全会《决定》使用了“坚持和完善中国特色社会主义法治体系，提高党依法治国、依法执政能力”来应对“坚持和完善中国特色社会主义制度”的要求，从语义学角度来看，党的十九大报告提出的“民主法治化”中的“法治化”目标应当以“法治体系”的确立作为“化”字语境下的政策导向的成果。由于“法治化”的成果在党的十九届四中全会《决定》所规定的“中国特色社会主义法治体系”基本得到实现，所以，党的十九届四中全会《决定》关于“法治化”的政策要求必然就是对尚未“法治化”领域提出的新要求，使得对“法治化”的制度功能的认识又上升到了一个新的高度。党的十九届四中全会从四个具体方面进一步延展了党的十九大报告所涉及的“法治化”的目标，包括：(1) 社会治安领域的“法治化”。《决定》规定：坚持专群结合、群防群治，提高社会治安立体化、法治化、专业化、智能化水平，形成问题联治、工作联动、平安联创的工作机制，提高预测预警预防各类风险能力，增强社会治安防控的整体性、协同性、精准性。(2) 自然资源统一确权登记领域的“法治化”。《决定》规定：推进自然资源统一确权登记法治化、规范化、标准化、信息化，健全自然资源产权制度，落实资源有偿使用制度，实行资源总量管理和全面节约制度。(3) 涉外工作“法治化”。《决定》规定：加强涉外法治工作，建立涉外工作法务制度，加强国际法研究和运用，提高涉外工作法治化水平。(4) 纪检监察工作“法治化”。《决定》规定：深化纪检监察体制改革，加强上级纪委监委对下级纪委监委的领导，推进纪检监察工作规范化、法治化。很明显，党的十九届四中全会《决定》中的“法治化”概念已经从国家工作的宏观领域逐步向具体的微观领域渗透，突出显示了全面推进依法治国对国家治理和社会治理各个领域、各个方面所提出的全面和系统的具体要求，真正地体现了“法治化”中的“化”一字所表现出的“普遍性”“发展性”和“广延性”，使得“法治化”一词具有了比“法律化”“法制化”更加丰富的制度表现力和实践引导力。

三、“化”的语境对于实现政策目标的语义功能及理论特质

党的十一届三中全会以来，我国的民主制度化、法律化建设

发展迅速，法学界在中国特色社会主义民主制度和法治理论研究方面做了大量工作，推动了依法治国基本方略的出台和全面推进依法治国政策的落实，学术贡献功不可没。但值得注意的是，法学界在解读党的十一届三中全会公报提出的“民主制度化、法律化”的政策主张时过多地关注了具体的法律实践，而没有下功夫来研究“化”字后缀型组词结构在表达法律政策上所具有的语义学方面的功能，导致了目前在政策层面出现很多语义非常相近但在实践中无法有效地加以区分的概念，影响了社会公众对一些重要的法律文件内涵的准确理解。例如，因为对“民主法律化”中的“法律”一词含义理解得过于具象化，导致了“法律化”一词所具有的丰富的语义表达能力没有能够在政策性文件中充分地显示出来。尽管法学界在不同时期又推动了“法制化”“法治化”概念进入政策体系，但是，从语义学上要精准地区别“法律化”“法制化”和“法治化”的政策要求非常困难，甚至成为语义学上几乎不可能完成的任务。与“民主制度化”的政策主张所产生的政策发展目标始终保持一致性相比，“民主法律化”“民主法制化”和“民主法治化”对于法学研究者来说，成为行文中相当难以把握的名词术语。从党的十一届三中全会公报提出“民主制度化、法律化”的政策出发点来看，“民主法律化”中的“法律”与“民主制度化”中的“制度”都是抽象与具体的结合，都指向了法律现象和制度现象，而不单纯是指法律规范或制度规范。然而，与“民主制度化”中的“制度化”目标和任务不同的是，“民主法律化”“民主法制化”和“民主法治化”本来只属于语言学和语义学的差异，却因为在政策文件中的分别表达而产生了政策主张之间的分别，原本可以通过语言学或语义学上的语义扩展性解释就可以解决的语言或语义问题，结果却引起了政策上的巨大分歧，这不能不归因于传统法学理论对语言学或语义学功能以及对法解释学作用的忽视所造成的学术被动。

在“化”的语境下形成的政策表达必须要依托语言学和语义学的知识和技能来谨慎地加以运用。传统法学对法解释学、语言学和语义学功能的忽视确实引起了法学理论或法律政策表达上的概念重叠或者是术语叠加，一些本来由语言学或语义学就可以轻松加以解决的学术问题却因为概念或术语的使用不当引起法律政策上的混淆或误判，这个问题还容易促使法治进步等于法律概念上的变换这样负面的学术观点的形成①，所以，加强法学理论研究中的语言学和语义学的研究，可以很好地避免法律政策文件术语表达上的困境，建立起法学学科科学的话语体系，进一步提升法学理论服务于法律实践的能力。

本文为尚未公开发表的专题研究成果。

① 邵方琦：《不确定法律概念的法律解释》，《法制与社会》2019 年第 8 期。

论中国特色社会主义法律体系、法治体系与制度体系的有机统一

习近平总书记在《关于〈中共中央关于坚持和完善中国特色社会主义制度、推进国家治理体系和治理能力现代化若干重大问题的决定〉的说明》中强调，要“聚焦坚持和完善支撑中国特色社会主义制度的根本制度、基本制度、重要制度”，明确提出了“构建系统完备、科学规范、运行有效的制度体系，使各方面制度更加成熟更加定型”的要求①。

至此，与中国特色社会主义法律体系、中国特色社会主义法治体系并行的中国特色社会主义制度体系正式形成，构成了“三个体系”共存的体系化格局。中国特色社会主义法律体系、法治体系和制度体系都是围绕着“中国特色社会主义”这个根本价值目标展开的，在体系结构、体系功能、体系目标等方面相辅相成、互为一体。“三个体系”既有一定形式上的独立性，同时又在体系形态方面相互关联、有机统一，是对中国特色社会主义理

① 习近平：《关于〈中共中央关于坚持和完善中国特色社会主义制度、推进国家治理体系和治理能力现代化若干重大问题的决定〉的说明》，《党的十九届四中全会〈决定〉学习辅导百问》，学习出版社、党建读物出版社2019年版，第35—43页。

论与实践的整体把握，是理解中国特色社会主义理论内涵的重要抓手，是坚定走中国特色社会主义道路的行动指南。

一、“三个体系”建设体现了历史逻辑和制度逻辑的高度统一

（一）“三个体系”建设是中国特色社会主义制度建设历史逻辑的必然产物

中国特色社会主义法律体系、法治体系和制度体系“三个体系”概念的提出、形成和走向成熟是中国特色社会主义理论和实践历史逻辑的产物，体现了我们党对中国特色社会主义内涵认识的不断深入。“三个体系”中，中国特色社会主义法律体系的概念早在党的十五大报告中就已提出。党的十五大报告指出：加强立法工作，提高立法质量，到2010年形成有中国特色社会主义法律体系。法律体系概念在党的文件中正式提出，是基于党的十一届三中全会提出的“有法可依、有法必依、执法必严、违法必究”的法制建设理念①。要保证中国特色社会主义各项事业得到健康和顺利的发展，必须要依靠法制的有力保障，而在改革开放之初，法制建设的首要任务是要恢复被“文化大革命”破坏了的法制传统，保证党和国家政治生活和社会生活各个方面都能做到“有法可依”，通过加快立法工作的步伐，用法律来规定中国特色社会主义各项事业健康发展的秩序，是法制建设的重要任务。因此，党的十五大提出了到2010年形成有中国特色社会主义法律体

① 杜艳艳、董贵成：《关于构建中国特色社会主义法律体系之历史起点的考察》，《理论界》2014年第9期。

系，目的就是要解决中国特色社会主义制度建设必须要有一整套科学和系统的法律规范以及建立在法律规范基础上的中国特色社会主义法律体系[①]。抓住了中国特色社会主义法律体系，也就是抓住了中国特色社会主义制度建设的主要方面，可以为全面和系统地建设和完善中国特色社会主义各项制度提供科学的法律依据和合法性前提。随着中国特色社会主义法律体系概念的提出，我国的立法工作得到了突飞猛进的发展[②]，2000 年全国人大还出台了规范立法活动和立法秩序的《中华人民共和国立法法》。在立法法的指导下，经过十年左右的努力，2011 年 3 月 10 日，时任全国人民代表大会常务委员会委员长吴邦国同志向第十一届全国人民代表大会第四次会议作全国人大常委会工作报告时庄严宣布，一个立足中国国情和实际、适应改革开放和社会主义现代化建设需要、集中体现党和人民意志的，以宪法为统帅，以宪法相关法、民法商法等多个法律部门的法律为主干，由法律、行政法规、地方性法规与自治条例、单行条例等三个层次的法律规范构成的中国特色社会主义法律体系已经形成[③]。

中国特色社会主义法律体系基本形成之后，中国特色社会主义制度建设就从以“立法”为中心转移到以“法律实施”为核心，

---

① 张婧：《中国特色社会主义法律体系形成之路》，《经济师》2015 年第 8 期。

② 法学界有一种观点认为，法律体系不同于立法体系，二者是内容与形式的关系。立法体系反映法律体系，以法律体系为基础，但并不等于法律体系。这里提出的立法体系相当于法律形式体系，事实上法学界目前通行的观点是把立法体系视为法律体系的一种表现形式。参见朱景文：《法理学》，中国人民大学出版社 2008 年版，第 364 页。

③ 吴邦国：《中国特色社会主义法律体系已经形成》，《吴邦国论人大工作》（下），人民出版社 2017 年版，第 549 页。

适应改革开放和社会主义现代化建设的要求，中国特色社会主义法律体系的体系功能必须在中国特色社会主义法治实践中得到充分和有效的实现，随后，学术界和实务界开始把法制建设的目光投向了“法治体系”的建设。

在中国特色社会主义法律体系基本形成之后，如何实现从“法律体系”向“法治体系”的实践跨越，法学界最早的倡导者是徐显明教授。徐显明在接受记者采访时，非常生动地阐明了从“法律体系”向“法治体系”过渡的历史必然性和法治建设的客观要求。他指出，“全面推进法治建设中的法治，还是应该恢复到‘水治’当中完成。这个法治里面包括政府建设、依法行政、全民守法、加强全社会的法律意识、形成社会主义法治理念、全社会共同信仰法律、加强法律监督等等。这些内容统合起来，我用一个概念，叫法治体系。法律体系只是法治体系的逻辑起点，只是刚刚开始。与法治体系相关的后面还有五个环节，它一共由六个环节组成”。“第一个环节，形成完备的法律体系，这是解决建设法治国家的前提问题。第二个环节很关键，就是执政党一定要依法执政。一切国家机关和武装力量、各政党和各社会团体、各企业事业组织都必须遵守宪法和法律，任何组织或者个人都不得有超越宪法和法律的特权，一切违反宪法和法律的行为必须予以追究。第三个环节，要建设法治政府。没有法治政府，就没有人去落实我们现在的法律。第四个环节，全社会普遍平等守法。任何人都没有超越宪法和法律的特权，在权利和义务上人人都要平等。第五个环节，是对司法机关提出的要求。独立、公正、廉洁、高效、权威，这五个方面一个都不能少，少了任何一个，司法制度都不是法治所要的制度。第六个环节，监督环节，就是要使法律得到有效的实施，实现监督的有效性。这六个方面合起来就构筑了一个法治体系。法治体系形成的时候，就是法治国家建成的时候。”“法治体系是以立法、以形成法律体系作为基础的。法律体系形成了，法治就进入到一个有法可依的阶段。我们把无法可依的问题解决了，剩下的就是怎样把法律规定的都实现了。中国法治建设的主要矛盾，30 年前是无法可依，现在已经转移到有法必依上。”①

在徐显明教授全面和系统地论述从“法律体系”过渡到“法治体系”对于全面推进依法治国的重要意义之后，学术界也有一些学者对如何实现从“法律体系”向“法治体系”的跨越提出了自己的真知灼见，都比较好地阐释了在基本形成社会主义法律体系之后，法治建设的重要任务应当是建设“中国特色社会主义法治体系”。这里的“法治体系”其实践意义远远超过理论价值，其中的“法”是符合中国实际情况、并且在实践中行之有效的广义上的法规则②。因此，当党的十八届四中全会通过的《中共中央关于全面推进依法治国若干重大问题的决定》正式将“中国特色社会主义法治体系”写入决定中，并且将其作为全面推进依法

① 徐燕、朱燕红：《法律体系是法治体系的逻辑起点——全国人大常委会委员徐显明谈中国特色社会主义法律体系》，中国人大网，2011 年 5 月 30 日，参见 http://www.npc.gov.cn/npc/zgrdzz/2011-05/30/content_1669093.htm，2021 年 10 月 25 日最新访问。

② 张建升、薄政峰：《从法律体系到法治体系——中国特色社会主义法律体系形成之后的思考》，《东岳论丛》2013 年第 2 期；魏治勋：《从法律体系到法治体系——论党的十八大对中国特色社会主义法治体系的基本建构》，《北京行政学院学报》2013 年第 1 期。

治国的“总目标”与“总抓手”之后，写入决定的“中国特色社会主义法治体系”一词相对于“中国特色社会主义法律体系”来说就具有更加有效的符合中国法治建设实际的理论价值和实践内涵。“中国特色社会主义法治体系”必须以“中国特色社会主义法律体系”作为自身存在的正当性前提，与此同时，“中国特色社会主义法治体系”一词对于全面推进依法治国以及解释当今中国法治实践问题具有更加突出和明显的解释力①。按照著名法学家罗豪才教授的解释，在“中国特色社会主义法治体系”中包含了大量的“软法”，这些软法既包括了传统国家硬法文件中的软法，也包括了国家机关制定的行政法规、规章以外的规范性文件，还包括了大量的政治组织和其他社会组织的自律、自治规范等②。因此，“中国特色社会主义法治体系”作为全面推进依法治国的“总目标”和“总抓手”，其自身的逻辑更加完整，其内涵更加丰富，特别是规范整合和体系化的功能更加显著，可以为全面推进依法治国的法治实践提供符合中国实际的、更加有效的政策依据③。

根据党的十八届四中全会审议通过的《中共中央关于全面推进依法治国若干重大问题的决定》的精神，作为全面推进依法治国总抓手的“中国特色社会主义法治体系”，包含了形成完备的

---

① 李杨：《法律体系与法治体系的关系——中国特色社会主义法治体系提出后的思考》，《法制与经济》2016 年第 3 期。

② 韩春晖：《社会主义法治体系中的软法之治——访著名法学家罗豪才教授》，《国家行政学院学报》2014 年第 6 期。

③ 李玉基：《中国特色社会主义法律体系和法治体系的内涵》，《西部法学评论》2014 年第 6 期。

法律规范体系、高效的法治实施体系、严密的法治监督体系、有力的法治保障体系，形成完善的党内法规体系五个方面的总体要求，核心的价值要求是“保证法律实施”，也就是“法律的生命力在于实施，法律的权威也在于实施”[①]。党的十九大报告肯定了党的十八届四中全会审议通过的《中共中央关于全面推进依法治国若干重大问题的决定》关于“建设中国特色社会主义法治体系”的主张和要求，把“建设中国特色社会主义法治体系”与“建设社会主义法治国家”并列为全面推进依法治国必须遵循的“总目标”[②]，至此，“建设中国特色社会主义法治体系”成为中国特色社会主义制度建设的重点工程与风向标。

党的十八大以来，以习近平同志为核心的党中央对坚持和完善中国特色社会主义制度进行了全面和系统的谋划与布局[③]。在坚持和完善中国特色社会主义各项制度过程中，毫无疑问，法律体系和法治体系是制度建设的重点，但是，根植于调整人们行为的法律规范基础之上的法律体系和法治体系不可能解决制度建设

① 《中共中央关于全面推进依法治国若干重大问题的决定》，《〈中共中央关于全面推进依法治国若干重大问题的决定〉辅导读本》，人民出版社2014年版，第4页、第15页。

② 习近平：《决胜全面建成小康社会　夺取新时代中国特色社会主义伟大胜利》，《党的十九大辅导读本》，人民出版社2017年版，第19页。

③ 习近平：《关于〈中共中央关于坚持和完善中国特色社会主义制度、推进国家治理体系和治理能力现代化若干重大问题的决定〉的说明》，《关于〈中共中央关于坚持和完善中国特色社会主义制度、推进国家治理体系和治理能力现代化若干重大问题的决定〉辅导读本》，人民出版社2019年版，第50页。

所有的问题，为此，党中央先后确定了“依法治国与以德治国相结合”[①]“把社会主义核心价值观融入法治建设”[②] 等一系列制度建设的大政方针，形成了加强中国特色社会主义制度建设的科学思路和可行的方案。习近平总书记在 2019 年 9 月 24 日中央政治局就“新中国国家制度和法律制度的形成和发展”举行第十七次集体学习时的讲话中明确指出：中国特色社会主义国家制度和法律制度是一套行得通、真管用、有效率的制度体系，这是我们坚定“四个自信”的一个基本依据。中国特色社会主义国家制度和法律制度需要坚持好、实施好，也需要不断完善和发展。我们要在坚持好、巩固好已经建立起来并经过实践检验的根本制度、基本制度、重要制度的前提下，坚持从我国国情出发，继续加强制度创新，加快建立健全国家治理急需的制度、满足人民日益增长的美好生活需要必备的制度。要及时总结实践中的好经验好做法，成熟的经验和做法可以上升为制度、转化为法律[③]。习近平总书记上述讲话至少从理论上解决了两个根本问题：一是中国特

① 党的十八届四中全会审议通过的《中共中央关于全面推进依法治国若干重大问题的决定》将“坚持依法治国和以德治国相结合”确定为全面推进依法治国的五项重要原则之一。参见《党的十八届四中全会〈决定〉学习辅导百问》，党建读物出版社、学习出版社 2014 年版，第 5 页。

② 中共中央办公厅、国务院办公厅于 2016 年 12 月 25 日印发并实施《关于进一步把社会主义核心价值观融入法治建设的指导意见》，该意见是为深入贯彻习近平总书记系列重要讲话精神，大力培育和践行社会主义核心价值观，运用法律法规和公共政策向社会传导正确价值取向，把社会主义核心价值观融入法治建设提出的指导性意见。2018 年 5 月，中共中央印发了《社会主义核心价值观融入法治建设立法修法规划》，并发出通知，要求各地区各部门结合实际认真贯彻落实。

③ 参见《习近平在中央政治局第十七次集体学习时强调 继续沿着党和人民开辟的正确道路前进 不断推进国家治理体系和治理能力现代化》，http://www.xinhuanet.com/politics/2019-09/24/c_1125035490.htm，2021 年 10 月 25 日最新访问。

色社会主义国家制度和法律制度是两个具有不同制度形态的制度体系，必须要同时坚持好、巩固好；二是中国特色社会主义实践的经验要及时加以总结和确认，遵循先制度、后法律的规范化过程。这就意味着，中国特色社会主义各项制度所涉及的事项范围只是其中最重要的一部分，要通过法律加以肯定下来，制度本身还有自身的规范体系和约束力。习近平总书记强调指出：制度的生命力在于执行。要强化制度执行力，加强制度执行的监督，切实把我国制度优势转化为治理效能①。各级党委和政府以及领导干部要增强制度意识，善于在制度的轨道上推进各项事业。广大党员、干部要做制度执行的表率，引领全社会增强制度意识，自觉维护制度权威。党的十九届四中全会审议通过的《中共中央关于坚持和完善中国特色社会主义制度、推进国家治理体系和治理能力现代化若干重大问题的决定》第一次全面和系统地以党的文件的形式阐释了中国特色社会主义制度体系的十三个方面的特征和要求，在对中国特色社会主义制度作为根本制度、基本制度和重要制度的科学分类基础上，明确了各项制度必须坚持和巩固的根本点、完善和发展的方向，并作出工作部署，继中国特色社会主义法律体系、中国特色社会主义法治体系之后，又一次体现了中国特色社会主义理论与实践相结合的制度要求，突出强调了中国特色社会主义各项制度本身的“体系性”和中国特色社会主义

① 韩正：《加强党对坚持和完善中国特色社会主义制度、推进国家治理体系和治理能力现代化的领导》，《关于〈中共中央关于坚持和完善中国特色社会主义制度、推进国家治理体系和治理能力现代化若干重大问题的决定〉辅导读本》，人民出版社2019年版，第4页。

制度体系的各项具体要求，为坚持和完善中国特色社会主义制度，坚定制度自信提供了正确的政策指引，具有深远的历史意义和现实意义。

（二）法律体系、法治体系是制度体系的重要内涵，是中国特色社会主义制度逻辑的内在规律

党的十九届四中全会审议通过的《中共中央关于坚持和完善中国特色社会主义制度、推进国家治理体系和治理能力现代化若干重大问题的决定》在构建十三个方面中国特色社会主义制度体系的同时，也正面科学和系统地回答了中国特色社会主义制度体系与中国特色社会主义法律体系、中国特色社会主义法治体系之间的制度逻辑关系，把坚持和完善中国特色社会主义法律体系和中国特色社会主义法治体系作为坚持和完善中国特色社会主义制度的一项重要内容，对法律体系建设和法治体系建设明确了新任务，提出了新要求。

《中共中央关于坚持和完善中国特色社会主义制度、推进国家治理体系和治理能力现代化若干重大问题的决定》第四部分的标题就是“坚持和完善中国特色社会主义法治体系，提高党依法治国、依法执政能力”。在《决定》看来，坚持和完善中国特色社会主义法治体系是建设中国特色社会主义制度体系的一项重要内容，也是其中的应有之义。《决定》强调指出：“建设中国特色社会主义法治体系、建设社会主义法治国家是坚持和完善中国特

色社会主义的内在要求。”[①] 在“坚持和完善中国特色社会主义法治体系”的各项具体工作中，“完善以宪法为核心的中国特色社会主义法律体系”是其中最重要的任务。此外，《决定》还深化了对建设中国特色社会主义法律体系的要求，提出了“加快我国法域外适用的法律体系建设”的主张，这一主张对于建设中国特色社会主义法律体系来说是全新的理念，为未来的立法工作谋划了重点，为保障涉外法治工作的有序开展提供了强有力的法律武器，是《决定》通过制度体系建设对法律体系建设和法治体系建设提出的新主张、新要求和新任务，是制度创新推动法律、法治不断进步的重要政策依据，也深刻地揭示了法律体系、法治体系与制度体系之间的制度逻辑关系，充分展现了加强制度体系建设所具有的独特的实践意义。

总之，从法律体系、法治体系和制度体系“三个体系”概念提出、形成和不断完善的过程来看，“三个体系”的依次形成和紧密关联充分凸显了中国特色社会主义制度建设所具有的内在的历史逻辑与制度逻辑的高度统一。制度体系概念的提出不仅没有淡化和泛化法律体系、法治体系的制度内涵和理论内涵，相反，还通过正确地处理制度与法律之间的辩证关系，拓展了中国特色社会主义制度存在的理论空间和实践范围，弥补了法律体系、法治体系在推动中国特色社会主义制度建设方面存在的理论内涵不足和实践动力不够的价值缺陷，进一步坚定了对中国特色社会主

① 《中共中央关于坚持和完善中国特色社会主义制度、推进国家治理体系和治理能力现代化若干重大问题的决定》，《党的十九届四中全会〈决定〉学习辅导百问》，学习出版社、党建读物出版社 2019 年版，第 10 页。

义制度的自信，丰富了中国特色社会主义制度的价值内涵。

二、“三个体系”以中国特色社会主义法律规范作为基本的制度基础

中国特色社会主义法律体系、法治体系和制度体系在理论形态上是依次发生的，体现了制度建设内在的历史性发展规律；同时，法律体系、法治体系与制度体系之间又有着内在的逻辑关联，不仅在体系上相互融合、相互渗透，而且在制度内涵上也有着内在的逻辑联系，其中，法律规范是分析法律体系、法治体系和制度体系“三个体系”内在逻辑联系的核心概念，是确定法律、法治和制度价值内涵的逻辑前提。

在现代法治社会中，任何一项制度都包括了行为规范、组织体制、运行程序、调控机制等方面的基本要素和内涵[①]，是集各种静态行为要素与动态行为要素于一体的行为模式，其中，行为规范是制度生成的第一要素[②]。制度不是单个的行为规范，而是基于一定特征和功能组合起来的行为规范的集合体。根据行为规

① 杜峻峰：《税收制度的构成要素》，《中国税务》1985 年第 5 期；张利群：《论文艺制度的构成要素》，《广西师范学院学报》2005 年第 2 期。

② 一般认为社会制度包括理念、规范、组织、地位结构、成员、设备等六大要素。这六个要素由于其内容的不同，在社会制度结构中的比重、组合和排列的不同，就产生各种不同的制度。但对一个具体的制度来说，这六个要素是缺一不可的。约翰 · N · 卓贝尔在《规范与法律》一书导论中开宗明义地指出：规范能像正式的法律规则一样指导人们的行为和社会交往。新制度主义经济学的理论前提就是，把制度看作构建社会和经济体系的“游戏规则”，它定义的制度既包括规范、宗教戒律及行为守则这些非正式规则，也包括成文法和普通法这样的正式规则。在这个意义上，规范和法律同样起到了影响社会的作用。参见【美】约翰 · N · 卓贝尔：《规范与法律》，北京大学出版社 2012 年版，第 1 页。

范调整社会关系形成的规范体系性质的不同，制度可以分为社会关系的主体制度、客体制度、权利义务制度、规范形式制度、关系领域制度、行为程序和机制等不同种类的制度样态，其中，规范形式制度直接决定了制度与法律、法治的逻辑关系。根据行为规范性质的不同，可以将规范形式制度细分为法律规范制度、政策规范制度、道德规范制度、行为习惯制度等。凡是基于法律规范的规定建立起来的制度都属于法律制度，法律制度属于制度形态比较稳定和显性的制度，具有国家强制力的保证，有制度的可预期性，有确定的行为程序和机制，通常是国家治理和社会治理最为依靠的制度形态。由制度上升为法律，通常是从规范形式制度意义上来讲的，即一项由政策规范、道德规范或行为习惯所形成的制度，经过实践的不断检验，形成了更加可靠的制度目标和要求，可以通过法律规范确定下来。所以说，法律是制度的高级形态，是制度文明的重要体现。

法律与制度的关系集中体现在法律制度的特性上，一定时期特定国家的法律制度也是建立在最基础的法律规范之上的。例如，宪法作为根本法所规定的公民基本权利制度和基本义务制度，就是由宪法条文中的每一个具体的宪法上的基本权利和基本义务构成的，相对于每一个具体的基本权利规范来说，基本权利制度能够更加科学和全面地体现宪法中的基本权利规范背后的价值理念以及设定基本权利规范所必须遵循的基本原则。例如，我国现行宪法第二章明确规定了公民的基本权利与义务，形成了我国宪法上的基本权利和基本义务制度。根据制度作为规范集合体的特性，一方面，要理解我国宪法上的基本权利制度和基本义务制度，详细分析宪法第二章关于公民的基本权利和基本义务的各项具体规定是主要的认识路径；另一方面，正因为基本权利制度是宪法文本中所有关于基本权利的具体规范的集合体，所以，研究宪法上的基本权利制度的特性不能只限于宪法第二章关于公民的基本权利的各项规定，宪法总纲以及其他章节中也存在可以纳入基本权利制度的基本权利规范，例如，我国现行宪法第13条第二款规定："国家依照法律规定保护公民的私有财产权和继承权。"在该条款中规定的公民的"私有财产权"和"继承权"尽管没有出现在宪法第二章的公民基本权利中，但由于"私有财产权"和"继承权"是以宪法上所规定的公民身份享有的，受到宪法的保护，故公民的"私有财产权"[①]和"继承权"[②]在制度意义上应当属于公民的基本权利制度范畴。从制度的角度来看待法律规范的特性，可以比较好地把握法律文本中所规定的各种法律规范之间的整体联系，发现法律规范之间的逻辑关系，构建针对社会关系结构特征的法律规范结构，保证法律规范与社会关系实际存在和运行状态的相协调和相统一。

从制度作为行为规范集合体的特性来看待法律体系与法治体系的关系，可以很好地理解党内法规体系作为中国特色社会主义法治体系重要组成部分的制度学意义。中国特色社会主义制度所依托的行为规范是包括法律规范在内的各种性质的行为规范和价

---

① 焦少林：《私有财产权应回归公民基本权利体系》，《安徽师范学院学报(社会科学版)》2004年第5期。

② 曾青、张玉娆：《继承权并非民事权利——继承权性质研究》，《西南民族大学学报（人文社科版)》2004年第10期。

值的集合体，因此，涉及国家制度和社会制度的行为规范依据，除了从法律规范的角度来认识国家制度和社会制度的制度特征之外，还可以从制度规范的角度来认识决定国家制度和社会制度的行为规范的整体特征，更好地理解在共产党作为执政党的执政体制下所形成的国家制度和社会制度，不仅仅是依托法律规范产生的，而且还有其他的制度规范作为补充，包括党内法规所体现出来的党内法规规范，党的政策所蕴含的政策规范，社会主义核心价值观所主张的社会主义道德规范等。从制度规范具有行为规范集合体的特性角度来看待目前存在于宪法和法律中的国家制度，就可以发现，这些国家制度的规范依据可能远远超出了宪法和法律文本的规定，必须要从中国特色社会主义制度所依托的整体制度规范的特征出发来全面和正确地把握中国特色社会主义国家制度和社会制度的特征和内涵。例如，2018 年现行宪法第五次修改时在现行宪法第三章“国家机构”部分增加了第七节“监察委员会”，对监察机构的性质、组成、职权、活动方式、与其他国家机关的相关关系等作了比较全面和系统的规定，形成了区别于现行宪法所规定的“一府两院”的“一府一委两院”新型的国家制度。由于监察制度作为我国的国家制度，其制度规范的源头不仅仅限于宪法和法律的各项规定，还包含了执政党反腐败方面的各项政策和法规以及联合国反腐败方面的公约和相关规定。所以，监察制度作为一种国家制度不仅仅停留在法律制度的意义上，其有着比法律制度更广的内涵，由此形成了中国特色社会主义制度体系独特的制度内涵和功能。2019 年 9 月 24 日，习近平总书记在中央政治局就“新中国国家制度和法律制度的形成和发展”举行第十七次集体学习时的讲话中明确指出：中国特色社会主义国家制度和法律制度是在长期实践探索中形成的，是人类制度文明史上的伟大创造。建立什么样的国家制度，是近代以来中国人民面临的一个历史性课题。实践证明，我们党把马克思主义基本原理同中国具体实际结合起来，在古老的东方大国建立起保证亿万人民当家作主的新型国家制度，使中国特色社会主义制度成为具有显著优越性和强大生命力的制度，保障我国创造出经济快速发展、社会长期稳定的奇迹，也为发展中国家走向现代化提供了全新选择，为人类探索建设更好社会制度贡献了中国智慧和中国方案①。认真领会习近平总书记上述讲话精神，正确地认识监察制度作为我国新型国家制度的制度特征，才能在制度实践中充分和有效地发挥监察制度在党和国家反腐败事业中的重要作用，才能在认识论上不只是简单地束缚于法律制度的禁锢②，大胆地进行制度创新，形成中国特色社会主义制度体系的独特优势。

三、宪法作为根本法是保证“三个体系”有机统一的制度前提

宪法是国家的根本法，也是中国特色社会主义法律体系、中国特色社会主义法治体系的核心。作为中国特色社会主义法律体系的核心，宪法具有最高法律效力，一切法律、行政法规和地方

① 参见《习近平在中央政治局第十七次集体学习时强调 继续沿着党和人民开辟的正确道路前进 不断推进国家治理体系和治理能力现代化》，http://www.xinhuanet.com/politics/2019-09/24/c_1125035490.htm，2021 年 10 月 25 日最新访问。

② 李亚凝：《论“三定方案”在国家监察制度体系中的作用》，《现代法治研究》2018 年第 4 期。

性法规都不得与宪法相抵触。2015 年修订的《中华人民共和国立法法》第 87 条对宪法作为中国特色社会主义法律形式体系的核心的重要地位作了非常明确的确认。该条款规定：宪法具有最高的法律效力，一切法律、行政法规、地方性法规、自治条例和单行条例、规章都不得同宪法相抵触。上述规定表明了在我国现行的法律形式体系中，宪法居于法律形式体系的最顶端，具有最高法律效力，全国人大及其常委会制定的基本法律和基本法律以外的其他法律、国务院制定的行政法规、有地方立法权的地方人大制定的地方性法规、民族自治地方自治机关制定的自治条例和单行条例以及部委规章和地方政府规章，都不得与宪法相抵触，处于宪法效力之下。从中国特色社会主义法律内容体系来看，不论是宪法相关法，还是民商法、行政法、经济法、社会法抑或是刑法、诉讼或非诉讼程序法，根据 2015 年修订的《中华人民共和国立法法》第三条的规定，“立法应当遵循宪法的基本原则”，故都必须“根据宪法，制定本法”①。由此可见，宪法是中国特色社会主义法律体系的核心，是其他法律形式赖以存在的合法性依据。

作为旨在加强法律实施而形成的中国特色社会主义法治体系，也必须以宪法作为根本的活动准则。习近平总书记在 2012 年 12 月 4 日首都各界纪念现行宪法正式施行三十周年大会上的讲话中强调指出：“我国宪法以国家根本法的形式，确立了中国特色社会主义道路、中国特色社会主义理论体系、中国特色社会主义制度的发展成果，反映了我国各族人民的共同意志和根本利益，

① “根据宪法，制定本法”既包含了根据宪法所规定的立法权限来制定法律法规规章，也包括了根据宪法的基本原则来确定法律法规规章的具体内容。

成为历史新时期党和国家的中心工作、基本原则、重大方针、重要政策在国家法制上的最高体现。”[①] 宪法作为国家的根本法不仅要约束立法机关制定的法律、法规和规章，同时也要约束一切国家机关、社会组织和公民个人的行为。现行宪法序言最后一个自然段明确规定：全国各族人民、一切国家机关和武装力量、各政党和各社会团体、各企业事业组织，都必须以宪法为根本的活动准则，并且负有维护宪法尊严、保证宪法实施的职责。上述规定，宪法不仅是立法的依据，也是法律实施的前提。现行宪法第五条第四款、第五款明确规定：“一切国家机关和武装力量、各政党和各社会团体、各企业事业组织都必须遵守宪法和法律。一切违反宪法和法律的行为，必须予以追究。”“任何组织或者个人都不得有超越宪法和法律的特权。”党的十八届四中全会审议通过的《中共中央关于全面推进依法治国若干重大问题的决定》首次以党的文件形式提出了“建设中国特色社会主义法治体系”的要求，并把“建设中国特色社会主义法治体系”作为全面推进依法治国的“总抓手”[②]。建设中国特色社会主义法治体系需要形成完备的法律规范体系、高效的法律实施体系、严密的法治监督体系、有力的法治保障体系和完善的党内法规体系，这一切都离不开宪法作为根本法的正确指引。党的十九届四中全会审议通过的《中共中央关于坚持和完善中国特色社会主义制度、推进国家治

① 习近平：《在首都各界纪念现行宪法公布施行 30 周年大会上的讲话》，《习近平谈治国理政》，外文出版社 2014 年版，第 136 页。

② 习近平：《关于〈中共中央关于全面推进依法治国若干重大问题的决定〉的说明》，《党的十八届四中全会〈决定〉学习辅导百问》，党建读物出版社、学习出版社 2014 年版，第 39 页。

理体系和治理能力现代化若干重大问题的决定》进一步重申“依法治国首先要坚持依宪治国，依法执政首先要坚持依宪执政”。在建设中国特色社会主义法治体系过程中，必须始终把对宪法的遵守放在全面推进依法治国各项法治工作的首要位置。只有宪法有权威，建设中国特色社会主义法治体系才能不迷失方向；只有严格地遵守宪法所建立起来的各项国家制度和法律制度，中国特色社会主义法治体系才能充分有效地发挥自身所具有的推进全面依法治国的“总抓手”作用。

宪法作为根本法也是理解中国特色社会主义制度体系的“金钥匙”。党的十九届四中全会审议通过的《中共中央关于坚持和完善中国特色社会主义制度、推进国家治理体系和治理能力现代化若干重大问题的决定》对党团结带领人民建立起来的各项社会主义制度做了概括和总结，涉及党的领导和经济、政治、文化、社会、生态文明、军事、外事等十三个方面的根本制度、基本制度和重要制度，这些制度都是围绕着我国现行宪法所确认中华人民共和国的根本制度——社会主义制度进行的。党的十九届三中全会指出：“我们党要更好领导人民进行伟大斗争、建设伟大工程、推进伟大事业、实现伟大梦想，必须加快推进国家治理体系和治理能力现代化，努力形成更加成熟更加定型的中国特色社会主义制度。这是摆在我们党面前的一项重大任务。”①

① 习近平：《关于〈中共中央关于坚持和完善中国特色社会主义制度、推进国家治理体系和治理能力现代化若干重大问题的决定〉的说明》，《关于〈中共中央关于坚持和完善中国特色社会主义制度、推进国家治理体系和治理能力现代化若干重大问题的决定〉辅导读本》，人民出版社2019年11月第1版，第37页。

我国1982年现行宪法在第1条第二款明确规定："社会主义制度是中华人民共和国的根本制度。"这就表明，我国的国家根本制度是社会主义制度，这是一条坚定不移的宪法原则和基本制度。现行宪法规定"社会主义制度是中华人民共和国的根本制度"是基于现行宪法制定时所面临的具体的政治、经济、文化和社会情况确定的、反映我国国体特点的正确判断。根据上述规定，反映我国国家性质基本特点的根本制度是社会主义制度，在主体部分实行社会主义制度的同时，现行宪法第三十一条也规定"国家在必要时得设立特别行政区。在特别行政区内实行的制度按照具体情况由全国人民代表大会以法律规定"。结合现行宪法第一条第二款的规定，根据现行宪法第三十一条规定，在特别行政区实行的"制度"不论是何性质，都不是中华人民共和国的"根本制度"，而是作为根本制度——社会主义制度以外的其他性质的国家制度，并且在地方行政区域适用，是一种特殊性质的国家制度。根据现行宪法第一条第二款和第三十一条关于国家根本制度和根本制度以外其他制度的相关规定，1990年4月4日第七届全国人民代表大会第三次会议通过的《中华人民共和国香港特别行政区基本法》序言明确规定：根据中华人民共和国宪法第三十一条的规定，设立香港特别行政区，并按照"一个国家，两种制度"的方针，不在香港实行社会主义的制度和政策。该法第五条又进一步规定："香港特别行政区不实行社会主义制度和政策，保持原有的资本主义制度和生活方式，五十年不变。"很显然，根据香港基本法的上述规定，在香港特别行政区实行的不是现行宪法第一条第二款所规定的作为国家根本制度的社会主义制度，而是不属于国家根本制度的“资本主义制度”。1993 年 3 月 31 日第八届全国人民代表大会第一次会议通过的《中华人民共和国澳门特别行政区基本法》也作了与香港基本法相类似的上述规定。“资本主义制度”在香港特别行政区和澳门特别行政区的实行，充分体现了我国现行宪法第一条第二款所规定的“社会主义制度是中华人民共和国的根本制度”的制度意义，彰显了“一个国家，两种制度”基本方针的制度内涵，这是人类历史上任何一个主权国家前所未有的新型国家制度，即在主权国家主体部分实行根本制度——社会主义制度，在特别行政区实行作为非根本制度的资本主义制度。由此可见，现行宪法第一条第二款为中国特色社会主义国家制度体系的建设奠定了最基本的宪法依据，也为作为国家根本制度的社会主义制度体系的形成和发展提供了必要的法律规范的前提。

应当说，自 1982 年现行宪法确认国家根本制度以来，不论是作为国家根本制度的社会主义制度，还是作为非国家根本制度的资本主义制度，在制度体系的形成和发展过程中都遇到了这样或那样的问题。从作为国家根本制度的社会主义制度来说，关于什么是社会主义，就经历了很长时间的探索，直到 2018 年现行宪法第五次修改时，才在现行宪法第一条第二款中明确了作为国家根本制度的社会主义制度的最本质特征是“中国共产党领导”；而在香港和澳门特别行政区，由于回归前后所面临的国际国内政治、经济、文化和社会情势不同，资本主义制度在香港和澳门的实践也遇到了不少问题需要认真加以研究。中国改革开放的总设计师邓小平早就预料到关于国家根本制度和根本制度以外的其他制度不是说在宪法条文中确定下来，就可以万事大吉了，而是说宪法文本中所规定的国家根本制度以及非国家根本制度会在国家治理和社会治理的实践中顺理成章地运行好，必须要基于宪法的规定，结合改革开放和社会主义现代化的实践不断加以完善，使得宪法所规定的各项国家制度定型化、规范化。1992 年，邓小平同志在南方谈话中说：“恐怕再有三十年的时间，我们才会在各方面形成一整套更加成熟、更加定型的制度。”[①] 党的十八届五中全会进一步强调，“十三五”时期要实现“各方面制度更加成熟更加定型，国家治理体系和治理能力现代化取得重大进展，各领域基础性制度体系基本形成”。党的十九届四中全会审议通过的《中共中央关于坚持和完善中国特色社会主义制度、推进国家治理体系和治理能力现代化若干重大问题的决定》就是第一次以党的文件形式全面和系统地回答了现行宪法所规定的国家根本制度——社会主义制度以及在特别行政区实行的非国家根本制度——资本主义制度定型化、规范化和体系化的各方面的问题，归纳总结出了十三个方面经过实践检验已经比较成熟和定型的制度加以体系化，作为推进国家治理体系和治理能力现代化的重要制度基础。

值得注意的是，党的十九届四中全会审议通过的《中共中央关于坚持和完善中国特色社会主义制度、推进国家治理体系和治理能力现代化若干重大问题的决定》所确认的各项制度是作为现行宪法所规定的国家根本制度——社会主义制度的具体制度，并

---

① 邓小平：《在武昌、深圳、珠海、上海等地的谈话要点》，《邓小平文选》第 3 卷，人民出版社 1993 年版，第 372 页。

且是通过根本制度、基本制度和重要制度来组成中国特色社会主义制度的制度体系，上述各项规定是对现行宪法所规定的国家根本制度——社会主义制度内涵的补充、深化和发展，目的是为了推动现行宪法所规定的作为中华人民共和国根本制度的社会主义制度能够更加成熟、定型，自成一体。所以说，中国特色社会主义制度体系、法律体系和法治体系在现行宪法的框架内得到了高度统一，强调中国特色社会主义制度体系的特征并不是要否定中国特色社会主义法律体系、法治体系的权威，而是要更好地通过成熟和定型的各种制度来进一步完善宪法所规定的国家制度和法律制度。

四、以习近平总书记关于全面依法治国新理念新思想新战略为指导，确保“三个体系”一体建设

2019 年 9 月 24 日，习近平总书记在中央政治局就“新中国国家制度和法律制度的形成和发展”举行第十七次集体学习时的讲话中明确指出：我们党自成立之日起就致力于建设人民当家作主的新社会，提出了关于未来国家制度的主张，并领导人民为之进行斗争。新中国成立后，我们党创造性地运用马克思主义国家学说，为建设社会主义国家制度进行了不懈努力，逐步确立并巩固了我们国家的国体、政体、根本政治制度、基本政治制度、基本经济制度和各方面的重要制度，中国特色社会主义制度不断完善，中国特色社会主义法律体系也不断健全。党的十八大以来，我们推进全面深化改革，中国特色社会主义制度日趋成熟定型，中国特色社会主义法治体系不断完善，为推动党和国家事业取得

历史性成就、发生历史性变革发挥了重大作用[①]。认真贯彻落实习近平总书记重要讲话精神，正确地理解中国特色社会主义制度体系、法律体系和法治体系之间的有机统一关系，可以把中国特色社会主义制度建设的历史逻辑、理论逻辑和实践逻辑有机地结合起来，探索出一套从完善立法到加强法律实施再到全面加强中国特色社会主义制度建设的“中国之治”的正确道路。

制度建设通常必须坚持规范引领和规范优先的原则，没有立法的引领作用，无法在实践中形成有强制力和可预期性的制度；没有有效的法律实施，任何美好的制度设计方案都会落空。因此，中国特色社会主义制度体系建设从坚持和完善中国特色社会主义法律体系入手，再经过具有推动全面依法治国“总抓手”作用的“建设中国特色社会主义法治体系”各项法治工作的有序展开，宪法所规定的国家根本制度——社会主义制度得到了宪法和法律的有效保障，社会主义制度的各项内涵在全面推进依法治国的过程中得到了充分体现，依托宪法全面实施的法律实践，形成了中国特色社会主义制度自身的体系结构，涉及政治、经济、文化和社会生活所有领域，组成由根本制度、基本制度和重要制度构成的制度层级体系，使得制度建设工作按照制度本身的重要性有条不紊地进行，凸显了中国特色社会主义制度的制度优越性，进一步增强了我们的制度自信。

党的十九届四中全会审议通过的《中共中央关于坚持和完善

① 参见《习近平在中央政治局第十七次集体学习时强调 继续沿着党和人民开辟的正确道路前进 不断推进国家治理体系和治理能力现代化》，http://www.xinhuanet.com/politics/2019-09/24/c_1125035490.htm，2021 年 10 月 25 日最新访问。

中国特色社会主义制度、推进国家治理体系和治理能力现代化若干重大问题的决定》对我国现行宪法所规定的国家根本制度——社会主义制度的制度显著优势，结合现行宪法所规定的各项具体法律制度进行了全面和充分的阐述，比较科学和客观地反映了宪法作为国家根本法在中国特色社会主义国家制度建设中所发挥的核心作用，这些宪法所确认的法律制度包含了以下方面的内容：共产党领导是中国特色社会主义最本质的特征；中华人民共和国一切权力属于人民；人民代表大会制度是我国的根本政治制度；中华人民共和国实行“依法治国，建设社会主义法治国家”；坚持各民族一律平等，实行民族区域自治制度；坚持公有制为主体、多种所有制经济共同发展和按劳分配为主体、多种分配方式并存，把社会主义制度和市场经济有机结合起来，不断解放和发展社会生产力的显著优势；坚持社会主义核心价值观和社会主义共同理想，弘扬中华优秀传统文化、社会主义先进文化；坚持以人民为中心的发展思想，采取有效措施保证公民基本权利的有效实现，不断保障和改善民生、增进人民福祉，走共同富裕道路的显著优势；坚持党指挥枪，确保人民军队绝对忠诚于党和人民，有力保障国家主权、安全、发展利益的显著优势；坚持“一国两制”，保持香港、澳门长期繁荣稳定，促进祖国和平统一的显著优势；坚持独立自主和对外开放相统一，积极参与全球治理，为构建人类命运共同体不断作出贡献的显著优势；等等。我国现行宪法所确认的中国特色社会主义国家制度和法律制度所具有的上述这些显著优势，是我们坚定中国特色社会主义道路自信、理论自信、制度自信、文化自信的基本依据。

总之，坚持中国特色社会主义制度自信，必须以习近平法治思想为指导，坚持依法治国、依宪治国，依法执政、依宪执政的国家治理和社会治理理念，要在法律体系、法治体系和制度体系三者有机统一的体系建设中去准确把握作为中华人民共和国的根本制度——社会主义制度不断完善和发展的客观规律，要重视制度规范在制度设计尤其是顶层制度设计中的约束作用，要坚持先一般制度、后转为法律、再强化宪法和法律实施的制度建设之路，要把三个体系融汇在一起加以建设，要在制度建设的实践中善于发现法律体系、法治体系和制度体系三个体系之间的内在逻辑联系，切忌在理论上人为地隔离三个体系之间的紧密联系，把三个体系视为毫不相干的相互独立的体系，应当把三个体系视为“一体三面”，以全面依法治国为推动力，以维护宪法权威为核心，以完善国家根本制度——社会主义制度为目标，扎扎实实地抓好制度建设的每一个环节、每一个要素，充分发挥法律体系、法治体系在制度体系建设中的优势，切实做到把制度规范与法律规范、制度规定与制度实施有机结合起来，全面提升制度建设水平，以中国特色社会主义制度体系建设的现代化来推动国家治理体系和治理能力现代化，以制度法律化、法治化来保障国家治理法治化，全面推动中国特色社会主义制度建设健康有序地向前发展。

与此同时，中国特色社会主义制度体系建设要尊重自身的客观规律，要善于在制度建设过程中发现法律体系建设、法治体系建设中存在的各种问题，包括政出多门、法出多门、法律不协调、法治不统一等严重影响法律体系和法治体系建设效果的各种负面因素和消极影响，要强化中国特色社会主义制度体系建设自身的特点，把握制度内在的规律性，用制度的要求去推动法治改革和法治进步[①]，只有充分发挥中国特色社会主义制度体系内在的活力，才能有效地推动中国特色社会主义法律体系、法治体系健康有序地向前发展，确保全面推进依法治国各项目标的如期和顺利实现。

本文主要内容刊登在《法学杂志》2020年第5期，收入本书时有增删。

① 约翰·N·卓贝尔在《规范与法律》一书中认为，“规范既影响法律也受法律影响”。参见【美】约翰·N·卓贝尔：《规范与法律》，北京大学出版社2012年版，第293页。

论中国特色社会主义法治道路的法价值结构与功能

党的十八届四中全会审议通过的《中共中央关于全面推进依法治国若干重大问题的决定》（以下简称《全面推进依法治国决定》）首次以党的文件形式明确提出了“中国特色社会主义法治道路”的概念及其相关命题，这是中国特色社会主义理论和实践发展的一个重要里程碑，凸显了中国特色社会主义建设事业的“道路自信”。“中国特色社会主义法治道路”不仅继承和借鉴了古今中外各种法治理念中的价值精华，而且结合中国特色社会主义法治建设的实践，提出了很多前所未有的法治主张，形成了科学和系统的法价值体系，为人类社会法治文明的发展和完善提供了宝贵的经验。

当前，用通俗易懂、简明扼要的法学术语、法律语言和逻辑向全世界讲好中国的法治故事，不仅有助于科学地表述“中国特色社会主义法治道路”的法价值特征，而且可以更加清晰地规划中国特色社会主义法治道路的发展方向，在手段与目的两者相互统一的价值链基础上来全面推进依法治国各项工作，不断拓展马克思主义法治理论中国化的深度，全面和系统地阐释习近平法治思想的理论内涵，科学地构建习近平法治思想的理论体系，将法治国家、法治政府和法治社会建设全面推向深入。

一、中国特色社会主义法治道路的法价值形成的历史和制度背景

中国特色社会主义法治道路是一个政策性的法律术语，形成于2014年10月23日党的十八届四中全会审议通过的《全面推进依法治国决定》，成熟于2020年11月16日中央全面依法治国工作会议上习近平总书记强调指出的当前和今后一段时间全面推进依法治国工作必须坚守的“十一个坚持”。《全面推进依法治国决定》规定的第一个重要事项就是“坚持走中国特色社会主义法治道路，建设中国特色社会主义法治体系”。关于什么叫“中国特色社会主义法治道路”，《全面推进依法治国决定》并没有下一个全面系统和完整的定义，而是着重阐述全面推进依法治国的总目标和基本原则，这就意味着“中国特色社会主义法治道路”是从宏观层面来看待法治发展的政策走向，既包括了法治理论层面上的指导思想、基本原则，也涵盖了法治实践意义上的法治发展战略和目标，充分体现了法治作为治国理政基本方式的治理手段和治理目的两者之间的有机统一。

在我国传统法理学的概念和范畴体系中，并没有明确提出“中国特色社会主义法治道路”的概念[①]，其中一个重要原因是传

① 马克思主义理论研究和建设工程重点教材《法理学》（第一版）（人民出版社、高等教育出版社2010年版）中就没有以“中国特色社会主义法治道路”作为主要议题，直到《法理学》（第二版）（人民出版社、高等教育出版社2020年版）才把“中国特色社会主义法治道路”作为第十五章“全面依法治国，建设法治中国”第二节“全面依法治国的政治方向”下的研究专题。

统法理学侧重于对实践中存在的具体法律行为特征的抽象和概括，缺少从治国理政的宏观战略层面来论述法治的价值和功能相关的法知识。因此，中国特色社会主义法治道路概念的提出，不仅从国家治理和社会治理的高度来把握法治的价值特征和制度功能，而且也从法治战略学、法律政策学的高度丰富了传统法理学的知识体系，进一步增强了传统法理学法知识体系的学术解释能力和服务于法律实践的法知识应用能力。

法学界开始关注“中国特色社会主义法治道路”问题始于2009年对法治本土资源的探讨。李志明在《中国特色社会主义法治道路的主要动因》一文中提出：“中国法治建设必须结合本土的法治资源，走中国特色社会主义法治道路。中国共产党的领导是中国法治道路的根本保证，人民民主是中国法治道路的目标，完备的社会主义法律体系是中国法治道路的基础，三者同时也是中国法治道路发展的动力源泉。我们必须坚持党的领导、人民当家作主与依法治国三者的有机统一。”① 李龙在《论中国特色社会主义法治道路——纪念“依法治国，建设社会主义法治国家”入宪十年》一文中指出：“自清末以来，近代中国对法治道路的漫长探索经过了五次否定，最终选择了适合中国国情的社会主义法治道路。”② 周叶中则在《关于中国特色社会主义法治道路的几点认识》一文中结合2009年8月7日至9日教育部社会科学委员会法学学部在吉林市举办的2009年度工作会议暨中国特色社会主义法治建设的理论与实践研讨会的研讨成果，详细地分析了法学界

① 《时代法学》2009年第3期。

② 《杭州师范大学学报（社会科学版)》2009年第5期。

对中国特色社会主义法治道路的总体理解和认可状况，指出：虽然不同学者对中国特色社会主义法治发展道路和经验的概括或分析有所不同，但与会学者普遍认为，新中国成立60年来，特别是改革开放30年来，无论是就社会主义法治建设整体而言，还是就具体的法律领域而言，已经形成了具有中国特色的发展道路和经验。[①]

关于中国特色社会主义法治道路的基本价值理念是如何形成的，中国特色社会主义法治道路的主要价值特征是什么，这些关于中国特色社会主义法治道路概念最基础的法理问题，张文显在《中国法学》上发文作了全面和系统的回答。他在《论中国特色社会主义法治道路》[②] 一文中指出：中国特色社会主义法治道路是怎样形成的，中国特色社会主义法治的本质特征和基本标志如何概括？是我国法学研究和法治建设应当给以科学回答的重大问题。张文显认为，新民主主义法制是中国特色社会主义法治道路的前奏，从建国初期到党的十一届三中全会30年间社会主义法制建设的初步经验和深刻教训为中国特色社会主义法治道路的形成奠定了根本政治前提和法制基础。在中国特色社会主义法治道路形成和发展过程中，始终伴随着“反封建”“反极‘左’”“反西化”的斗争任务，这在世界法治建设的历史上是十分独特的现象。张文显主张，把中国特色社会主义法治的本质特征和基本标志概括为：坚持党的领导、人民民主、依法治国的有机统一；坚持依法治国与依法执政的有机统一；坚持依法治国与以德治国的

① 《法制与社会发展》2009年第6期。

② 《中国法学》2009年第6期。

有机统一；坚持建设法治国家与建设法治社会的有机统一；坚持立足国情与面向世界、传承中华优秀法律文化传统与借鉴人类社会法治文明成果的有机统一。从学术层面来看，张文显《论中国特色社会主义法治道路》对中国特色社会主义法治道路概念形成的历史线索、法价值背景、法价值结构和功能等一系列最基础性的法理问题都做了全面、深入和系统的探讨，是法学界迄今为止研究中国特色社会主义法治道路问题的“扛鼎之作”。

本文对中国特色社会主义法治道路概念形成的历史线索及其法价值背景的认识基本上认同张文显教授的观点，但仍想着重强调以下两个方面的重要因素：一是中国特色社会主义法治道路的法价值形成的历史必然性；二是中国特色社会主义法治道路的法价值选择的制度应然性。

（一）中国特色社会主义法治道路的法价值形成的历史必然性

以党的十一届三中全会为界，中国特色社会主义法治道路的法价值的形成经过了一个酝酿、试点、验证、确认和坚持五个阶段有机联系和相互统一的不断发展和完善的过程。

尽管从法理层面可以将中国特色社会主义法治道路的形成历程追溯到新中国成立伊始，但是，作为一种具有确定性和稳定性的治国之策，中国共产党对法治道路的确信历程起点还是应当定在党的十一届三中全会。党的十一届三中全会在形成中国特色社会主义法治道路方面最大的历史贡献在于奠定了走法治道路的社会经济基础，解决了法治道路的手段与发展目标之间的关系。党的十一届三中全会公报指出，要把党和国家的工作重心从以阶级斗争为纲转移到以经济建设为中心上来，为此，“对于社会主义社会的阶级斗争，应该按照严格区别和正确处理两类不同性质的矛盾的方针去解决，按照宪法和法律规定的程序去解决，决不允许混淆两类不同性质矛盾的界限，决不允许损害社会主义现代化建设所需要的安定团结的政治局面”[①]。上述论断非常清晰地表明了党的十一届三中全会对于中国特色社会主义法治道路形成所产生的巨大理论贡献，也就是说，要坚持以经济建设为中心、维护社会主义现代化建设所需要的安定团结的大好局面，必须奉行“法治”。所以，搞法治建设不是想不想的问题，而是发展经济和建设社会主义现代化的历史必然性的要求。此外，党的十一届三中全会还非常明确地提出了要使“民主制度化、法律化”。而民主法律化的根本制度目标就是“要保证人民在自己的法律面前人人平等，不允许任何人有超于法律之上的特权”[②]。由此可见，党的十一届三中全会强调要重视法治建设，其制度目标在于追求保证人民权利、限制公权力机构的权力，使这种民主“制度和法律具有稳定性、连续性和极大的权威，做到有法可依，有法必依，执法必严，违法必究”[③]。

党的十一届三中全会以后，中国改革开放和社会主义现代化建设事业逐渐走上健康发展的快车道。在这样的历史大背景下，

---

① 《中国共产党第十一届中央委员会第三次全体会议公报》（1978 年 12 月 22 日），《人民日报》1978 年 12 月 24 日第 2 版。

② 《中国共产党第十一届中央委员会第三次全体会议公报》（1978 年 12 月 22 日），《人民日报》1978 年 12 月 24 日第 2 版。

③ 《中国共产党第十一届中央委员会第三次全体会议公报》（1978 年 12 月 22 日），《人民日报》1978 年 12 月 24 日第 2 版。

为了适应时代发展的要求，是以政策代替法律，还是坚守法治原则，走以法治为基础的经济和社会发展道路，这是中国特色社会主义事业的一个大方向选择问题。对于这个方向性问题，改革开放的总设计师邓小平站在历史的高度，确认了中国特色社会主义法制发展方向，坚定了走中国特色社会主义法治道路的信心和决心。1986 年 6 月 28 日，邓小平在中央政治局常委会上的讲话中指出："现在从党的工作来说，重点是端正党风，但从全局来说，是加强法制。我们国家缺少执法和守法的传统，从党的十一届三中全会以后就开始抓法制，没有法制不行。"① 1992 年，邓小平南方谈话时对法制在廉政建设中的重要性又做了进一步的重申与强调。他指出："对干部和共产党员来说，廉政建设要作为大事来抓。还是要靠法制，搞法制靠得住些。"② 邓小平上述"抓法制"的思想极大地促进了新时期中国特色社会主义法治建设实践的发展，及至党的十五大把"依法治国"作为治国方略写进了党的文件，正式确认了法治在改革开放和社会主义现代化建设中的重要地位和作用。党的十八大报告首次明确提出了"全面推进依法治国"的理论命题和政治主张，为党的十八大以后从理论上进一步构建和完善新时代中国特色社会主义法治理论提供了政策依据和理论基础，并为正式提出"中国特色社会主义法治道路"做好了理论上的铺垫和实践中的准备。党的十八届四中全会审议通过的《全面推进依法治国决定》在首次明确提出"中国特色社会主义

① 邓小平：《在全体人民中树立法制观念》，《邓小平文选》第 3 卷，人民出版社 1993 年版，第 163 页。

② 《邓小平文选》第 3 卷，人民出版社 1993 年版，第 388 页。

法治道路”概念的同时，从全面和系统地阐述全面推进依法治国的理论内涵和实践要求的角度，科学地勾画了中国特色社会主义法治道路的法价值体系及其基本价值内涵，即全面推进依法治国，总目标是建设中国特色社会主义法治体系，建设社会主义法治国家。这就是，在中国共产党领导下，坚持中国特色社会主义制度，贯彻中国特色社会主义法治理论，形成完备的法律规范体系、高效的法治实施体系、严密的法治监督体系、有力的法治保障体系，形成完善的党内法规体系，坚持依法治国、依法执政、依法行政共同推进，坚持法治国家、法治政府、法治社会一体建设，实现科学立法、严格执法、公正司法、全民守法，促进国家治理体系和治理能力现代化。上述关于中国特色社会主义法治道路的法价值目标和体系的系统论述，核心价值要求是要建设中国特色社会主义法治体系。习近平总书记在关于《全面推进依法治国决定》的说明中非常生动和形象地将建设中国特色社会主义法治体系视为全面推进依法治国各项工作的“总抓手”[①]。党的十九大报告继续肯定了“全面推进依法治国，总目标是建设中国特色社会主义法治体系，建设社会主义法治国家”[②] 这一新时代中国特色社会主义法治理论的核心理论命题和政治主张，为中国特色社会主义法治道路的具体实践指明了不断前进的正确方向。

---

① 习近平：《关于〈中共中央关于全面推进依法治国若干重大问题的决定〉的说明》，《党的十八届四中全会〈决定〉学习辅导百问》，本书编写组编著，党建读物出版社、学习出版社2014年版，第39页。

② 习近平：《决胜全面建成小康社会　夺取新时代中国特色社会主义伟大胜利——在中国共产党第十九次全国代表大会上的报告》（2017年10月18日），《党的十九大报告学习辅导百问》，党建读物出版社、学习出版社2017年版，第16页。

总之，中国特色社会主义法治道路概念和理论命题的产生和形成有其自身内在的历史必然性。从理论上看，是马克思主义法治理论中国化的时代要求；从实践上看，是全面推进依法治国具体实践经验的生动体现，有着非常厚实的理论基础和实践动力。

（二）中国特色社会主义法治道路的法价值选择的制度应然性

中国的法治建设为什么要走一条中国特色社会主义法治道路？这个问题是由中国共产党执政规律、社会主义建设规律和人类文明发展规律所决定的。其中最重要的一条，中国是共产党执政的国家，信奉的是马克思列宁主义学说，因此，在中国的政治体制下，任何法治问题的解决都必须置于共产党执政这个大的制度框架中来考虑。尽管古今中外的统治者在运用法治作为治国理政手段方面都积累了丰富的治理经验，但很多具体的法律制度和法律机制是不适合中国的实际的，尤其是与共产党执政规律相抵触。习近平总书记曾经深刻地指出："党和法的关系是政治和法治关系的集中反映。法治当中有政治，没有脱离政治的法治。""每一种法治形态背后都有一套政治理论，每 4 种法治模式当中都有一种政治逻辑，每一条法治道路底下都有一种政治立场。"①基于上述关于政治与法治两者之间关系的分析，习近平总书记进一步旗帜鲜明地指出："我们必须牢记，党的领导是中国特色社会主义法治之魂，是我们的法治同西方资本主义国家的法治最大

① 习近平：《在省部级主要领导干部学习贯彻党的十八届四中全会精神全面推进依法治国专题研讨班上的讲话》（2015 年 2 月 2 日），载中共中央文献研究室编：《习近平关于全面依法治国论述摘编》，中央文献出版社 2015 年版，第 34 页。

的区别。”① 2018年8月24日，习近平总书记在中央全面依法治国委员会第一次全体会议上的讲话中对“坚持中国特色社会主义法治道路”阐明了鲜明的“政治立场”，即全面推进依法治国必须走对路。要从中国国情和实际出发，走适合自己的法治道路，决不能照搬别国模式和做法，决不能走西方“宪政”“三权鼎立”“司法独立”的路子。② 因此，中国特色社会主义法治道路的选择是由中国共产党作为执政党的政治体制决定的，是作为根本制度的社会主义制度本身的“应然性”要求。照抄照搬美西方国家的法治发展模式在共产党执政的中国不仅在法理上站不住脚，在实践中也行不通。这也是中国特色社会主义法治道路的法价值体系的原则立场和核心要义。

总之，“中国特色社会主义法治道路”概念及其相关理论命题的形成和完善是党的十一届三中全会以来中国特色社会主义法治实践积极探索的成果，是中国共产党依法执政理念的必然要求，也是有效抵御美西方资本主义法治学说和思想强势话语体系渗透的理论产物。按照马克思主义法治理论的基本原理，中国特色社会主义法治道路作为上层建筑适应了改革开放和社会主义现代化建设等经济基础的需要，确保了作为根本制度的社会主义制度在中国大地上生根发芽、蓬勃发展。

---

① 习近平：《在省部级主要领导干部学习贯彻党的十八届四中全会精神全面推进依法治国专题研讨班上的讲话》（2015年2月2日），载中共中央文献研究室编：《习近平关于全面依法治国论述摘编》，中央文献出版社2015年版，第35页。

② 习近平：《在中央全面依法治国委员会第一次会议上的讲话》（2018年8月24日），习近平：《论坚持全面依法治国》，中央文献出版社2020年版，第229页。

二、中国特色社会主义法治道路的法价值体系及其结构

中国特色社会主义法治道路经党的十八届四中全会《全面推进依法治国决定》确认之后，中国特色社会主义法治道路是什么？怎样走中国特色社会主义法治道路？这些最基础性的法理问题都是必须从学术上认真加以探讨的。从中国特色社会主义法治道路的话语体系来看，目前主要是以政策话语体系来表述中国特色社会主义法治道路的法价值目标，从学术上系统和规范化地梳理中国特色社会主义法治道路的法价值体系仍处于起步阶段。

关于如何准确理解中国特色社会主义法治道路，习近平总书记曾经将其概括为“三个核心要义”。他指出：坚持党的领导、坚持中国特色社会主义制度、贯彻中国特色社会主义法治理论，“这三个方面实质上是中国特色社会主义法治道路的核心要义，规定和确保了中国特色社会主义法治体系的制度属性和前进方向”[①]。习近平总书记上述重要论断通过明确中国特色社会主义法治道路的“核心要义”，为构建中国特色社会主义法治道路所要追求和坚持的具体法价值提供了价值构建的理论方向，是中国特色社会主义法治道路的法价值体系类型化的重要理论依据。

从政策话语层面来看，中国特色社会主义法治道路的法价值可以有三个层面的解释方法，包括：一是社会主义核心价值观是中国特色社会主义法治道路的法价值的基础性价值，中国特色社会主义法治道路不能脱离社会主义核心价值观来确立自身的法价

① 习近平：《加快建设社会主义法治国家》，《求是》2015年第1期。

值目标和构建法价值体系；二是全面依法治国必须坚持的五项基本原则是中国特色社会主义法治道路的法价值的核心要素和价值起点，必须要以党的十八届四中全会《全面推进依法治国决定》所确立的全面推进依法治国五项基本原则来构建中国特色社会主义法治道路的法价值体系；三是习近平总书记在中央全面推进依法治国工作会议上提出的“十一个坚持”是中国特色社会主义法治道路的法价值体系的基本内涵，“十一个坚持”既体现了中国特色社会主义法治道路的价值目标，也是中国特色社会主义法治道路所弘扬的基本法治精神。仅以上述三个层面的法价值体系，就可以从宏观层面科学和有效地把握中国特色社会主义法治道路的法价值体系及其结构的基本特征，有效地把握中国特色社会主义法治道路的法价值目标的确定性，进一步坚定走中国特色社会主义法治道路的信心和决心。

（一）中国特色社会主义法治道路旗帜鲜明地高举社会主义核心价值观的大旗

习近平总书记强调指出：“人类社会发展的历史表明对一个民族、一个国家来说最持久、最深层的力量是全社会共同认可的核心价值观。”[①] 核心价值观是一个国家、民族和社会有效生存和可持续发展最宝贵的精神财富。核心价值观是中国特色社会主义事业得以不断健康有序发展的内在的精神动力，是中国特色社会主义的“旗帜”。2006 年 10 月，党的十六届六中全会第一次明确

① 《习近平在北京大学考察时强调青年要自觉践行社会主义核心价值观与祖国和人民同行努力创造精彩人生》，《人民日报》2014 年 5 月 5 日第 1 版。

提出了“建设社会主义核心价值体系”的重大命题和战略任务①。2007年10月，党的十七大进一步指出了“社会主义核心价值体系是社会主义意识形态的本质体现”②。2011年10月，党的十七届六中全会强调，社会主义核心价值体系是“文化精髓”和“兴国之魂”③。2012年11月8日，中国共产党第十八次全国代表大会报告中提出了“三个倡导”即“倡导富强、民主、文明、和谐；倡导自由、平等、公正、法治；倡导爱国、敬业、诚信、友善。积极培育和践行社会主义核心价值观”。④

这是中国共产党凝聚全党全社会价值共识作出的重要论断。以“三个倡导”为核心要义的社会主义核心价值观，反映到法治建设层面，必须要通过法治手段来保证社会主义核心价值观入法入规。法治既是社会主义核心价值观的一项重要内容，同时，法治又是社会主义核心价值观得以实现的重要的制度保障手段。中国特色社会主义法治道路必须高举社会主义核心价值观的旗帜，任何偏离社会主义核心价值观的法治形态都是不可靠的，不仅缺少最基本的价值基础，而且也不可能在实践中引导人们的行为积极向善。2018年3月11日通过的现行宪法第五个修正案明确地

① 《中共十六届六中全会在京举行》，《人民日报》2006年10月12日第1版。

② 胡锦涛：《高举中国特色社会主义伟大旗帜　为夺取全面建设小康社会新胜利而奋斗——在中国共产党第十七次全国代表大会上的报告》（2007年10月15日），《人民日报》2007年10月25日第1版。

③ 《中共第十七届六中全会在京举行胡锦涛作重要讲话》，《人民日报》2011年11月19日第1版。

④ 胡锦涛：《坚定不移沿着中国特色社会主义道路前进，为全面建成小康社会而奋斗》（2012年11月8日），《胡锦涛文选》第3卷，人民出版社2016年版，第638页。

把“社会主义核心价值观”写入了宪法条文，使得社会主义核心价值观进入了中国特色社会主义法价值体系，并成为中国特色社会主义法治道路的法价值体系的核心价值。中国特色社会主义法治道路的法价值目标在国家治理层面是要建设富强、民主、文明、和谐、美丽的社会主义现代化强国。中国特色社会主义现代化强国首先是法治强国，法治兴则国兴，法治强则国强；中国特色社会主义法治道路需要以“自由、平等、公正、法治”的价值理念构建科学合理高效的法律制度和法律运行机制，提升法治作为治国理政基本方式的治理能力；中国特色社会主义法治道路需要积极培育公民的法治素养，“爱国、敬业、诚信、友善”等都是法治国家对公民法治素养的基本道德要求和法律底线。因此，中国特色社会主义法治道路首先必须以弘扬社会主义核心价值观作为法价值追求的重要目标，两者之间是相辅相成的相互促进关系，而不是矛盾对立的关系。

（二）全面推进依法治国五项基本原则突出了中国特色社会主义法治道路的法价值特征

党的十八届四中全会《全面推进依法治国决定》在首次以党的文件形式正式确认中国特色社会主义道路概念及其基本内涵时，通过明确全面推进依法治国的五项基本原则，进一步突出了中国特色社会主义法治道路区别于古今中外任何一种法治模式的自身的“特殊性”。《全面推进依法治国决定》规定：全面推进依法治国，总目标是建设中国特色社会主义法治体系，建设社会主义法治国家。为实现这个总目标，必须坚持以下原则：坚持中国共产党的领导；坚持人民主体地位；坚持法律面前人人平等；坚持依法治国和以德治国相结合；坚持从中国实际出发。《全面推进依法治国决定》上述规定实际上阐述了中国特色社会主义法治国家的法价值体系中的手段与目标的关系，也就是说，为实现建设中国特色社会主义法治体系，建设社会主义法治国家的“总目标”，必须要坚持包括坚持中国共产党的领导、坚持人民主体地位、坚持法律面前人人平等、坚持依法治国和以德治国相结合、坚持从中国实际出发在内的“法治手段”和“法治实现路径”，而这些手段和路径都是宏观政策层面的，具有法治发展战略的特征和意义，达到了古今中外各种法治理论和学说所无法企及的理论高度。

（三）“十一个坚持”构建了科学的中国特色社会主义法治道路的法价值体系

2020 年 11 月 16 日至 17 日举行的中央全面依法治国工作会议首次明确提出了“习近平法治思想”的概念①。习近平总书记在会议上也强调指出当前和今后一个时期要重点抓好“十一个坚持”方面的工作。也就是说，要坚持党对全面依法治国的领导；坚持以人民为中心；坚持中国特色社会主义法治道路；坚持依宪治国、依宪执政；坚持在法治轨道上推进国家治理体系和治理能力现代化；坚持建设中国特色社会主义法治体系；坚持依法治国、依法执政、依法行政共同推进，法治国家、法治政府、法治社会一体建设；坚持全面推进科学立法、严格执法、公正司法、

① 《习近平在中央全面依法治国工作会议上强调　坚定不移走中国特色社会主义法治道路　为全面建设社会主义现代化国家提供有力法治保障》，《人民日报》2020 年 11 月 18 日第 1 版。

全民守法；坚持统筹推进国内法治和涉外法治；坚持建设德才兼备的高素质法治工作队伍；坚持抓住领导干部这个“关键少数”。

作为习近平法治思想的“核心要义”，“十一个坚持”在集中体现马克思主义法治理论中国化最新成果的同时，也全面和系统地构建了中国特色社会主义法治道路的法价值体系。如果从法治关系的法理出发，可以将“十一个坚持”科学和合理地安排在法治关系结构的不同要素体系中，从而形成了完整的法价值体系结构。

从法治关系的逻辑结构来剖析“十一个坚持”的理论特性，可以发现，“十一个坚持”中的每个“坚持”都可以被很好地纳入法治关系逻辑结构的不同逻辑要素框架中，从而形成一个宏观层面的具有整体性的法治关系价值体系。

1. 法治关系主体论。“十一个坚持”中，坚持党对全面依法治国的领导；坚持以人民为中心；坚持建设德才兼备的高素质法治工作队伍以及坚持抓住领导干部这个“关键少数”，上述四个“坚持”实际上都涉及法治关系主体论。全面依法治国是一场广泛而深刻的革命，是一项系统工程。全面依法治国涉及国家各个领域、各个方面、各个环节的具体法治工作，涉及林林总总各种不同的法律关系，在统筹把握国家治理和社会治理过程中的各种法律关系以及相关法律秩序的过程中，“党的领导”无疑突出了执政党在法治关系的“主体地位”，党是推动全面依法治国有序进行的最具有活力的主体要素，具体包括党“领导立法”“保证执法”“支持司法”和“带头守法”。“以人民为中心”也是从法治关系的主体角度出发的，撇开各种形形色色具体法律关系中的国家机关、社会组织和公民个人不说，所有的法律关系主体都具有“人民性”的特征，所以，在走中国特色社会主义法治道路的具体实践中，必须要确立人民的主体地位，党和国家的一切工作要始终不渝地围绕着“全心全意为人民服务”这个工作宗旨来展开。所以，从宏观意义上来看待社会主义法治建设的主体特性，全面依法治国就是要贯彻“以人民为中心”的法律原则，要充分发挥人民群众的主人翁精神，“心为民所系，权为民所用，利为民所谋”，必须要以人民为中心来保证在所有的国家生活和社会生活领域中实现社会公平和公正。高素质的法治工作队伍是科学立法、严格执法和公正司法的“主体性”保障，没有德才兼备的高素质的法治工作队伍，法治中国建设所依托的立法、执法和司法活动的主体就无法有效地履行宪法和法律赋予的行使公权力的神圣职责。领导干部作为“关键少数”，是“全民守法”中的“关键主体”，守法必须依托每一个社会成员的自发自觉的行动，其中，作为“关键少数”的领导干部必须要起到先锋模范带头作用。由上可知，从构建良好有序的秩序层面的法治关系价值体系出发，党的领导、以人民为中心、高素质的法治工作队伍以及作为“关键少数”的领导干部，在“十一个坚持”中承担的都是法治关系主体的角色，并且处于最重要的关键主体的位置，充分体现了中国特色社会主义法治道路的法价值体系的“主体性”特征，这种旗帜鲜明地突出法治建设“主体性”要素的法价值倾向是美西方资本主义法治理论所不具备的理论品格，凸显了走中国特色社会主义法治道路的理论自信。以现代美西方国家法理学界极力推崇的代表性法治学说为例，如富勒“法治八原则”[①] 尽管详细列举了构成法治的基本要素，但该学说中并没有重视法治关系主体的特点，很显然，存在着将法治与法治关系主体人为隔离的法理缺陷。事实上，任何形式的法治都离不开治理主体人的因素，完全抽象与形式主义意义上的法治很难具有普遍的约束力。

2. 法治关系客体论。法律关系客体是指社会关系主体发生法律关系所指向的对象[②]，通俗地讲就是社会关系主体之间为什么要发生法律关系。例如，买卖合同中的买卖行为所产生的利益就是买卖法律关系的客体。卖方卖出的是生活必需品，那么，买方的最大利益就是获得生活必需品，维持自身的有效生存，而买方付款使得卖方可以通过买卖行为获得金钱利益。上述买卖关系

---

① 富勒教授认为，法律的内在道德包括八个要素（法治原则）：(1) 一般性，既普遍性。法律不是针对特定人的，而是对一般人都适用的，即法律面前人人平等。(2) 公布。(3) 非溯及既往。法律一般是适用于将来的，因此只应规定将来的某些行为。不能用明天的法律规则约束今天的行为。(4) 明确。制定一个模糊不清、支离破碎的法律，也危害法治。(5) 不矛盾。如果法律自相矛盾，人们将无所适从。(6) 可为人遵守。法律不应当规定人们无法做到的义务，实现不可能实现的事情。(7) 稳定性。频繁改变的法律和溯及既往的法律具有同样的危害性，二者都表明立法的动荡性。(8) 官方行为与法律的一致性。法律除了具有支配普通公民的行为的职能外，还有为官员执法和司法提供指南的职能。所以，官员的行为必须符合已公布的法律。特别是当他们把法律适用于公民时，必须忠实地解释法律规则的真意。这是法律原则中最复杂最关键的要求。参见何东奇：《法官应当如何对待公共舆论——从富勒法治的八项原则谈起》，《法制与社会》2010 年第 2 期。

② 马克思主义理论研究和建设工程重点教材《法理学》（第二版）认为，法律关系客体“是权利主体的权利和义务所指向的对象”，这种法律关系客体观实质上属于传统的民事法律关系客体说，由于民事法律关系是具体法律关系，故法律关系客体的形式和内容往往是统一的，客体与标的物被混同为一体。这种客体与客体的表现形式不分的观点不适合对抽象的法律关系客体的分析。参见马克思主义理论研究和建设工程重点教材《法理学》（第二版），人民出版社、高等教育出版社 2020 年版，第 124 页。

中，买卖关系的客体都通过具体标的物体现出来，买方利益是生活必需品，卖方利益是金钱。但在很多具体的法律关系中，法律关系的客体并没有明确的利益标的物，例如，年满十八周年的公民参加选举进行投票，获得的是投票利益，但却缺少法律上可以加以明确认定的“标的物”。从作为抽象意义上的法律关系的法治关系的客体来看，通常也会指向法治关系主体希望获得的法律上的特定利益，但绝大多数情况下，法治关系客体并没有清晰可见的“标的物”，例如，社会组织和公民个人参加国家安全机关组织的维护国家安全活动，显然法治关系的客体可以表述为“主权”“安全”和“发展”利益，但“主权”“安全”和“发展”利益是否可以通过具体的“标的物”加以识别，却是制度上并不能完全可以确认的事。以法治关系客体论来分析“十一个坚持”的价值特性，“中国特色社会主义法治体系”“法治国家”“法治政府”“法治社会”都可以视为法治关系的“客体”，但是，这些“客体”如何落实到具体的“标的物”上加以甄别却是很难在制度上加以确认的。不过从“十一个坚持”突出坚持建设中国特色社会主义法治体系以及坚持法治国家、法治政府、法治社会一体建设的角度来看，法治关系的客体也得到了清晰的强调，与法治关系主体一道构成了法治关系的基本逻辑要素。相对于古今中外形形色色的法治理论和学说而言，中国特色社会主义法治道路通过“十一个坚持”所阐明的法治关系客体，更加旗帜鲜明地表达了中国特色社会主义法治道路所要追求的终极价值目标和制度建设的重要使命和任务。

3. 法治关系动机论。法律关系中的“动机”是法律关系产生、存在和变更的最重要的构成要素，也是法律关系得以存在的内在动力。“动机”与法律关系主体的内在思想和主观愿望有密切关系，例如，希望通过支付金钱来获得生活必需品这可能成为买卖关系中买方的行为“动机”，但是，买方的动机能否实现还需要有明确的卖方存在，并且在有明确的卖方存在的情形下，卖方也要有明确的卖出意愿，否则，仅有“动机”也不可能有买卖关系的现实存在。对于现实的买卖关系来说，缺少“动机”，那么，买卖关系从源头上就不可能存在，所以，“动机”是法律关系得以发生的最重要的主观条件。法治关系中的“动机”在于法治中国建设处于何种最初的制度考虑，“十一个坚持”中的坚持中国特色社会主义法治道路以及坚持在法治轨道上推进国家治理体系和治理能力现代化都是全面推进依法治国的制度动因，也是全面依法治国不可或缺的内在制度动力。中国特色社会主义法治道路成为法治中国建设举旗立杆的价值源头，国家治理体系和治理能力现代化则是对法治作为治国理政基本方式在国家治理中所具有的治理效能的最大期待。

4. 法治关系手段论。法律关系中的手段是法律关系主体发生法律关系的具体时空场景和具体的程序、机制和辅助手段。例如，买卖关系中的买方向卖方支付金钱，既可以是现金交易，也可以通过其他方式来支付。法治关系作为国家治理和社会治理层面产生的抽象性的法律关系，手段也是很重要的。“十一个坚持”中的坚持依法治国、依法执政、依法行政共同推进，坚持全面推进科学立法、严格执法、公正司法、全民守法以及坚持统筹推进国内法治和涉外法治等是法治关系逻辑结构中的构成要素，手段具有多选项，其中优选手段是法治关系中良好秩序形成的基础。把中国特色社会主义法治道路的法价值目标的实现寄托于具有社会系统工程特征的全面推进依法治国各项工作和措施同向发力上，使得法治中国建设中的各种法治手段具有了“统筹”特征，体现了法治理念的时代进步性要求。

5. 法治关系变迁论。法律关系变迁涉及法律关系主体、客体、动机和手段在法律关系存在过程中的单项要素或多项要素的变化，法律关系的逻辑构成要素发生了变化，法律关系的基本法律性质也就发生了变迁，例如，合同法中的“债转股”就是典型的由当事人之间的债权债务关系变成了股权关系。法治关系作为国家治理和社会治理宏观层面的法律关系也会随着法治建设目标、手段以及主体、客体的变化也不断发生变化。例如，在2018年8月24日中央全面依法治国委员会第一次会议上作为“习近平新时代全面依法治国新理念新思想新战略”提出的“十个坚持”[①]，在经过两年多的实践检验基础上，就发展为中央全面依法治国工作会议提出的“十一个坚持”，其中，新增加的“两个坚持”，一个是坚持在法治轨道上推进国家治理体系和治理能力现代化，一个是坚持统筹推进国内法治和涉外法治。这两个坚持，前一个坚持在法治关系的逻辑结构中起到的是明确法治关系的“动机”的作用，而后一个坚持进一步补充了法治关系中的手段论的不足，这两个“坚持”的增加都从法理上很好地补强了中国特色社会主义法治关系的逻辑构成要素，巩固了中国特色社会主

① 《在中央全面依法治国委员会第一次会议上的讲话》（2018年8月24日），载《习近平论坚持全面依法治国》，中央文献出版社2020年版，第228—232页。

义法治关系的逻辑结构，进一步坚定了坚持走中国特色社会主义法治道路不变的信心和决心。

总之，强化对抽象意义上的法治关系的逻辑结构的建构，并且在此基础上，将习近平总书记在中央全面依法治国工作会议上所强调的“十一个坚持”全面和系统地纳入中国特色社会主义法治关系的逻辑框架体系中来分析其理论体系，可以明确地发现，“十一个坚持”作为习近平法治思想的核心要义，全面和系统地构建了中国特色社会主义法治道路的法价值体系的逻辑结构，从法理上解决了中国特色社会主义法治道路自身存在和可持续发展的内在的逻辑规律，这是传统法理学在分析具体的法律关系组成要素的价值特征时所无法达到的理论高度。“十一个坚持”可以视为中国特色社会主义法治道路的法价值“核心要义”，是区别于美西方资本主义法治理论和学说的理论试金石和学术分水岭。

三、中国特色社会主义法治道路的法价值功能

关于法价值的功能，古今中外不同的法治理论和学说都有法理和实践层面的解释。中国古代春秋战国时代形成了较为系统的法治学说，并且出现了很多主张法治的思想家和代表人物。例如，法家代表人物商鞅、韩非、李斯等。法家代表人物韩非主张实行法治，要求“废先王之教”①，“以法为教”②。他强调制定了“法”，就要严格执行，任何人也不能例外，做到“法不阿贵”

① 《韩非子·问田》。

② 《韩非子·五蠹》。

“刑过不避大臣，赏善不遗匹夫”[①]。他还认为只有实行严刑重罚，人民才会顺从，社会才能安定，封建统治才能巩固。由于法家主张“法治”，一贯重视法制建设，所以到了一心推崇法家学说的秦始皇时，各个方面“皆有法式”，为建立和巩固统一的多民族的封建中央集权制国家作出了贡献。法治思想在西方社会中一直有着内在逻辑上一致性的演化传统。早在古希腊时期，亚里士多德就提出了“法治优于人治”的思想。他在其名著《政治学》中明确提出：“我们应该注意到邦国虽有良法，要是人民不能全部遵循，仍然不能实现法治。法治应该包含两重意义：已成立的法律获得普遍的服从，而大家所服从的法律又应该本身是制订得良好的法律。”[②] 亚里士多德上述论述已经涉及了现代法治意义上的法本身的“治”的状态与功能。古罗马西塞罗从自然正义的角度来看待法律的性质和功能，在《论法律》中，他认为：“法律是根据最古老的、一切事物的始源自然表述的对正义的和非正义的区分，人类法律受自然指导，惩罚邪恶者，保障和维护高尚者。”[③]从上述古代圣贤关于“法治”的功能的论述来看，尽管具体的制度目标有所差异，但都在价值层面上试图追求“良法善治”[④]。

法治是国家治理现代化的基本标志，而“良法善治”又是现

---

① 《韩非子·有度》。

② 【古希腊】亚里士多德：《政治学》，吴寿彭译，商务印书馆 1965 年版，第 199 页。

③ 【古罗马】西塞罗：《论共和国　论法律》，王焕生译，中国政法大学出版社 1997 年版，第 219 页。

④ 《王安石文集》记载，“立善法于天下，则天下治；立善法于一国，则一国治”。

代法治的基本标准和目标。党的十九大报告强调，“以良法促进发展、保障善治”。习近平总书记明确提出，“使社会主义法治成为良法善治”[①]。良法是法治的前提，善治是法治的目标，法治应当是良法与善治的有机结合。中国特色社会主义法治道路归根结底就是要追求“良法善治”，价值目标最终落在国家治理和社会治理现代化上。具体而言，在中国特色社会主义法治道路的法价值体系下，除了作为行为规则所具有的法规范价值之外，法价值的主要社会功能主要表现在以下几个方面：

（一）中国特色社会主义法治价值有利于将党的领导贯彻到全面依法治国的全过程和各方面

毋庸置疑，中国特色社会主义法治道路之所以独树一帜，其根本的制度原因在于共产党是执政党。中国特色社会主义法治道路需要中国共产党的引领，中国特色社会主义法治道路的法价值体系必须要充分体现共产党的执政地位以及党对全面推进依法治国各项工作的领导作用，这一点是识别中国特色社会主义法治道路与西方资本主义法治理论和学说的根本标志。中国共产党的领导地位是由党领导人民百年的奋斗历史这一客观事实决定的，事实证明，只有在中国共产党领导下，中国特色社会主义法治建设事业才有可能健康有序地向前发展。为了确保党对全面依法治国各项工作的领导地位，中国特色社会主义法治道路的法价值首先确认了共产党作为执政党依法执政、依法治国的重要特征。只有

① 习近平：《在中央全面依法治国委员会第一次会议上的讲话》（2018 年 8 月 24 日），习近平：《论坚持全面依法治国》，中央文献出版社 2020 年版，第 236 页。

依法执政，才能确保党和法的关系建立在科学合理的分工基础之上。首先，党依靠党内法规实现管党治党，通过把党纪挺在法律前面，确保党组织和党员带头守法，确保党在宪法和法律范围内活动；其次，党通过一系列路线、方针和政策转化为国家宪法和法律，从而把党的主张贯彻落实到国家法治建设的全过程中；最后，党对全面依法治国领导的具体方式包括“领导立法”“保证执法”“支持司法”“全民守法”，基于上述方式将党的领导贯彻落实到全面依法治国的全过程和各方面。与西方资本主义法治模式不同的是，由于中国共产党始终代表着广大人民群众的利益，没有自己的特殊利益，所以，在党领导全面依法治国的过程中，就不可能运用法律来维护某个特权阶层的利益或者是少数人的利益[①]。相比而言，美西方资本主义国家虽然在形式上标榜政党不得进入国家政权决策体制，但内阁制政体本身就体现了执政党的意志，而在选举中获胜的政党虽然不能整体进入国家政权体制，却可以利用执政党在国家政权中掌握政权的关键人物来谋求自身的特殊利益。尤其明显的是美西方资本主义国家的政党缺少法律和制度上的硬约束，在具体的法律实践中，无法真正有效地清除政党干预政治的腐败因素，甚至不得不将腐败行为合法化，而这种现象在中国共产党领导的中国特色社会主义法律制度下是绝对不可能发生的，因此，坚持党的领导是中国特色社会主义法治道路举旗

① 习近平总书记强调指出：“中国共产党始终代表最广大人民根本利益，与人民休戚与共、生死相依，没有任何自己特殊的利益，从来不代表任何利益集团、任何权势团体、任何特权阶层的利益。”参见习近平：《在庆祝中国共产党成立100周年大会上的讲话》（2021年7月1日），《人民日报》2021年7月2日第2版。

定向的根本问题，是中国特色社会主义法治道路的首选价值。

（二）中国特色社会主义法治价值有助于推动全过程人民民主的充分实现

习近平总书记在庆祝中国共产党成立一百周年大会上的讲话（以下简称“七一”重要讲话）中强调指出，要“践行以人民为中心的发展思想，发展全过程人民民主”[①]。“全过程人民民主”思想最早来源于“全过程民主”这一政治理念。“全过程民主”理念是习近平总书记2019年11月2日在上海市长宁区虹桥街道古北市民中心考察社区治理和服务情况时首次提出的[②]。主要的政策要求是提倡在基层治理的不同环节都要贯彻民主的要求，要以人民为中心，通过加大基层治理过程中公民参与的力度，来保证人民当家作主的民主权利。习近平总书记关于全过程民主和发展全过程人民民主的重要论述，是对社会主义民主政治理论的重大创新，具有重要理论价值和实践意义。

“民主”一词来自希腊，最初的含义指“多数人统治”[③]，是古希腊城邦国家雅典形成的一种治理方式，解决的问题就是公共

① 习近平：《在庆祝中国共产党成立100周年大会上的讲话》（2021年7月1日），《人民日报》2021年7月2日第2版。

② 《习近平在上海考察时强调　深入学习贯彻党的十九届四中全会精神　提高社会主义现代化大都市治理能力和水平》，《人民日报》2019年11月4日第1版。

③ “民主”两字在古汉语中意指“民的主宰”。如《左传·襄公三十一年》：“赵孟将死矣，其语偷，不似民主。”日本明治维新期间在介绍古希腊的“demokratia”时，赋予了汉字“民主”以“多数人统治”“人民的统治”等意义。后梁启超等人将日文中的“民主”含义介绍到中国，现代语义上的“民主”概念逐以形成。参见林巍：《在历史沿革中辨析与疏通——关于“民主”概念的翻译》，《中国翻译》2020年第5期。

意志如何有效形成并发挥治理作用。民主作为治理方式既有其治理优势，也有其本质的缺陷。在公共生活很多领域以及私人生活领域，通常以尊重人的基本权利作为首要的治理规则，如果不加区分地一律采取民主的方式结果可能适得其反。所以说，民主价值在国家治理和社会治理中的作用必须要受到法治和人权等价值的制约，民主制度化法律化是民主价值发挥自身作用的根本保障。

党的十一届三中全会公报明确指出：为了保障人民民主，必须加强社会主义法制，使民主制度化、法律化，使这种制度和法律具有稳定性、连续性和极大的权威，做到有法可依，有法必依，执法必严，违法必究。上述规定是深刻总结和反思十年“文化大革命”中盛行的“大鸣大放大字报大辩论”[①] 的“大民主”实践的经验教训基础上得出的科学的认识结论，也就是说，社会主义民主作为人类社会共同价值民主的一种制度实践形式，也必须遵循民主价值的一般规律，必须要与依法治国有机结合起来，才能克服单纯民主价值在制度实践中可能引发的治理价值失序的问题。不受制度约束的“大民主”是无法建立有序的人民民主治理结构的，也不能科学地规范人民行使当家作主民主权利的“全过程”。“全过程人民民主”中的“全过程”是制度和法律加以认可的，并且是可控的，“全过程”的起点、终点以及中间阶段都要有明确的制度和法律规定，否则，人民民主就会陷入无序状态。

---

① 1980 年 9 月 10 日第五届全国人民代表大会第三次会议通过修改 1978 年宪法第 45 条决定予以取消。

党的十五大报告在首次明确依法治国基本方略的同时，高度重视科学地处理社会主义民主与社会主义法治之间的价值关系和制度联系，强调指出：发展民主必须同健全法制紧密结合，实行依法治国。依法治国，就是广大人民群众在党的领导下，依照宪法和法律规定，通过各种途径和形式管理国家事务，管理经济文化事业，管理社会事务，保证国家各项工作都依法进行，逐步实现社会主义民主的制度化、法律化，使这种制度和法律不因领导人的改变而改变，不因领导人看法和注意力的改变而改变。

由此可见，社会主义民主从产生一开始，就与社会主义法治紧密地联系在一起，离开了法治的有力保障，社会主义民主就会偏离正确的发展方向，民主付诸制度实践的价值缺陷就会暴露无遗，就可能使得国家治理和社会治理失序。社会主义民主离开了社会主义法治的保障，就可能引发像“文化大革命”期间出现的以侵犯人权和破坏法制作为目标的无秩序的群众运动和忽视法治和人权价值的“大民主”行为。鉴于人民民主的上述制度特性，因此，建构“全过程人民民主”理论必须要在依法治国的框架内确保民主制度化、法律化。因此，中国特色社会主义法治道路是中国特色社会主义民主政治道路的制度基础，不讲法治，社会主义民主就会陷入无序运行的状态，人民当家作主的权利就无法得到有效保障。

（三）中国特色社会主义法治道路的法价值服务于改革开放和社会主义现代化建设事业

党的十一届三中全会以后，围绕着党和国家把工作中心转移到改革开放和社会主义现代化建设这个战略任务，邓小平等党的第二代领导集体高度重视经济建设与法制建设之间的辩证关系，在理论上提出了“一手抓经济建设、一手抓法制”的政策主张，对于建设适应改革开放和社会主义现代化建设需要的中国特色社会主义法制起到了非常重要的推动作用。1982 年 4 月，在中央政治局讨论“关于打击经济领域中严重犯罪活动的决定”的会议上，邓小平明确提出：“我们要有两手，一手就是坚持对外开放和对内搞活的政策，一手就是坚决打击经济犯罪活动。没有打击经济犯罪活动这一手，不但对外开放政策肯定要失败，对内搞活经济的政策也肯定要失败。”① 根据这一精神，党的十二大郑重提出：我们在发展社会主义事业的新时期，从思想上到行动上一定要坚持两手：一手是坚持对外开放、对内搞活经济的政策，另一手是坚决打击经济领域和政治文化领域中危害社会主义的严重犯罪活动。十年之后，即 1992 年，邓小平在视察南方的谈话中又一次重申：要坚持两手抓，一手抓改革开放，一手抓打击各种犯罪活动。这两只手都要硬。打击各种犯罪活动，扫除各种丑恶现象，手软不得。②

党的十八大以后，以习近平同志为核心的党中央高度重视运用法治作为推动改革开放和社会主义现代化建设不断发展的制度手段。2014 年 2 月 28 日，习近平总书记在中央全面深化改革领导小组第二次会议上的讲话中明确指出：“在整个改革过程中，都要高度重视运用法治思维和法治方式，发挥法治的引领和推动作用，加强对相关立法工作的协调，确保在法治轨道上推进改

① 《邓小平文选》第 2 卷，人民出版社 1983 年版，第 404 页。
② 《邓小平文选》第 3 卷，人民出版社 1993 年版，第 378 页。

革。”党的十八届四中全会《全面推进依法治国决定》就此强调指出：我国正处于社会主义初级阶段，全面建成小康社会进入决定性阶段，改革进入攻坚期和深水区，国际形势复杂多变，我们党面对的改革发展稳定任务之重前所未有、矛盾风险挑战之多前所未有，依法治国在党和国家工作全局中的地位更加突出、作用更加重大。面对新形势新任务，我们党要更好统筹国内国际两个大局，更好维护和运用我国发展的重要战略机遇期，更好统筹社会力量、平衡社会利益、调节社会关系、规范社会行为，使我国社会在深刻变革中既生机勃勃又井然有序，实现经济发展、政治清明、文化昌盛、社会公正、生态良好，实现我国和平发展的战略目标，必须更好发挥法治的引领和规范作用。因此，党的十一届三中全会以来我国改革开放和社会主义现代化建设事业的稳定发展和取得各项显著成就无一不是因为尊重法治权威，善于运用法治手段来解决各种社会矛盾和纠纷，通过法治所蕴含的公平、正义、平等、自由等基本法价值理念来构建稳定和谐的社会秩序造就的。

（四）中国特色社会主义法治价值高度重视生存权、发展权等基本人权的法治保障

2020 年 2 月 5 日，习近平总书记在中央全面依法治国委员会第三次会议上明确指出：“要在党中央集中统一领导下，始终把人民群众生命安全和身体健康放在第一位，从立法、执法、司法、守法各环节发力，全面提高依法防控、依法治理能力，为疫

情防控工作提供有力法治保障。”[①] 习近平总书记上述讲话非常清晰地表达了在防控疫情过程中要“始终把人民群众生命安全和身体健康放在第一位”的“坚持以人民为中心”的依法防疫思想，为新时代中国特色社会主义法治理论提出了明确的重大研究课题，为更全面和系统地把握“坚持以人民为中心”的思想内涵提供了科学的理论思考路径。

早在1991年11月，国务院发布中国第一个人权政府白皮书，就对于中国人权事业如何起步、如何发展表达了旗帜鲜明的政策立场。与美西方国家宪政和法治理论把言论自由、宗教信仰自由、人的尊严作为人权保护的重心不同的是，中国近年来的发展历史表明，要获得人的尊严和公民参与政治生活的权利，首先必要使人民获得基本生存权，没有生存权就没有人的尊严。这个问题上的原则立场今天仍然适用。2015年9月16日，习近平总书记在致“2015·北京人权论坛”的贺信中指出：“中国共产党和中国政府始终尊重和保障人权。长期以来，中国坚持把人权的普遍性原则同中国实际相结合，不断推动经济社会发展，增进人民福祉，促进社会公平正义，加强人权法治保障，努力促进经济、社会、文化权利和公民、政治权利全面协调发展，显著提高了人民生存权、发展权的保障水平，走出了一条适合中国国情的人权发展道路。”[②] 因此，人民的生存权、发展权是中国特色社会主义

① 习近平：《论坚持全面依法治国》，中央文献出版社2020年版，第269—270页。

② 《习近平致“2015·北京人权论坛”的贺信》，载《人权》2015年第5期，第1—2页。

人权理论和实践所关注的重点事项，也是中国特色社会主义法治道路在运用法治作为保障人权手段时的原则性立场。

（五）中国特色社会主义法治道路旨在促进国家治理体系和治理能力的现代化

古今中外形形色色的法治理论和学说无一例外都是在不同层次上要追求“良法善治”，其中“善治”是根本价值目标。如果实行法治不能带来社会的繁荣稳定与进步，即所谓“法治兴则国兴，法治强则国强”[①]，那么，法治价值就会失去自身在国家治理和社会治理中作为治理手段的优势。

正是因为充分认识到法治作为治国理政基本方式在国家治理中的治理优势，习近平总书记在中央全面依法治国工作会议上对当前和今后一段时间全面依法治国工作强调指出，应当坚守的“十一个坚持”中就增加了中央全面依法治国委员会第一次会议明确提出的“十个坚持”中所没有的“坚持在法治轨道上推进国家治理体系和治理能力现代化”。所谓“国家治理体系和治理能力现代化”按照治理能力、水平和状态的标准就是现代意义上的“善治”[②]，在法治轨道上来推进国家治理体系和治理能力现代化就意味着在具体实践中追求国家治理体系和治理能力现代化不能脱离法治价值的基本要求。

① 习近平总书记2015年2月2日在省部级主要领导干部学习贯彻党的十八届四中全会精神全面推进依法治国专题研讨班上的讲话中指出：“党和法的关系是一个根本问题，处理得好，则法治兴、党兴、国家兴处理得不好，则法治衰、党衰、国家衰。”中共中央文献研究室编：《习近平关于全面依法治国论述摘编》，中央文献出版社2015年版，第33页。

② 俞可平：《走向善治》，《学习月刊》2016年第21期。

国家治理体系和治理能力是一个国家制度和制度执行能力的集中体现。国家治理体系是在党的领导下管理国家的制度体系，包括经济、政治、文化、社会、生态文明和党的建设等各领域体制机制、法律法规安排；国家治理能力则是运用国家制度管理社会各方面事务的能力，包括改革发展稳定、内政外交国防、治党治国治军等各个方面。国家治理体系和治理能力是一个有机整体，相辅相成，有了好的国家治理体系才能提高治理能力，提高国家治理能力才能充分发挥国家治理体系的效能。从法理上看，"国家治理体系和治理能力法治化"是"国家治理体系和治理能力现代化"的重要判定指标，同时也是"国家治理体系和治理能力现代化"实现的必要条件。"法治化"与"现代化"是相互依存、相互促进的关系；"法治化"与"现代化"必须齐抓共促、齐头并进，才能推进社会主义事业健康有序地向前发展。

习近平总书记在中央全面依法治国工作会议上强调"十一个坚持"要求时，对"坚持在法治轨道上推进国家治理体系和治理能力现代化"作出了深入的阐述。他强调指出："法治是国家治理体系和治理能力的重要依托。只有全面依法治国才能有效保障国家治理体系的系统性、规范性、协调性，才能最大限度凝聚社会共识。在统筹推进伟大斗争、伟大工程、伟大事业、伟大梦想的实践中，在全面建设社会主义现代化国家新征程上，我们要更加重视法治、厉行法治，更好发挥法治固根本、稳预期、利长远的重要作用，坚持依法应对重大挑战、抵御重大风险、克服重大阻力、解决重大矛盾。”[①] 因此，推进国家治理体系和治理能力现代化是中国特色社会主义法治道路的法价值体系所具有的巨大的制度功能和社会功能，只有坚定不移地走中国特色社会主义法治道路，才能真正有效地实现党的十八届三中全会《全面深化改革决定》所提出的全面推进国家治理体系和治理能力现代化的政治主张和政策要求。

总之，中国特色社会主义法治道路的法价值体系的构建既有基于共产党执政这一具体的国情，按照马克思主义立场、观点和方法所产生的系统化的马克思主义法治理论中国化的价值主张和要求，更包含了经过中国特色社会主义法治实践证明是符合实际、行之有效的法治经验和由法治文化积淀所形成的法治习惯。中国特色社会主义法治道路的法价值体系不是建立在意识形态基础上的纯粹的法理设想，而是具有实效性的、对于法治实践可以起到具体指导和保障作用的法治理念，并在习近平法治思想的指导下形成了系统化的新时代全面依法治国新理念新思想新战略，为坚定不移地走中国特色社会主义法治道路树立了信心、提供了坚实的理论基础和实践指南。

四、中国特色社会主义法治道路的法价值的普遍意义

中国特色社会主义法治道路的法价值是一个完整的价值体系，并具有不同层面的系统化的价值结构，其基本价值功能在于依法保障中国特色社会主义现代化事业的顺利推进，在法治轨道

① 习近平：《坚持全面依法治国》，中央文献出版社 2020 年版，第 3—4 页。

上推进国家治理体系和治理能力现代化，为构建人类命运共同体提供最基础性的、必要的国际法治秩序。中国法治道路是否就是人类社会未来法治文明发展的共同道路？亦或者中国法治道路只是中国特色的社会主义法治道路，只适用于中国这样的具体文化传统和制度环境？这个问题是法学理论领域的基础性问题，对这个问题的回答带有普遍的理论意义。习近平总书记在庆祝中国共产党成立一百周年大会上的讲话中旗帜鲜明地指出：中国共产党关注人类前途命运，同世界上一切进步力量携手前进，中国始终是世界和平的建设者、全球发展的贡献者、国际秩序的维护者！新的征程上，我们必须高举和平、发展、合作、共赢旗帜，奉行独立自主的和平外交政策，坚持走和平发展道路，推动建设新型国际关系，推动构建人类命运共同体，推动共建“一带一路”高质量发展，以中国的新发展为世界提供新机遇。中国共产党将继续同一切爱好和平的国家和人民一道，弘扬和平、发展、公平、正义、民主、自由的全人类共同价值，坚持合作、不搞对抗，坚持开放、不搞封闭，坚持互利共赢、不搞零和博弈，反对霸权主义和强权政治，推动历史车轮向着光明的目标前进！[①] 全面和系统地解读习近平总书记上述讲话的精神，对于科学地把握中国特色社会主义法治道路的普遍意义具有非常重要的启发作用。习近平总书记强调指出，中国要做“全球发展的贡献者”[②]。既然

---

① 习近平：《在庆祝中国共产党成立100周年大会上的讲话》（2021年7月1日），《人民日报》2021年7月2日第2版。

② 习近平：《在庆祝中国共产党成立100周年大会上的讲话》（2021年7月1日），《人民日报》2021年7月2日第2版。

是“全球发展的贡献者”，中国特色社会主义法治道路虽然具有自身鲜明的特点，但是仍然可以把自身的经验奉献给世界上其他国家在建设法治时来做参考。习近平总书记在中央全面依法治国工作会议上在提出当前和今后全面依法治国工作应当坚守的“十一个坚持”中明确提出了“要坚持统筹推进国内法治和涉外法治”。要加快涉外法治工作战略布局，协调推进国内治理和国际治理，更好维护国家主权、安全、发展利益。要强化法治思维，运用法治方式，有效应对挑战、防范风险，综合利用立法、执法、司法等手段开展斗争，坚决维护国家主权、尊严和核心利益。要推动全球治理变革，推动构建人类命运共同体①。习近平总书记上述重要讲话中提出了关于中国特色社会主义法治道路的一个非常重要的理论命题，即法治建设是可以“统筹”推进的，这里的“统筹”不仅包括了国内法治和涉外法治之间的“统筹”，也包括了国内法治和国际法治、中国法治和外国法治之间的“统筹”。“统筹”作为法治建设的一种理论和实践方法，其本质的方法论特点就是可以把不同法律文化传统和法律制度下的有价值的法治元素借鉴和吸收进本国的法治价值体系中。这里既有中国法治“统筹”国际法治和外国法治的问题，从方法论上来看，中国特色社会主义法治道路所崇尚的法价值体系中的一些法治元素也可以被国际社会和其他国家所借鉴和运用，不同法治模式之间的作用与反作用影响力始终伴随着人类社会法治文明发展的历史进程，历史上从未出现过只有一种法治模式一统世界上各国法治运

① 习近平：《论坚持全面依法治国》，中央文献出版社2020年版，第5页。

行的局面，中国特色社会主义法治道路在自身取得成功的同时，也必然会对世界各国法治建设的发展产生不同层面的影响。

习近平总书记在“七一”重要讲话中强调指出：“和平、发展、公平、正义、民主、自由的全人类共同价值。”① 其中的“公平、正义、民主、自由”都是社会主义核心价值观的重要内容，也是中国特色社会主义法治道路的法价值体系的价值基础。中国特色社会主义法治道路并不是脱离人类社会法治文明的一般规律所搞的独辟蹊径，而是在尊重人类社会法治文明发展一般规律基础上，结合中国实际，通过以问题为导向，以马克思主义立场、观点和方法为指导，有针对性地来提出不同的制度措施、实现既定的价值目标。中国特色社会主义法治道路所提出的法价值体系中有大量的法价值要求是全人类共同价值，与国家治理和社会治理的客观要求相适应。例如，党的十八届四中全会《全面推进依法治国决定》明确提出全面推进依法治国的总目标是建设中国特色社会主义法治体系，建设社会主义法治国家。虽然说，作为中国特色社会主义法治道路的标志性法价值目标，中国特色社会主义法治体系中包含了大量的“中国元素”和“社会主义元素”，但从体系化的角度来构建法治建设的体制机制制度却是人类社会法治文明所共同追求的目标。这一点，不论是以法典化为目标的大陆法系国家，还是以判例法为基础的英美法系国家，从体系化的角度来科学构建法律制度，使得法律在系统化的体系化框架下有序运转，这是法治价值本身内在的理论逻辑。即便是在国际法

① 习近平：《在庆祝中国共产党成立 100 周年大会上的讲话》（2021 年 7 月 1 日），《人民日报》2021 年 7 月 2 日第 2 版。

治领域，体系化的法治运行机制也是国际法发展的方向。例如，《联合国宪章》第十三条赋予大会编纂国际法的职能被视作宪章第一条第一款所规定的依正义及国际法原则有助于防止和消除对和平的威胁和解决争端的“有效集体办法”之一，也是宪章第一条第五款以“国际合作”解决各类国际问题方法的具体表现之一。联合国将国际法的逐渐发展和编纂作为实施《联合国宪章》和《关于各国依联合国宪章建立友好关系和合作的国际法原则宣言》所揭示的宗旨和原则的一种方法①，也是促进国际法治的重要举措，决定持续促进一个有关各种主题的规范、标准和机制的国际法律框架的编纂、发展和推行工作，涉及维护国际和平与安全、和平解决争端、追究国际罪行责任、保护环境和人权②。

从法治实践的角度来看，中国特色社会主义法治道路的法价值要素完全可以通过“统筹”方法使得自身具有普遍的意义。习近平总书记在中央全面依法治国工作会议上强调指出要“坚持统筹推进国内法治和涉外法治”③，这里最核心的“要义”是“统筹”二字。统筹是一个汉语词语，意思是通盘筹划，出自中国近代史资料丛刊《太平天国·史致谔档案》：“职道每与善后筹饷各局员绅统筹出入，未尝不叹措手之难。”“统筹”二字在现代汉语中通常指综合考虑各个方面的因素来作出决断，是系统论意义上的思维方式。在此意义上产生的“统筹学”研究如何在实现

① 联合国大会决议：《国际法委员会第四十八届会议工作报告》，A/RES/51/160，1996年12月16日，序言。

② 联合国秘书长报告：《加强和协调联合国法治活动》，A/73/253，2018年7月25日，第40段。

③ 习近平：《论坚持全面依法治国》，中央文献出版社2020年版，第5页。

整体目标的全过程中施行统筹管理的有关模型、方法和手段，是数学与社会科学交叉的一个学科分支。“统筹推进国内法治和涉外法治”非常清晰地表达了处理国内法治和涉外法治之间关系的科学方法，即必须要全面考虑两者之间的关系，从系统论的角度科学地阐述国内法治和涉外法治之间的制度联系和价值区分，实现二者的“共建”“共进”。

中国特色社会主义法治道路坚持运用“统筹”方法来借鉴和吸收外部法治价值的优秀和合理的价值要素，在国内法与国际法、外国法之间寻求一种最佳的法价值“结合点”。在“统筹”国际法治、外国法治的过程中，中国国内法治中的优秀和合理的法治价值也必然会渗透到国际法治和外国法治中。只要以“和平发展”为中国特色社会主义法治道路的法价值的根本目标，那么，中国国内法治的法价值必然会以主动和被动的方式影响外部世界，这是由不断有效推进“一带一路”倡议实施和构建人类命运共同体的国际交往实践的客观性和必然性所决定的，也是走中国特色社会主义法治道路的信心和决心所在。因此，只有抱着进一步开放的态度来推进法治中国建设，才能坚定不移地走中国特色社会主义法治道路，越是民族的，也越是世界的。中国特色社会主义法治道路所蕴含的法价值体系完全可以依靠自身的科学性、实效性和理论上的说服力和实践中的行动力来展现自身所具有的普遍意义，并对人类社会法治文明发展做出自己积极的贡献。

本文部分内容刊登在《中国社会科学报》2021 年 10 月 19 日第 3 版。

依规治党为自我革命提供有力保障

习近平总书记在党的二十大报告中指出，“全面建设社会主义现代化国家、全面推进中华民族伟大复兴，关键在党”，强调“坚持制度治党、依规治党”“完善党内法规制度体系”。持之以恒推进全面从严治党，深入推进新时代党的建设新的伟大工程，以党的自我革命引领社会革命，必须坚持制度治党、依规治党。党的十八大以来，以习近平同志为核心的党中央创造性提出坚持依规治党，注重发挥党内法规在管党治党、提高党的执政能力和领导水平中的重要作用。新时代新征程，要不断完善党内法规制度体系，切实提升党内法规治理效能，确保党在坚持和发展中国特色社会主义的历史进程中始终成为坚强领导核心。

党内法规制度为党的建设提供制度保障

我们党历来重视党内法规制度建设，注重运用党内法规管党治党、提高党的执政能力和领导水平。1921 年，党的一大通过中国共产党第一个纲领。党的二大通过第一个党章，对党员条件、党的各级组织和党的纪律等作出具体规定，为立党管党提供了总章程。1938 年 10 月，毛泽东同志在党的六届六中全会的报告中指出：“为使党内关系走上正轨，除了上述四项最重要的纪律外，还须制定一种较详细的党内法规，以统一各级领导机关的行动”，在党的历史上首次明确提出“党内法规”概念。党的六届六中全会通过了《关于中央委员会工作规则与纪律的决定》《关于各级党部工作规则与纪律的决定》《关于各级党委暂行组织机构的决定》等重要党内法规，首次对党的各级组织的权力运行提出具体规范，奠定了党的领导制度的基础。

新中国成立后特别是改革开放以来，面对新的考验，我们党总结历史经验教训，强化党内法规在党的建设中的重要地位和作用，以健全民主集中制为重点加大党内法规制度建设力度，努力实现用制度管权、管事、管人。在党的十一届三中全会召开前夕的中央工作会议上，邓小平同志指出：“国要有国法，党要有党规党法。党章是最根本的党规党法。没有党规党法，国法就很难保障。”1990 年 7 月印发的《中国共产党党内法规制定程序暂行条例》明确了党内法规的概念内涵，对党内法规的名称、制定原则、制定程序等作出具体规定。此后，党内法规制定工作逐步进入制度化规范化程序化轨道。《中国共产党党员权利保障条例（试行）》《党政领导干部选拔任用工作条例》《中国共产党党内监督条例（试行）》《中国共产党巡视工作条例（试行）》等一大批党内法规相继出台，并不断修订完善，为党开创、坚持、捍卫、发展中国特色社会主义提供了重要制度保障。

中国特色社会主义进入新时代，以习近平同志为核心的党中央针对加强新时代党内法规制度建设作出一系列重大决策部署，党内法规制定力度之大、出台数量之多、制度权威之高、治理效能之好都前所未有。习近平总书记强调：“加强党内法规制度建设是全面从严治党的长远之策、根本之策。”党的十八大以来，截至 2022 年 6 月底，共制定修订中央党内法规 156 部，其中制定修订起“四梁八柱”作用的准则、条例 45 部。党内法规体系建设全方位、立体式推进，党内法规体系的“四梁八柱”加快健全，制度优势充分发挥，形成建章立制与事业发展同频共振、同步推进的生动局面。坚持依规治党、加强党内法规制度建设，为维护党中央集中统一领导、保障党长期执政和国家长治久安、推进新时代党的建设新的伟大工程、落实全面从严治党提供了更加坚强的制度保障，不仅成为“中国之治”的一个独特治理密码，有力提升了国家治理体系和治理能力现代化水平，丰富和发展了新时代中国共产党执政理念和治国方略，而且为世界政党治理贡献了中国智慧和中国方案。

依规治党积累了宝贵经验

100 多年来，我们党坚持思想建党和制度治党同向发力，扎实推进党内法规制度建设，形成比较完善的党内法规体系。放眼全世界，没有哪个政党像我们党这样，拥有这么严密完善的制度体系，让党的制度如此全面深刻发力于管党治党、治国理政，成为一大独特优势。作为成立 100 多年、执政 70 多年、拥有 9800 多万名党员、具有重大全球影响力的世界第一大执政党，我们党以党内法规体系为主干，形成了一套系统完备的党的制度，这在世界上是独一无二的。这一党的建设的重要成就，标志着党内法规制度建设由此迈入高质量发展新阶段，全面从严治党、依规治党站到新的历史起点上。

党内法规因党而生、因党而立、因党而兴。党的十九届六中全会通过的《中共中央关于党的百年奋斗重大成就和历史经验的决议》，将“坚持自我革命”作为党百年奋斗的十条历史经验之一。党的二十大报告提出“全面从严治党永远在路上，党的自我革命永远在路上”。党内法规制度建设的光辉历史启示我们，要把党的伟大自我革命进行到底，永葆共产党人的政治本色，永葆党的生机活力，必须坚持制度治党，完善党的自我革命制度规范体系。只有把规矩立起来、使制度严起来，坚持用制度规矩管党治党，推动党的各级组织和党员干部更加自觉地遵守党的纪律、服从党的决定，才能使全党上下统一思想、统一意志、步调一致向前进。迈上新征程，我们要从事关党长期执政和国家长治久安的战略高度，坚持依规治党、加强党内法规制度建设，为推进伟大自我革命提供更加坚强的制度保障。

党的十八大以来，习近平总书记对加强新时代党内法规制度建设作出许多重要论断和深刻论述。习近平总书记关于依规治党的重要论述在第二次全国党内法规工作会议上被集中概括为“十个坚持”，即坚持把依规治党摆在事关党长期执政和国家长治久安的战略位置，坚持完善“两个维护”制度保障，坚持把党章作为管党治党总依据，坚持贯彻民主集中制，坚持围绕党和国家工作大局推进党内法规制度建设，坚持高质量构建党内法规体系，坚持执规必严、违规必究，坚持思想建党和制度治党同向发力，坚持依法治国和依规治党有机统一，坚持抓好“关键少数”尊规学规守规用规。这些重要论述深化了对党的建设和党长期执政的规律性认识，凝结着坚持制度治党、依规治党的宝贵经验，蕴含着深刻的历史逻辑、理论逻辑、实践逻辑，引领党内法规制度建设全方位向前推进。

不断完善党内法规制度体系

习近平总书记指出："我们党要履行好执政兴国的重大历史使命、赢得具有许多新的历史特点的伟大斗争胜利、实现党和国家的长治久安，必须坚持依法治国与制度治党、依规治党统筹推进、一体建设。"新的赶考之路上，党面临的"四大考验""四种危险"是长期的、尖锐的，影响党的先进性、弱化党的纯洁性的因素也是复杂的。确保党在世界形势深刻变化的历史进程中始终走在时代前列，在新时代坚持和发展中国特色社会主义的历史进程中始终成为坚强领导核心，必须坚持以习近平新时代中国特色社会主义思想为指导，以实现高质量发展为主题，以改革创新为根本动力，以提高执行力为着力点，紧紧围绕推动党和国家事业发展发力，推进党内法规体系与时俱进，发挥好党内法规在维护党中央集中统一领导、保障党长期执政和国家长治久安方面的重大作用，在推进新时代党的建设新的伟大工程、落实全面从严治党方面的重大作用，把党内法规制度优势更好转化为管党治党、治国理政的治理效能。

进一步推进党内法规制度建设，必须适应新形势新任务新要求，把牢方向、遵循规律、深化改革，使党内法规体系更加完善、党内法规制度更有活力。这就要求我们紧紧围绕贯彻党的指导思想不断完善党内法规体系，把马克思主义中国化最新成果及时体现到党章中，转化为全党遵循的制度规范，使之更好发挥凝聚全党共识、指引全党前进方向的旗帜作用；紧紧围绕坚持党的全面领导不断完善党内法规体系，把党的全面领导落实到治国理政的方方面面、落实到各级各类组织的活动之中；紧紧围绕保持党同人民群众血肉联系不断完善党内法规体系，通过完善制度着力防范脱离群众的危险，不断密切党同人民群众的血肉联系；紧紧围绕全面从严治党向纵深发展不断完善党内法规体系，更多用制度治党、管权、治吏，确保党不变质、不变色、不变味，永葆党的先进性和纯洁性；紧紧围绕服务党和国家工作大局不断完善党内法规体系，为实现党的奋斗目标和政治任务提供有力制度保障，更好发挥党内法规制度建设对于党和国家事业发展的引领和保障作用；紧紧围绕坚持和完善中国特色社会主义制度、推进国家治理体系和治理能力现代化不断完善党内法规体系，在坚持和完善党的领导制度体系方面下更大功夫，把党的领导体现到国家治理的各领域各方面各环节，有效转化为国家制度优势和国家治理效能；紧紧围绕推进中国特色社会主义法治建设不断完善党内法规体系，注重党内法规同国家法律的衔接和协调，努力形成党内法规和国家法律相辅相成、相互促进、相互保障的格局，以更加完善的制度保证党履行好执政兴国的重大历史使命。

在新的历史起点上，我们要增强依规治党的自觉性和坚定性，进一步深入研究解决依规治党面临的一系列重大理论与实践问题，更加注重各领域党内法规制度建设整体推进、协调发展，形成管党治党的制度合力，努力为我们党管党治党、执政治国提供更加坚实的制度支撑和政治保障，书写百年大党以伟大自我革命引领伟大社会革命的历史新篇。

本文刊登在《人民日报》2022年12月6日第9版，收入本书时有增删。

党内法规体系建设重在实效

党的十八届四中全会审议通过的《中共中央关于全面推进依法治国若干重大问题的决定》（以下简称《决定》）第一次明确地提出了“形成完善的党内法规体系”的要求，并将“党内法规体系”融入“中国特色社会主义法治体系”之中①，使得“党内法规体系”建设成为全面推进依法治国各项法治工作的重要目标和任务。《决定》对“党内法规体系”建设提出的具体要求是“完善的”，这就意味着在逻辑上承认了“党内法规体系”目前已经存在，只不过需要“完善”。在“形成完善的党内法规体系”过程中，“目标”和“意义”问题是非常重要的，也就是说，为什么要在制度上将党内法规“体系化”，“体系化”能带来什么样的制度红利或者是政策便利？这个问题是完善党内法规体系必须面对的基础理论问题，是“形成完善的党内法规体系”的根本动力。

党的十八大以来，在以习近平同志为核心的党中央领导下，不断加强党内法规建设，通过建立和完善党内法规体系来推动全

---

① 《中共中央关于全面推进依法治国若干重大问题的决定》（2014 年 10 月 23 日中国共产党第十八届中央委员会第四次全体会议通过），《〈中共中央关于全面推进依法治国若干重大问题的决定〉辅导读本》，人民出版社 2014 年版，第 4 页。

面从严治党工作的进行。按照 2019 年 8 月 30 日中共中央修订的《中国共产党党内法规制定条例》①，党内法规是党的中央组织以及中央纪律检查委员会以及党中央工作机关和省、自治区、直辖市党委制定的规范党的领导和党的建设活动、依靠党的纪律保证实施的专门规章制度。根据上述条例关于党内法规概念的规定，在党内法规体系建设方面比较显著的成效包括党内法规“名称”的类型化，截至 2021 年 7 月 1 日，全党现行有效党内法规共 3615 部。其中，党中央制定的中央党内法规 211 部，中央纪律检查委员会以及党中央工作机关制定的部党委党内法规 163 部，省、自治区、直辖市党委制定的地方党内法规 3241 部。党内法规使用党章、准则、条例、规定、办法、规则、细则 7 类名称，现有有效党内法规中，党章 1 部，准则 3 部，条例 43 部，规定 850 部，办法 2034 部，规则 75 部，细则 609 部。② 初步形成了以党章为核心、以中央党内法规为基础、以中央纪委和中央各部门制定的党内法规为骨干、以省级地方党委制定的党内法规为补充的党内法规形式体系。在内容体系方面，党内法规的“部门化”趋势正在形成，按照上述条例的规定，目前可以认定的党内法规的内容涉及党组织的工作、活动和党员行为三个方面。2016 年 12 月，党中央印发《中共中央关于加强党内法规制度建设的意见》，该意

① 国家行政学院政治学部编：《中国共产党党内重要法规（修订版）》，人民出版社 2016 年版，第 393—403 页。《中国共产党党内法规制定条例》系 2012 年 5 月 26 日中共中央批准并发布，2019 年 8 月 30 日中共中央政治局会议最新修订（作者注）。

② 《中国共产党党内法规体系》（2021 年 7 月），中共中央办公厅法规局，《人民日报》2021 年 5 月 4 日第 2 版。

见坚持目标导向和问题导向，按照“规范主体、规范行为、规范监督”相统筹相协调原则，将完善的党内法规制度体系概括为“1+4”的基本框架，即在党章之下分为党的组织法规制度、党的领导法规制度、党的自身建设法规制度、党的监督保障法规制度四大板块，初步勾画出“党内法规部门”的“四梁八柱”。[①] 综上所述，党的十八大以来，特别是党的十八届四中全会通过《决定》提出“完善党内法规制定体制机制，加大党内法规备案审查和解释力度，形成配套完备的党内法规制度体系”[②] 的要求后，党内法规体系建设的步伐正在加快，党内法规体系的框架和雏形已显端倪。

在进一步推进党内法规体系建设的过程中，一方面要认真贯彻落实中央的要求，将党内法规体系建设作为依规治党的重要事项来认真对待；另一方面也要重视党内法规体系建设的科学性，切忌“为建设而建设”，而真正从理论上弄清楚党内法规体系建设与全面从严治党的关系，要在党内法规体系建设与全面从严治党之间建立起科学合理的逻辑联系，防止简单地一哄而上或者只是把国家法律法规改头换面照抄照搬过来，或者是把那些在日常工作中尚未成熟的做法简单地确认下来，要确立党内法规体系建设“实效化”的理念和原则，以实事求是和科学严谨的态度来有序推进党内法规体系建设，从而为全面从严治党提供必要的基础

---

① 中共中央办公厅法规局：《以改革创新精神加快补齐党建方面的法规制度短板》，《求是》2017年第3期。

② 《中共中央关于全面推进依法治国若干重大问题的决定》（2014年10月23日中国共产党第十八届中央委员会第四次全体会议通过），《〈中共中央关于全面推进依法治国若干重大问题的决定〉辅导读本》，人民出版社2014年版，第36页。

性的党内法规依据。

一、党内法规体系建设要关注党内法规的有效需求问题

“党内法规”这一概念是毛泽东在延安党的六届六中全会上首次提出的。1938 年 10 月，毛泽东在党的六届六中全会所作的政治报告中提出，“还须制定一种较详细的党内法规，以统一各级领导机关的行动”，首次提出党内法规的概念。在这次会议上，刘少奇作了《党规党法的报告》，这是党的领导人第一次使用“党规党法”的名称。1978 年 12 月，邓小平在中央工作会议闭幕会上强调：“国要有国法，党要有党规党法。党章是最根本的党规党法。没有党规党法，国法就很难保障。”1990 年，中共中央颁布了《中国共产党党内法规制定程序暂行条例》，正式使用了党内法规这一名称。1992 年，党的十四大修改的党章明确规定党的各级纪委的主要任务是“维护党的章程和其他党内法规”，自此“党内法规”正式写入党章①。

应当说，“党内法规”是与中国共产党自身的党建工作有机结合在一起的。党内法规解决的问题主要是“党务”。由“党内法规”来加以规范的“党务”通常涉及党的领导和组织体制，这涉及党的自身的组织体制、党中央的权威和党组织的战斗力问题。此外，党内法规也需要解决党员的思想认识问题，即在国家立法层面属于思想自由范畴的精神活动事项，在党内则不能简单地照搬，必须要就党员思想认识和党的意识形态工作做出统一的

① 中共中央组织部干部教育局、中国法学会研究部编著：《领导干部法治读本》，党建读物出版社 2016 年版，第 34—35 页。

要求和部署。例如，2016年1月1日起正式施行的《中国共产党纪律处分条例》[①] 第46条第一款第（二）项就规定“妄议中央大政方针，破坏党的集中统一的”行为属于应当受到可以开除党籍处分的“违反政治纪律行为”[②]，而对于非党员的普通老百姓来说，其言论则受到宪法所规定的言论自由的严格保护[③]。此外，党员对党组织和党的义务也是国家法律之外必须由党内法规来加以规定的事项。至于说党员的日常行为，通常都具有两面性，同一个行为既是作为公民个人的行为，也是作为党员的行为，对于党员个人行为做出两套制度规范的设计和要求，显然，在实践中会出现重复立制的问题。特别是中国共产党取得全国政权成为执政党之后，中国共产党党员既是国家的公民，必须受到国家宪法和法律的约束；同时又是执政党的党员，必须服从党的纪律。党

① 国家行政学院政治学部编：《中国共产党党内重要法规（修订版）》，人民出版社2016年版，第340—380页。《中国共产党纪律处分条例》2018年最新修订，自2018年10月1日起施行。

② 关于“妄议中央”的标准，2016年1月15日中央纪委举行的新闻发布会上，时任监察部副部长肖培回应表示，新修订的《中国共产党纪律处分条例》第六章政治纪律规定“妄议中央大政方针”，后面还有一句话“破坏党的集中统一的”，这是完整表述。肖培强调，全党服从中央，维护党的团结统一，这就是界限，所以前句话是热点，没有后半句话的解释就不完整。时任中央纪委案件审理室主任罗东川表示，“妄议中央”这条规定是这次纪律处分条例新增的内容，也是党的十八大以来反腐中发现的问题，被提高到更高的高度。罗东川认为，“过去我们处理干部都是看反腐问题，经调查后发现这些腐败分子无一例外在政治上、政治纪律上存在问题，特别严重的就是‘妄议中央’”。罗东川指出，作为党的高级领导干部，按照党的纪律，必须与中央的大政方针保持一致，而这些贪腐分子都在政治上存在严重问题，中央大政方针制定后，在下面乱说乱讲乱议论，违背党章的规定，“通过审理这些案件发现，违反政治纪律带来的破坏远比贪腐严重”。参见《南方都市报》2016年1月16日。

③ 我国现行宪法第35条规定：“中华人民共和国公民有言论、出版、集会、结社、游行、示威的自由。”

的十二大报告首次提出“党在宪法和法律的范围内活动”，这个命题很好地解决了党员日常的行为规范问题。事实上，“党内法规”体系化的过程并不是包罗万象的过程，而是要有所选择，要关注党内法规在规范党员行为上的实效性，党内法规针对党员个人行为的规范密度和强度过于严厉，可能无法与实际生活中普通党员的日常行为真正有效地相互对应，就会导致大量的党内法规制度设计初衷很好，但很难在实际生活中有效地规范党员的日常行为。

二、党内法规体系建设要服从中国特色社会主义法治体系建设的一般规律

党的十八届四中全会《决定》首次将“建设中国特色社会主义法治体系”作为全面推进依法治国各项法治工作的“总抓手”，并且将“形成完备的法律规范体系、高效的法治实施体系、严密的法治监督体系、有力的法治保障体系，形成完善的党内法规体系”① 作为建设中国特色社会主义法治体系五项重要任务，很显然，从体系的对应关系来看，“党内法规体系”是“中国特色社会主义法治体系”的“子体系”和“下位体系”，而与“中国特色社会主义法律体系”是相互平行的等位体系，所以，建设“党内法规体系”必须要符合建设“中国特色社会主义法治体系”的各项要求，可以参照建设“中国特色社会主义法律体系”的经

① 《中共中央关于全面推进依法治国若干重大问题的决定》（2014 年 10 月 23 日中国共产党第十八届中央委员会第四次全体会议通过），《〈中共中央关于全面推进依法治国若干重大问题的决定〉辅导读本》，人民出版社 2014 年版，第 4 页。

验。根据“中国特色社会主义法治体系”五个组成部分的特点，“党内法规体系”也可以细分为“党内法规规范体系”“党内法规实施体系”“党内法规保障体系”“党内法规监督体系”四个部分。此外，还应当着重强调党内法规与国家立法之间的协调，相应地建立“党内法规协调体系”。由于“党内法规体系”与“中国特色社会主义法律体系”之间是平行关系，所以，“党内法规体系”建设不能完全模仿形成“中国特色社会主义法律体系”的经验，而是要注重“党内法规体系”对党内各项活动的实际指导能力和规范作用。“党内法规体系”建设不能单纯地追求体系自身的完整和完善，而是要从全面从严治党的实际需要出发，“党内法规体系”的内容不一定要面面俱到，但要管用、富有实效。

首先，要着力建设“党内法规规范体系”。从理论上来看，“党内法规规范体系”不应当是所有党内法规的简单归纳和汇集，而是根据党内法规制定原则产生的党内法规以及与党内法规具有相同相似效力和规范功能的党内规范性文件，其中，形式要件规范、内容具有一般性、调整对象是不特定的党员和党组织的党内法规构成了“党内法规规范体系”的核心内容，而党内法规中的具有最高效力的党内法规是党章，党章是党内法规规范体系的统帅，任何党内法规和党内规范性文件的制定都必须以党章为依据，不得与党章相违背或相抵触。除了形式要件规范的党内法规之外，可以纳入党内法规规范体系的还应当包括形式要件不太规范、但与党内法规具有相同或相等效力的党内法规性文件，这些文件也是针对不特定的党员和党组织的，应当纳入党内法规规范体系。此外，那些只是针对特定党员和党组织的规范性文件，由于在实践中具有很好的示范效应，所以，也可以纳入党内法规规范体系。例如，“八项规定”的约束对象虽然是针对中央政治局成员的，但“八项规定”的实施却产生了约束全体党员和党组织的效果，在规范性质上完全可以纳入“党内法规规范体系”的范畴。所以，在实践中，建设“党内法规规范体系”可以把党的规范性文件根据其约束党员和党组织行为的效力程度作出区分，把那些可以起到党内法规作用的党的规范性文件也纳入“党内法规规范体系”中，并依据党章和中央党内法规的原则和规定来保证规范性文件的政治性、规范性和可行性。

其次，要关注“党内法规实施体系”的建设。党内法规一旦制定之后，就具有约束党员和党组织的作用，党内法规如果仅仅停留在纸面上，就不能对维护党的权威、加强党的建设起到任何保障作用。因此，在建设“党内法规规范体系”的基础上，必须要建设与“党内法规规范体系”相适应的“党内法规实施体系”。《中国共产党纪律处分条例》[①] 第3条明文规定，“党章是最根本的党内法规，是管党治党的总规矩。党的纪律是党的各级组织和全体党员必须遵守的行为规则。党组织和党员必须自觉遵守党章，严格执行和维护党的纪律，自觉接受党的纪律约束，模范遵守国家法律法规”。对于执行党内法规，不存在任何特殊的党员和党组织，任何党员和党组织在党内法规面前都是平等的，任何违反党内法规的行为都必须要受到党内纪律的处分。其中，领导干部带头遵守党内法规，是党内法规实施的重要保障。党的十八

① 国家行政学院政治学部编：《中国共产党党内重要法规（修订版）》，人民出版社2016年版，第340—380页。

届六中全会从全面从严治党的基本要求出发，提出必须要严格遵守党内法规，任何人都没有特权。全会提出，纪律严明是全党统一意志、统一行动、步调一致前进的重要保障，是党内政治生活的重要内容。必须严明党的纪律，把纪律挺在前面，用铁的纪律从严治党。坚持纪律面前一律平等，遵守纪律没有特权，执行纪律没有例外，党内决不允许存在不受纪律约束的特殊组织和特殊党员。党的各级组织和全体党员必须对党忠诚老实、光明磊落，说老实话、办老实事、做老实人，如实向党反映和报告情况，反对搞两面派、做“两面人”，反对弄虚作假、虚报浮夸，反对隐瞒实情、报喜不报忧。领导机关和领导干部不准以任何理由和名义纵容、唆使、暗示或强迫下级说假话。党内不准搞拉拉扯扯、吹吹拍拍、阿谀奉承。对领导人的宣传要实事求是，禁止吹捧。党的各级组织必须担负起执行和维护政治纪律和政治规矩的责任，坚决防止和纠正执行纪律宽松软的问题。① 从“党内法规实施体系”的实施主体来看，党内法规的实施可以由领导干部遵守党内法规、党组织遵守党内法规以及党员个人遵守党内法规构成，其中领导干部带头实施党内法规，是党内法规发挥自身规范作用的重要保证。在“党内法规实施体系”中，党的各级组织，包括党的中央组织能否依据党内法规来维护党的权威、加强党的团结、提升党的战斗力，对于执政党的建设来说也是非常重要的。我们党有 9800 多万名党员，共产党员自觉地遵守党内法规，自觉地维护党的权威和形象，坚持自己的党性修养，对于增强党

① 《党的十八届六中全会文件学习辅导百问》，党建读物出版社、学习出版社 2016 年版，第 4—5 页。

的活力、永葆党的生命力至关重要。只有执政党的全体党员和党组织都能够自觉地遵守党内法规的规定，才能巩固和夯实执政党的执政根基，保证党的事业健康发展。

再次，“党内法规体系”建设也包括了“党内法规保障体系”建设。从党内法规的实施角度来看，党内法规要得到很好的贯彻落实，必须要有一定的“人财物”的保证。其中，党内法规实施要有组织保障。我们党是按照民主集中制原则建立起来的，党的各级组织，特别是党的基层组织在组织党员、认真贯彻落实党内法规方面具有基础性保障作用。事实证明，基层党组织建设涣散、党员不能过正常的组织生活，党员接受党内法规约束的可能性就越少。故加强执政党的党组织建设是党内法规得到认真贯彻落实的重要保障。此外，要建立学习和宣传党内法规的教育和宣传机制，包括成立各级各类党校和党内法规培训班，开展党内法规教育的普及工作，努力把党内法规的普及教育纳入全民法治宣传教育与普法工作中，要有专门机构、专门人员来负责党内法规的普及和教育工作，同时党的组织部门以及党组织还要利用党费来保证党员学习和掌握党内法规，提供必要的学习材料和培训经费，要保证普通党员能够简明便捷地了解党内法规的要求，从而更好地约束自身的行为。另外，通过党内的传播媒体以及国家、社会的传播媒介来开展党内法规的宣传和教育工作也是党内法规得到有效实施的重要路径，“党内法规保障体系”建设必须要考虑各种有效地促进党内法规实施的保障手段。

最后，“党内法规体系”建设必须高度关注“党内法规监督体系”建设。党的十八届六中全会指出，全面从严治党，必须要加强党的监督，其中，对党内法规实施的监督也是党内监督的重要内容。党内法规的实施除了要依靠党员和党组织的自觉行动，也需要必要的监督机制来推动党内法规的实施。全会指出：党内监督的任务是确保党章党规党纪在全党有效执行，维护党的团结统一，重点解决党的领导弱化、党的建设缺失、全面从严治党不力，党的观念淡漠、组织涣散、纪律松弛，管党治党宽松软问题，保证党的组织充分履行职能、发挥核心作用，保证全体党员发挥先锋模范作用，保证党的领导干部忠诚干净担当。党内监督的主要内容是遵守党章党规和国家宪法法律，维护党中央集中统一领导，坚持民主集中制，落实全面从严治党责任，落实中央八项规定精神，坚持党的干部标准，廉洁自律、秉公用权，完成党中央和上级党组织部署的任务等情况。全会指出，党内监督的重点对象是党的领导机关和领导干部特别是主要领导干部。要建立健全党中央统一领导，党委（党组）全面监督，纪律检查机关专责监督，党的工作部门职能监督，党的基层组织日常监督，党员民主监督的党内监督体系。[①] 由上可见，“党内法规监督体系”从监督主体来看，可以由“党委（党组）全面监督”，“纪律检查机关专责监督”，“党的工作部门职能监督”，“党的基层组织日常监督”以及“党员民主监督”五个部分构成，其中，纪律检查机关的执纪监督是“党内法规监督体系”中最重要的事项，必须要重点加以建设。

---

① 《党的十八届六中全会文件学习辅导百问》，党建读物出版社、学习出版社2016年版，第8—9页。

三、党内法规的体系化程度要突出党内法规的实效性

近年来，党内法规体系化建设取得了显著成绩。同时也要看到，由于各方面原因，党内法规体系建设中还存在一些突出问题，如统筹协调力度不够，体系建设快慢不一；一些综合性、位阶高的党内法规出台后，配套法规制度没有及时建立；党内法规的实施、监督、保障制度还不健全；党内法规体系的体系化特征不明显，“体系”的建构功能还没有发挥出来；等等。需要从“体系化”的角度来提升党内法规约束党员和党组织行为的实效性。具体来说，可以从以下几个方面来加强党内法规实效性机制建设。

一是要强化党内法规实施的组织保障体制建设。党的十八届六中全会指出：党委（党组）在党内监督中负主体责任，书记是第一责任人[①]。这就意味着，包括党章在内的党内法规，要在实践中得到很好的遵循，各级党委的第一把手具有“第一责任人”的义务。从党领导立法工作的要求来看，省以上的各级党委制定的党内法规，都是在党委直接领导下制定的，而作为各级党委的第一责任人，党委（党组）书记在推动党内法规实施方面具有义不容辞的责任。如果党委（党组）书记亲自组织起草和通过了党内法规而自己却不遵守，那么，党内法规在贯彻落实过程中必然就会打折扣，甚至在实践中根本无法有效推动。所以，党内法规能否得到实施，党内法规的权威能否得到确立，各级党委（党组）第一责任人必须要承担主体责任。

---

① 《党的十八届六中全会文件学习辅导百问》，党建读物出版社、学习出版社2016年版，第9页。

二是解决上下党内法规的效力等级关系问题，要始终按照党的民主集中制原则，建立起上下统一和有机协调的党内法规体系和国家法律法规体系。

三是依据科学和合理的分类方法，建立比较科学和完善的“部门党内法规体系”。“党内法规体系”从党内法规运行的角度来看，可以由“党内法规规范体系”“党内法规实施体系”“党内法规保障体系”和“党内法规监督体系”以及“党内法规与国家法律法规协调体系”构成，这种角度的“体系化”可以保证党内法规在实际生活中真正起到管党治党的实效。此外，为了提高党内法规实际运行的“效率”，也可以考虑在理论上对党内法规体系做“部门党内法规体系”的分类，从而解决党内法规功能清晰、效力明确的问题。“部门党内法规体系”类型很多，可以从党内法规约束的对象来分，例如可分为“党组织法规体系”“党员法规体系”；从党内法规调整的行为事项来看，可以分为“党组织活动法规体系”“党员个人行为法规体系”以及“党内意识形态法规体系”；从党内法规涉及执政党具体执政行为的环节来看，可以分为“党的领导法规体系”“党的指挥法规体系”“党的政策法规体系”“党的监督法规体系”；从党内法规调整的党务活动的分布领域来看，党内法规体系可以涉及“反腐倡廉法规体系”“思想作风法规体系”“干部管理法规体系”“民主集中制法规体系”“个人申报事项法规体系”“统战工作法规体系”“宣传工作法规体系”“机关工作法规体系”“党员教育与培训法规体系”以及“纪律惩戒法规体系”等。总之，“部门党内法规体系”可以从理论上最大限度地丰富党内法规体系的内涵，增强党内法规体系自身的活力和拓展空间，为党的建设提供全方位的制度依据。

四是要解决好国家立法与党内法规衔接和协调的问题。通过宪法和法律实施能够解决的问题，就不需要再制定党内法规来重复调整同一行为，要确保党内法规简明扼要、实用高效。目前，在党内法规与国家法律法规之间还存在一些过渡性规范形式，党内法规的效力渗透到国家党内法规与党的政策之间界限不清晰，导致了党内法规规范体系的体系化程度不高；一些法律法规中也规定了执政党自身组织建设的事项，使得国家法律法规也在发挥着某种意义上的党内法规管党治党的功能；等等。总而言之，党内法规要真正具有实效，必须要从“党内法规规范体系”的科学性构建入手，只有“规范”本身的形态“规范化”“标准化”了，“党内法规规范体系”才能制度化、系统化。因此，加强党内体系建设必须要从抓党内法规的规范体系的源头出发，确保党内法规真正在管党治党方面发挥自身的行为指引作用。

本文修改版刊登在《东方法学》2017年第4期，收入本书时有增删。

论党章的最高法规效力

《中国共产党党内法规制定条例》首次以党内法规的形式明确了《中国共产党章程》的性质、作用和效力，使得党章具有了明确的地位，成为约束执政党、执政党的党组织以及执政党党员的根本党内法规①。

根据2019年修订的《中国共产党党内法规制定条例》第31条规定，党章在党内法规中具有最高效力，处于党内法规体系的最顶端，其他任何党内法规都不得同党章相抵触。党章之下的党内法规效力层次如下：中央党内法规的效力高于中央纪律检查委员会以及党中央工作机关和省、自治区、直辖市党委制定的党内法规，中央纪律检查委员会以及党中央工作机关和省、自治区、直辖市党委制定党内法规不得同中央党内法规和规范性文件相抵触；中央纪律检查委员会以及党中央工作机关制定的党内法规的效力高于省、自治区、直辖市党委制定的党内法规，省、自治区、直辖市党委制定党内法规不得同中央纪律检查委员会以及党中央工作机关制定的党内法规相抵触。

① 2019年修订的《中国共产党党内法规制定条例》第三条第二款规定："党章是最根本的党内法规，是制定其他党内法规的基础和依据。"

为了进一步从理论上明确党章在党内法规体系中的地位，有必要从法理上来全面阐述作为党内法规的党章所具有的最高法规效力的基本内涵、表现形式和规范功能，从而更好地发挥党章在全面从严治党中的基础性保障作用。本文试图从考察党章沿革的历史、党章在党内规范性文件中的地位、党章与其他党内法规的关系、党章与国家宪法和法律法规的关系以及党章在约束执政党、执政党的党组织和党员行为中的作用以及保障党章最高法规效力权威地位的制度措施等不同方面来阐述党章所具有的最高法规效力的理论特性与实践价值，从而为全面从严治党提供更加科学和完善的党内法规的理论依据和实践方案。

一、党章在党内具有最高性

中国共产党是以党的第一个纲领的产生而正式登上中国政治历史舞台的。从 1921 年中国共产党第一次全国代表大会通过《中国共产党纲领》[①] 到 2022 年 10 月 22 日中国共产党第二十次

① 严格意义上说，1921 年中国共产党第一次全国代表大会通过的《中国共产党纲领》还不是党章，只是党的纲领性文件，但从党章沿革的历史来看，该纲领又起到了党章的作用。

全国代表大会部分修改党章为止，党章先后经过了二十次变动[①]，其中比较重要的有 1921 年党的一大通过的《中国共产党纲领》、1922 年 7 月中国共产党第二次全国代表大会议决的《中国共产党章程》、1928 年 7 月 10 日通过的《中国共产党章程》、1945 年 6 月 11 日中国共产党第七次全国代表大会通过的《中国共产党章程》、1956 年 9 月 26 日中国共产党第八次全国代表大会通过的《中国共产党章程》、1982 年 9 月 6 日中国共产党第十二次全国代表大会通过的《中国共产党章程》、2012 年 11 月 14 日中国共产党第十八次全国代表大会通过的《中国共产党章程》、2017 年 10 月 24 日中国共产党第十九次全国代表大会通过的《中国共产党

① 党章历年来沿革的情况如下：1921 年中国共产党第一次全国代表大会通过的《中国共产党纲领》、1922 年 7 月中国共产党第二次全国代表大会议决的《中国共产党章程》（1923 年 6 月中国共产党第三次全国代表大会议决的《中国共产党第一次修正章程》、1925 年 1 月中国共产党第四次全国代表大会议决的《中国共产党第二次修正章程》以及 1927 年 6 月 1 日中央政治局会议议决的《中国共产党第三次修正章程》）、1928 年 7 月中国共产党第六次全国代表大会通过的《中国共产党章程》、1945 年 6 月 11 日中国共产党第七次全国代表大会通过的《中国共产党章程》、1956 年 9 月 26 日中国共产党第八次全国代表大会通过的《中国共产党章程》、1969 年 4 月 14 日中国共产党第九次全国代表大会通过的《中国共产党章程》、1973 年 8 月 28 日中国共产党第十次全国代表大会通过的《中国共产党章程》、1977 年 8 月 18 日中国共产党第十一次全国代表大会通过的《中国共产党章程》、1982 年 9 月 6 日中国共产党第十二次全国代表大会通过的《中国共产党章程》、1987 年 11 月 1 日中国共产党第十三次全国代表大会部分修改的《中国共产党章程》、1992 年 10 月 18 日中国共产党第十四次全国代表大会通过的《中国共产党章程》、1997 年 9 月 18 日中国共产党第十五次全国代表大会部分修改的《中国共产党章程》、2002 年 11 月 14 日中国共产党第十六次全国代表大会部分修改的《中国共产党章程》、2007 年 10 月 21 日中国共产党第十七次全国代表大会部分修改的《中国共产党章程》、2012 年 11 月 14 日中国共产党第十八次全国代表大会部分修改的《中国共产党章程》、2017 年 10 月 24 日中国共产党第十九次全国代表大会部分修改的《中国共产党章程》以及 2022 年 10 月 22 日中国共产党第二十次全国代表大会部分修改的《中国共产党章程》。

章程》以及2022年10月22日中国共产党第二十次全国代表大会通过的《中国共产党章程》等。

从党章的历史沿革来看，虽然从1921年中国共产党第一个党纲开始，历次党章中并没有明确党章是具有最高效力的党内法规，但却体现了党章在党内政治生活中的“最高性”“权威性”和“神圣性”，特别强调了党章在党的建设中的“重要地位”。1921年，由于中国共产党尚在创立之初，其思想上、组织上、理论上的准备尚未成熟，因此只在党的一大会议上通过了一个500余字、共15条的《中国共产党纲领》，该纲领并不是严格意义上的党章。中国共产党第一个纲领虽不是党章，却在实际中起到了党章的作用。它确定党的名称为“中国共产党”，首次明确规定党员与组织、下级和上级之间的关系，规定“在党处于秘密状态时，党的重要主张和党员身份应保守秘密”“地方执行委员会的财政、活动和政策，必须受中央执行委员会的监督”。这些都为党章的诞生打下了基础。例如，中国共产党第一个纲领第15项规定：“本纲领须经全国代表大三分之二代表同意，始得修改”。上述规定通过限制党纲的修改来体现党纲的“权威性”和党纲的“最高性”。1922年7月，党的二大根据列宁的建党思想和建党一年来的经验，分析了国际形势和中国社会政治经济状况，通过了《中国共产党章程》《关于共产党的组织章程决议案》等9个决议案。作为中国共产党第一部正式章程，包括了党员、组织、会议、纪律、经费、附则等6章共29条近4000字的《中国共产党章程》首次明确提出了彻底反对帝国主义和反对封建主义的民主革命纲领，指明了党的最高纲领和最低纲领，并对党员条件、入党手续、党的组织原则、组织机构、党的纪律和制度等都作了具体规定，具有划时代的意义。1922 年 7 月党的二大议决的《中国共产党章程》第一次以“章程”来明确党的最高文件的名称，使得党章从“纲领”转变成名副其实的“章程”，具有了行为规范的特性。该党章第 28 条规定，“本章程修改之权，属全国代表大会，解释之权属中央执行委员会”。上述规定一方面把党章的修改权确定为党内最高组织形式党的全国代表大会行使，另一方面又将党章视为需要在实施过程中加以解释的党内规范，并将党章解释权赋予了中央执行委员会。1945 年 6 月 11 日中国共产党第七次全国代表大会通过的《中国共产党章程》在党章发展史上具有非常重要的地位，不仅明确要求入党须以承认党章为基本条件，更重要的是强调了党内不得有破坏党章的行为，凡是破坏党章而不能改正的人必须清除出党。该党章序言部分明确规定，“在党内不容许有离开党的纲领和党章的行为，不能容许有破坏党纪、向党闹独立性、小组织活动及阳奉阴违的两面行为。中国共产党必须经常注意清除自己队伍中破坏党的纲领和党章、党纪而不能改正的人出党”。其中第十章“奖励与处分”第 64 条又进一步明确规定，“凡不执行中央和上级组织的决议，及违犯党章、党纪者，各级党的组织，按照具体情况，得以下列方法给予处分”。上述规定突出强调了违犯党章的“不利后果”，体现了党章所具有的行为规范性和规范强制性。新中国成立以后，作为执政党的党章，成为管党治党的基本依据。党的八大通过的党章在第 2 条将“严格地遵守党章”作为党员的义务，并在第 53 条规定，“经常检查和处理党员违反党的章程”是党的中央和地方监察委员会的“任务”。1982年9月6日党的十二大通过的党章，首次在党章中明确了党章是党存在的依据。该党章第11条规定，“党是根据自己的纲领和党章，按照民主集中制组织起来的统一整体”。第35条规定，“党的各级领导干部必须模范地履行本章程第三条规定的党员的各项义务”。特别值得一提的是，该党章第十章“党的纪律检查机关”中把维护党章的职责明确地赋予了党的纪律检查机关。其中第44条规定，“党的中央和地方各级纪律检查委员会的主要任务是：维护党的章程和其他重要的规章制度”。1992年10月18日党的十四大部分修改的党章则第一次把党章与“党内法规”联系起来，明确了党章的“党内法规”性质。该党章第44条规定，党的各级纪律检查委员会的主要任务是：“维护党的章程和其他党内法规”；“检查和处理党的组织和党员违反党的章程和其他党内法规的比较重要或复杂的案件”。第38条第三款也规定，“党内严格禁止用违反党章和国家法律的手段对待党员，严格禁止打击报复和诬告陷害”。上述规定表明，党的章程与其他党内法规一样，都具有了比较明确的行为规范特征，可以作为审查违反党章行为和保护党员权利的法规依据。

党的十八大以来，以习近平同志为核心的党中央高度重视党章在管党治党中的重要作用。2016年2月，中共中央办公厅印发了《关于在全体党员中开展“学党章党规、学系列讲话，做合格党员”学习教育方案》，并发出通知，要求各地区各部门认真贯彻执行。2017年4月初，习近平总书记作出重要指示强调，“两学一做”学习教育是推进思想建党、组织建党、制度治党的有力抓手，是全面从严治党的基础性工程，要坚持不懈抓下去。要把思想政治建设摆在首位，坚持用党章党规规范党员、干部言行，用党的创新理论武装全党，引导全体党员做合格党员。由此可见，党章作为具有最高效力的党内法规已经成为管党治党的最根本依据，党的一切组织和党员，特别是党的各级领导干部都必须要把党章作为具有最高效力的党内法规对待，要用党章来约束自己的一言一行，始终保持一个共产党员应当具有的党性原则和品格，自觉地维护党章在全面从严治党中的“权威性”“最高性”，切实有效地保证党章在“依规治党”中发挥自身的核心作用。

二、党章是管党治党的根本法规

《中国共产党章程》在总纲中开宗明义地声明：中国共产党是中国工人阶级的先锋队，是中国人民和中华民族的先锋队，是中国特色社会主义事业的领导核心，代表中国先进生产力的发展要求，代表中国先进文化的前进方向，代表中国最广大人民的根本利益。党的最高理想和最终目标是实现共产主义。为了实现党的最高理想和最终目标，必须要加强党的自身建设，始终保持党的“先进性”，而要保持党自身的“先进性”，必须要用严明的纪律来规范党组织和党员的行为。

中国共产党从 1921 年成立之初，就高度重视党的纪律和各项制度的建设，并始终不渝地用严格的纪律来要求每一个党组织和党员的行为。早在民主革命时期，鉴于张国焘严重地破坏党的纪律的行为，毛泽东提出了党的组织活动原则：个人服从组织；少数服从多数；下级服从上级；全党服从中央。毛泽东强调：须制定一种较详细的党内法规，以统一各级领导机关的行动[①]。

邓小平对党的建设和党规党法的作用非常重视。关于党的建设，邓小平在《目前的形势和任务》中强调指出，“党应该是一个战斗的队伍，是无产阶级的先锋队，应该是统一的、有高度觉悟的、有纪律的队伍”[②]。关于党规党法的作用，在《解放思想，实事求是，团结一致向前看》一文中，邓小平强调指出：“国要有国法，党要有党规党法。党章是最根本的党规党法。没有党规党法，国法就很难保障。”[③] 在上述讲话中，邓小平不仅强调了党规党法对于党自身建设的重要性，还第一次提出了“党章是最根本的党规党法”，赋予了党章以党规党法的效力。邓小平对于党规党法作用的认识达到了非常高的理论深度，他指出，各级纪律检查委员会和组织部门的任务不仅要依据党规党法来处理案件、解决问题，更重要的是要维护党规党法，切实把我们的党风搞好。“对于违反党纪的，不管什么人，都要执行纪律，做到功过分明，赏罚分明，伸张正气，打击邪气”。[④]

江泽民对从严治党提出了更加严格的要求，并且突出强调了党章在从严治党中的重要作用。江泽民2000年1月14日在中共中央纪律检查委员会第四次全体会议上的讲话《治国必先治党，治党务必从严》中指出：“当今中国的事情办得怎么样，关键取决于我们党，取决于党的思想、作风、纪律、组织状况和战斗能

---

① 《毛泽东选集》第2卷，人民出版社1991年版，第528页。
② 《邓小平文选》第2卷，人民出版社1983年版，第268页。
③ 《邓小平文选》第2卷，人民出版社1983年版，第147页。
④ 《邓小平文选》第2卷，人民出版社1983年版，第147页。

力、领导水平。”[①] 江泽民指出，从严治党关键是要对领导干部严格要求、严格教育。“关于对领导干部的要求，党章和党的有关规定都是明确的，中央对高级干部还提出了政治家素质的五条要求”。[②] 对于如何遵守党的纪律，在《领导干部一定要讲政治》一文中，江泽民指出：“我们讲加强政治纪律，最基本的就是要遵守党章，按党章的规定去做。对党章的各项规定，所有党员都要遵守，高级干部更应该带头遵守。”[③] 从上述讲话可以看出，江泽民特别重视党章在加强政治纪律中的重要地位，认为党章是党的纪律的核心。

2006 年 1 月 6 日，胡锦涛在中央纪委第六次全体会议上的讲话中，第一次把党章视为党内的根本大法，要求全党学习党章、遵守党章，把党章作为管党治党的重要准绳和依据。胡锦涛强调：“国有国法，党有党章。党章是规范和制约全党行为的总章程。对我们这样一个拥有近七千万党员的大党来说，把全党同志的思想统一到党章上来，自觉按照党章行动，具有十分重大的意义。”“我们党历来高度重视党章，始终把制定和完善党章、学习和贯彻党章作为党的建设的一项基础性工作，坚持不懈地加以推进。我们党之所以始终高度重视党章，就是因为能不能有效学习党章、遵守党章、贯彻党章、维护党章，关系到增强党的创造力、凝聚力、战斗力，关系到巩固党的执政地位和保持党的先进性，关系到党的事业兴衰成败和党的生死存亡。我们必须从这样

① 《江泽民文选》第 2 卷，人民出版社 2006 年版，第 496 页。
② 《江泽民文选》第 2 卷，人民出版社 2006 年版，第 499 页。
③ 《江泽民文选》第 1 卷，人民出版社 2006 年版，第 458 页。

的战略高度来认识这个问题”。[①]

党的十八大以来，习近平总书记高度重视发挥党章在管党治党中的根本指导作用。他在党的十八大后公开发表的第一篇署名文章就是《认真学习党章，严格遵守党章》。在该文中，他非常明确地指出，“党章是党的总章程，集中体现了党的性质和宗旨、党的理论和路线方针政策、党的重要主张，规定了党的重要制度和体制机制，是全党必须共同遵守的根本行为规范”。[②] 2013 年 1 月，在十八届中央纪委二次全会上，他再次指出：“党章是党的总章程、总规矩。严明政治纪律就要从遵守和维护党章入手。”“每一个共产党员特别是领导干部都要牢固树立党章意识，自觉用党章规范自己的一言一行，在任何情况下都要做到政治信仰不变、政治立场不移、政治方向不偏。”2015 年在十八届中央纪委五次全会上的重要讲话中，他又一次强调：“党章是全党必须遵循的总章程，也是总规矩。”2015 年 10 月 8 日，在《十八届中央政治局常委会第一百一十九次会议关于审议中国共产党廉政准则、党纪处分条例修订稿时的讲话》中，习近平总书记再一次重申了党章作为具有最高效力的党内法规的地位，他指出，“要坚持以党章为根本遵循，用严明的纪律维护党章权威。党章是党的根本大法，全面从严治党首先要尊崇党章”[③]。习近平总书记上述一系列关于党章是党内根本法规的论述，深刻阐述了党章在党内

① 《人民日报》2016 年 1 月 24 日。

② 习近平：《认真学习党章，严格遵守党章》，《人民日报》2012 年 11 月 20 日。

③ 中共中央纪律检查委员会、中共中央文献研究室编：《习近平关于严明党的纪律和规矩论述摘编》，中央文献出版社、中国方正出版社 2016 年版，第 66 页。

生活、党的建设中的极端重要地位，为依据党章建立党内法规体系奠定了理论和思想基础。

党的十八大以来，在以习近平同志为核心的党中央积极推动下，出台了规范党内法规制定和实施的若干重要党内法规，其中最重要的是《中国共产党党内法规制定条例》①。该条例对党章作为党内法规的最高地位作了非常明确的规定，从而赋予了党章作为党内法规的最高效力。2019 年修订的《中国共产党党内法规制定条例》第 5 条第二款明确地界定了党章的“内涵”，规定“党章对党的性质和宗旨、路线和纲领、指导思想和奋斗目标、组织原则和组织机构、党员义务权利以及党的纪律等作出根本规定”。第 3 条第二款也明文规定，“党章是最根本的党内法规，是制定其他党内法规的基础和依据”。上述规定表明，党章作为党内法规，它在党内法规系统中具有非常重要的地位，是管党治党的根本法规。党的二十大部分修订的《中国共产党章程》② 共分总纲、11 章、55 条，对党员，党的组织制度、中央组织、地方组织、基层组织、干部、纪律、纪律检查机关，党组、党和共产主义青年团的关系以及党徽党旗等事项作了比较全面和系统的规定。

鉴于党章的根本党内法规性质，党章在管党治党方面具有非常重要的地位。党的十八届六中全会决议③明确指出：全会强调，

---

① 2013 年 5 月 27 日新华社受权发布，该条例自发布之日起施行。1990 年 7 月 31 日中共中央印发的《中国共产党党内法规制定程序暂行条例》同时废止。

② 国家行政学院政治学部编：《中国共产党党内重要法规（修订版）》，人民出版社 2016 年版，第 1—38 页。

③ 《党的十八届六中全会文件学习辅导百问》，党建读物出版社、学习出版社 2016 年版，第 1—11 页。

新形势下加强和规范党内政治生活，必须以党章为根本遵循，坚持党的政治路线、思想路线、组织路线、群众路线。根据党的十八届六中全会决议，作为全面从严治党的“根本遵循”，党章在管党治党方面有以下几个方面的要求：一是党章是党内决策的基本依据。党内决策、执行、监督等工作必须执行党章党规确定的民主原则和程序，任何党组织和个人都不得压制党内民主、破坏党内民主。二是党内监督必须严格遵守党章，党章既是党内监督的依据，也是党内监督的任务和内容。党内监督要尊崇党章，依规治党。党内监督的任务是确保党章党规党纪在全党有效执行，维护党的团结统一。三是党内重大人事任免权的行使必须遵从党章。党的十八届六中全会决议规定：全会按照党章规定，决定递补中央委员会候补委员若干名。四是高级干部特别是中央领导层组成人员必须以身作则，模范遵守党章党规，严守党的政治纪律和政治规矩。总之，党章是管党治党的前提和出发点，同时党章又是全面从严治党的根本保证，党章作为根本党内法规的权威也需要党内监督活动加以维护，党组织和党员，特别是党员领导干部带头遵守党章，才能保证党章成为全面从严治党的根本遵循，才能发挥党章的党内法规的最高效力。

三、党内法规与党内规范性文件的制定必须以党章为依据、不得与党章相抵触

党章作为具有最高效力的党内法规，其效力表现形式直接体现在党章与其他党内法规之间的关系。最早涉及党章与其他党内法规之间效力关系的是《中国共产党党内法规制定条例》，该条

例第三条第二款明确规定："党章是最根本的党内法规，是制定其他党内法规的基础和依据。"其他党内法规与规范性文件以党章为依据，主要表现在以下几个方面。

1. 党章是其他党内法规制定的原则。《中国共产党党内法规制定条例》第七条第（三）项规定：制定党内法规应遵循"以党章为根本"的原则。为什么在制定党内法规的时候要以党章为根本依据呢？这是由党章的基本性质和地位决定的。党章不同于一般的党内法规，党章"对党的性质和宗旨、路线和纲领、指导思想和奋斗目标、组织原则和组织机构、党员义务和权利以及党的纪律等作出根本规定"。也就是说，党章是党内各项法规存在的前提和出发点，从逻辑时序上来说，先有党章，后有其他党内法规。其他党内法规不能在没有党章明确规定的前提下随意制定，否则，就构成了对党章最高效力的挑战。故其他党内法规的制定，必须要"于党章有据"，这是依规治党的基本要求和内涵。习近平总书记对此也明确指出，"建立党内法规制度体系，要以党章为根本依据"。①

2. 党章是审核其他党内法规正当性的依据。既然党章是具有最高效力的党内法规，如果制定其他党内法规，就必须要对拟制定通过的其他党内法规的正当性进行必要的审核，包括对制定党内法规的程序、党内法规的名称、党内法规的具体调整对象和范围、党内法规的效力等，如果党内法规制定没有党章上的依据，这样的党内法规就不能在审核批准阶段予以通过，这显示了党章

① 习近平：《认真学习党章，严格遵守党章》，《人民日报》2012年11月20日。

的权威性。《中国共产党党内法规制定条例》第二十七条第（二）项规定：审议批准机关收到党内法规草案后，交由所属法规工作机构进行前置审核。主要审核下列内容："……（二）是否同党章、党的理论和路线方针政策相抵触……"

3. 其他党内法规的内容不得与党章相抵触，党章是解释其他党内法规内涵的法规依据。其他党内法规是根据党章制定和产生的，这就意味着党内法规在实施过程中，如果遇到内容出现分歧需要进行解释的，仍然要以党章为依据，来解释党内法规的内涵，使得党内法规的内涵与党章的相关规定保持一致。《中国共产党党内法规制定条例》第三十一条第（一）项明确规定，"党章在党内法规中具有最高效力，其他任何党内法规都不得同党章相抵触"。习近平总书记对于党章的权威性以及在实施中的约束力作了很好的阐述。在《认真学习党章，严格遵守党章》一文中，他指出，"要加强对遵守党章、执行党章情况的督促检查，对党章意识不强、不按党章规定办事的要及时提醒，对严重违反党章规定的行为要坚决纠正，全党共同来维护党章的权威性和严肃性"。[①]

4. 与党章相抵触的党内法规应当无效。如果党内法规在制定和实施过程中没有发现与党章不一致的问题，但在法规监督中被发现与党章相抵触的，抵触的党内法规应当被宣布为无效，以防止与党章相抵触的党内法规与党章并行生效，扰乱党内制度建设的基本秩序。《中国共产党党内法规制定条例》第三十二条明确

---

① 习近平：《认真学习党章，严格遵守党章》，《人民日报》2012年11月20日。

规定，中央纪律检查委员会以及党中央工作机关和省、自治区、直辖市党委制定的党内法规有下列情形之一的，党中央予以责令改正或者撤销：“(一) 同党章、党的理论和路线方针政策相抵触……”。此外，《中国共产党党内法规和规范性文件备案审查规定》[①] 第一条明确了该规定的立法宗旨，在于“为了规范党内法规和规范性文件备案审查工作，维护党内法规和党的政策的统一性、权威性，根据《中国共产党党内法规制定条例》，制定本规定”。该规定第十九条也明确规定，党内法规和规范性文件存在下列情形之一，审查机关应当不予备案通过，并要求报备机关进行纠正：违背党章、党的理论和路线方针政策的。根据《中国共产党党内法规和规范性文件备案规定》的规定，不仅是党内法规，即便是非党内法规性质的党内规范性文件的制定和实施也必须遵循党章的各项规定，违反党章规定的规范性文件不得生效。

为了维护党章的最高权威性，对于那些违反党章的党内法规和规范性文件，有必要在制度上进行经常性的清理，以保证党内法规体系能够尊崇党章的规定，保持党内法规体系自身的统一性。2012 年 6 月，中央部署开展了党的历史上第一次党内法规和规范性文件集中清理工作。清理工作分两个阶段进行，第一阶段任务是清理 1978 年至 2012 年 6 月出台的中央党内法规和规范性文件，第二阶段任务是清理新中国成立至 1977 年出台的中央党内

① 中央政府门户网站，参见 http://www.gov.cn/jrzg/2013-05/27/content_2412508.htm，2021 年 10 月 25 日最新访问。《中国共产党党内法规和规范性文件备案规定》系 2012 年 6 月 4 日中共中央批准，2012 年 6 月 4 日中共中央办公厅发布，2019 年 8 月 30 日中共中央政治局会议最新修订。

法规和规范性文件。2013年7月，中央发布了第一阶段清理任务的决定。第一阶段清理工作由中央办公厅牵头组织实施，中央纪委、中央组织部、中央宣传部、中央统战部等50多个中央和国家机关共同参与，前后历时两年。通过对新中国成立至2012年6月期间出台的23000多件中央文件进行全面筛查，共梳理出规范党组织工作、活动和党员行为的党内法规和规范性文件1178件。经过清理，废止322件，宣布失效369件，两者共占58.7%；继续有效的487件，其中42件需适时进行修改。2014年11月又发布了《中共中央关于再废止和宣布失效一批党内法规和规范性文件的决定》。根据该《决定》开展党内法规和规范性文件的第二阶段清理工作，纳入第二阶段清理范围的新中国成立至1977年期间中共中央制定的411件党内法规和规范性文件中，160件被废止，231件宣布失效，20件继续有效。通过党内法规和规范性文件两个阶段的清理工作，摸清了中央党内法规制度的家底，一揽子解决了党内法规制度中存在的不适应、不协调、不衔接、不一致问题，有力维护了党章作为具有最高效力的党内法规的权威性，保证了党内法规制度的协调统一，有利于党内法规制度的遵守和执行。[①] 2019年初，中央发布《中共中央关于废止、宣布失效和修改部分党内法规和规范性文件的决定》。《决定》的发布，标志着2018年11月部署开展的中央党内法规和规范性文件第二次集中清理工作圆满完成。对第二次清理工作，中央决定，对纳入清理范围的中央党内法规和规范性文件，废止54件，宣布失效56件，

① 新华网，2014年11月17日，参见http://news.xinhuanet.com/politics/2014-11/17/c_1113285412.htm，2021年10月25日访问。

修改 8 件，同时，对 14 件涉及党和国家机构改革的中央党内法规作出一揽子修改。这次集中清理对于深入贯彻落实习近平新时代中国特色社会主义思想和党的十九大精神，维护党内法规和党的政策的统一性权威性，加快构建完善的党内法规制度体系，具有重要意义。

总之，党章作为具有最高效力的党内法规，从形式和内容都必须要得到其他党内法规和党内规范性文件的尊重和遵循。一方面，党章是其他党内法规赖以产生的前提和出发点；另一方面，其他党内法规和规范性文件不得与党章相抵触，不论在党内法规制定、实施的任何阶段，只要发现与党章相抵触，就必须予以纠正和撤销，从而维护党章最高效力党内法规的权威性。

四、执政党、执政党的党组织和党员以及国家公务人员的行为不得违背党章

中国共产党的党章是由中国共产党制定的规范自身活动的具有最高效力的党内法规。党章作为具有最高效力的党内法规，不仅对党组织和党员的行为具有约束力，对于国家公务人员的行为同样也具有约束力，体现了“党管干部原则”的要求。新中国成立之后，中国共产党作为执政党，通过党的各项路线、方针和政策转化为国家法律法规来对国家和社会生活实行政治领导，体现了执政党自身的“统帅”功能。与世界上其他执政党特别是多党制国家的执政党不同的是，作为执政党的党章，中国共产党的党章具有更加广泛的约束对象，集中体现了“党管干部”的领导原则。

首先，党章是党组织和党员行为的基本准则，也是党员资格的必要条件。从 1922 年 7 月党的二大所议决的第一部党章开始，党章就对作为中国共产党的党员提出了非常明确的要求，第一条明文规定，“凡承认本党宣言及章程并愿忠实为本党服务，均得为本党党员”。1945 年 6 月 11 日党的七大通过的党章在序言中则明确规定，“在党内不容许有离开党的纲领和党章的行为，不能容许有破坏党纪、向党闹独立性、小组织活动及阳奉阴违的两面行为”。上述规定已经包含了对党组织和党员两个方面行为主体各项活动的要求。1956 年 9 月 26 日党的八大通过的党章第二条第（四）项明确规定，“严格地遵守党章”是党员的义务。党员如果不遵守党章，应当给予批评和教育，如果严重地违背这些义务的，就是违反党的纪律，应当给予纪律处分。1982 年 9 月 12 日党的十二大通过的党章在第三十五条对“党的各级领导干部”更是提出了模范履行党章义务的要求。所以，党章作为中国共产党的具有最高效力的党内法规，不论是在民主革命时期，还是在领导中国人民夺取政权成为执政党之后，对于执政党、执政党的党组织和党员的行为都具有约束力，是规范党内活动的基本行为准则。

其次，中国共产党取得全国政权成为执政党之后，掌握了对国家和社会生活的政治领导权，而这种政治领导权又是通过“干部”制度来实现的，故党章的规范约束力相应地也延伸到代表执政党执政的所有“干部”和国家公务人员，体现了党的组织路线的基本要求。党的十八届六中全会通过的《关于新形势下党内政治生活的若干准则》明确规定：“选拔任用干部必须坚持党章规定的干部条件。”党章对所有“党管干部”的约束力是通过两种制度途径来体现的：一是一些规范党内机构或组织的党内法规的制定依据在将党章作为根本遵循的前提下，还规定了国家相关法律的“依据”作用。例如，《中国共产党党校（行政学院）工作条例》第一条就规定，“为了坚持和加强党对党校（行政学院）事业的领导，提高新时代党校（行政学院）工作科学化、制度化、规范化水平，根据《中国共产党章程》等党内法规和《中华人民共和国公务员法》等法律，制定本条例”。二是作为国家法律也体现了党章的要求，例如《中华人民共和国公务员法》第四条明文规定：“公务员制度坚持以马克思列宁主义、毛泽东思想、邓小平理论和‘三个代表’重要思想、科学发展观、习近平新时代中国特色社会主义思想为指导，贯彻社会主义初级阶段的基本路线，贯彻新时代中国共产党的组织路线，坚持党管干部原则。”

第三，党章对党员行为的约束作用关键在于党章对党员领导干部行为的约束效果。作为执政党的党员干部，是遵循党章的重点人群。“法之不行、自上犯之。”同样，党章作为具有最高效力的党内法规，如果在实际生活中得不到尊重和遵循，党员领导干部这个“关键少数”应当承担主要责任。《关于新形势下党内政治生活的若干准则》明确规定：“高级干部特别是中央领导层组成人员必须以身作则，模范遵守党章党规，严守党的政治纪律和政治规矩，坚持不忘初心、继续前进，坚持率先垂范、以上率下，为全党全社会作出示范。”习近平总书记特别重视“关键少数”在带头学习党章、遵守党章的模范作用。在《认真学习党章，严格遵守党章》一文中，他强调指出："党员领导干部要做学习党章、遵守党章的模范。""凡是党章规定党员必须做到的，领导干部要首先做到；凡是党章规定党员不能做的，领导干部要带头不做。"①

第四，党章作为党员的行为依据不仅仅只是让党员单纯地履行义务，也能够为有效地保护党员权利提供明确的党内法规的依据。《关于新形势下党内政治生活的若干准则》明确规定："必须尊重党员主体地位、保障党员民主权利，落实党员知情权、参与权、选举权、监督权，保障全体党员平等享有党章规定的党员权利、履行党章规定的党员义务，坚持党内民主平等的同志关系，党内一律称同志。任何党组织和党员不得侵害党员民主权利。"与此同时，"要坚持和完善党内民主各项制度，提高党内民主质量，党内决策、执行、监督等工作必须执行党章党规确定的民主原则和程序，任何党组织和个人都不得压制党内民主、破坏党内民主"。

最后，党章能否得到有效遵从关键是要牢固地树立党章意识。党章是党内的根本法规，具有最高效力。党章能否在实际中得到遵循，是否具有权威，能不能成为党组织、党员和公职人员的行为标准，关键还在于要有党章意识，心中要有党章，才能对党章产生敬畏感。为此，习近平总书记明确指出："全党要牢固树立党章意识，真正把党章作为加强党性修养的根本标准，作为指导党的工作、党内活动、党的建设的根本依据，把党章落实到

① 习近平：《认真学习党章，严格遵守党章》，《人民日报》2012年11月20日。

行动上、落实到各项事业中。”为此，党的一切工作要以党章为前提和出发点，要有牢固的党章意识和党章“情结”，做到遇事找党章、解决问题靠党章、统一思想认识和行为标准依党章的党章文化。正如习近平总书记指出的那样：“判断各级党组织和党员、干部的表现，要以党章为基本标准；解决党内矛盾，要以党章为根本规则。”“要加强对遵守党章、执行党章情况的督促检查，对党章意识不强、不按党章规定办事的要及时提醒，对严重违反党章规定的行为要坚决纠正，全党共同来维护党章的权威性和严肃性。”①

总的来说，党章作为具有最高效力的党内法规，其约束党组织、党员的效力形式是丰富的，它具有最高性、普遍性、权利与义务相统一性、重点与一般相结合等特征。只有真正地以党章为根本遵循，才能维护党章的权威，确保党组织、党员以及各级领导干部能否严格地遵守党章，按照党章办事，处处维护党章的根本法规的权威。

五、党章是解决党内法规与国家法律法规之间冲突的正当性依据

党章作为具有最高效力的党内法规，是管党治党的根本法规。党章不仅对党内法规和规范性文件的制定具有明确的“依据”作用，同时对国家的宪法和法律法规也具有明确的政策指导作用。党章作为具有最高效力的党内法规，通过国家立法机关的

---

① 习近平：《认真学习党章，严格遵守党章》，《人民日报》2012 年 11 月 20 日。

立法活动，将党章对国家和社会生活的原则性要求转化为国家宪法、法律法规的相关规定，从而更好地体现执政党对国家和社会生活的政治领导作用。为此，作为以党章为依据产生的国家宪法和法律，对其他党内法规的制定也具有参考和指导作用，党内法规的制定也不得与国家宪法法律相抵触。《中国共产党党内法规和规范性文件备案审查规定》对此有比较明确的规定。2019 年修订的《中国共产党党内法规和规范性文件备案审查规定》第十一条规定，审查机关对符合审查要求的报备党内法规和规范性文件，应当予以登记，从下列方面进行审查：（一）政治性审查。包括是否认真贯彻落实习近平新时代中国特色社会主义思想，是否同党的基本理论、基本路线、基本方略相一致，是否与党中央重大决策部署相符合，是否严守党的政治纪律和政治规矩等。（二）合法合规性审查。包括是否同宪法和法律相一致，是否同党章、上位党内法规和规范性文件相抵触，是否与同位党内法规和规范性文件对同一事项的规定相冲突，是否符合制定权限和程序，是否落实精简文件、改进文风要求等。（三）合理性审查。包括是否适应形势发展需要，是否可能在社会上造成重大负面影响，是否违反公平公正原则等。（四）规范性审查。包括名称使用是否适当，体例格式是否正确，表述是否规范等。

从上述规定来看，审查机关在对报送备案的党内法规和规范性文件进行审查的时候，其审查所依据的文件不仅包括作为具有最高效力的党内法规“党章”，也包括了国家的“宪法和法律”，至于说这两种审查依据之间如果出现了不一致情形如何处理，根据执政党对国家和社会生活进行政治领导的方式以及党管干部的原则，可以从两个方面来解决这个问题：一是通过程序性机制来加以解决。《中国共产党党内法规和规范性文件备案规定》第十二条规定："对内容复杂敏感、专业性强、涉及面广的党内法规和规范性文件，审查机关可以征求有关方面意见建议或者进行会商调研。人大常委会、政府、军队备案审查工作机构发现党内法规和规范性文件可能存在违法违规问题的，可以向同级党委备案审查工作机构提出审查建议。同级党委备案审查工作机构应当研究处理，并以适当方式反馈结果。"根据上述规定，如果审查党内法规的依据出现不一致的情形的，应当通过程序性机制来进行党内法规审查和国家法律法规审查的联动审查。二是从党的政策与国家法律法规之间的关系出发，区分党章的政治领导地位以及国家宪法和法律的法律规范作用，对于党章与国家宪法法律之间明显不一致的地方，可以通过修改党章或修改宪法的方式来消除党章与国家宪法法律之间的不一致。例如，为了保证党章所确立的指导思想与现行宪法所规定的指导思想之间的一致，2018 年现行宪法第五次修改时把习近平新时代中国特色社会主义思想写入了宪法，通过宪法修改的方式使得宪法所确立的指导思想与党章所明确的指导思想相一致。此外，由于中国共产党所具有的执政地位，并且这种执政地位又需要通过"依法执政""依宪执政"的途径和方式来实现，因此，如果党章所规定的执政党的执政理念发生了变化，那么，就应当通过修改国家宪法和法律的方式来及时有效地将执政党的执政理念国家化、制度化，从而对国家和社会生活更好实现政治领导。

此外，在正确处理党内法规与国家法律法规之间关系的过程中，还有一个现象是值得关注的，即党政立法立规机构共同制定和发布的以法规形式表现出来的行为规则，这些法规有的是以党内法规的形式出现的，有的是以国家法律法规形式出现的。尤其有些是以中共中央、国务院联合发布的“决定”“意见”等形式出现，具有纲领性和指导性，很难界定是属于党内法规还是国家法律法规。例如，《中共中央、国务院关于深化国有企业改革的意见》（2015 年 8 月 24 日）、《中共中央、国务院关于打赢脱贫攻坚战的决定》（2015 年 11 月 29 日）；而更下位的规范性文件，如中共中央办公厅、国务院办公厅联合发文来针对某些国家治理和社会治理的热点问题作出政策上的指引则属于经常性的规则制定工作，例如，中共中央办公厅、国务院办公厅印发的《关于全面推行河长制的意见》《关于省以下环保机构监测监察执法垂直管理制度改革试点工作的指导意见》《关于深化职称制度改革的意见》等。既然是党政立法立规机构共同发文，而党规制定机构必须受到党章的约束，因此，在审查这类党政机构联合发布的政策性文件时，如何确保党章的规定得到认真贯彻落实，需要党政机构采取法规联动审查机制来加强彼此之间的沟通和协调，确保联合发文的正当性和合法性。

总之，在中国共产党处于执政地位的政治体制下，执政党的党章应当处于国家政治生活的最顶端，具有最高的正当性和合法性。这种最高正当性和合法性表现在对执政党自身的约束作用就是执政党的一切党内法规和规范性文件必须以党章为依据，不得与党章相抵触，执政党的党组织和党员行为必须遵从党章的各项要求，党章是执政党具有最高效力的党内法规，是审查党内法规正当性的最高上位党内法规；党章的最高合法性表现在“依法执政”“依宪执政”的层面就是党章所明确的执政党治国理政的各项原则、理念和要求必须及时和有效地通过国家立法程序转化为国家宪法和法律的规定，从而保证执政党的党章能够在全社会得到一体遵循，实现执政党对国家和社会生活进行政治领导的价值目标。

本文修改版刊登在《西北大学学报（哲学社会科学版）》2017年第5期，收入本书时有增删。

建立和完善党内法规的监督机制

党的十八届四中全会审议通过的《中共中央关于全面推进依法治国若干重大问题的决定》(以下简称《决定》)在明确“依法执政”的内涵时将“执政党依据党内法规管党治党”作为一项重要内容对待，与此同时，《决定》还把党内法规体系作为“中国特色社会主义法治体系”的一个重要组成部分予以高度重视。《决定》对加强党内法规制度建设，通过党规严格治党以及充分发挥党规在反对党内腐败现象中的作用都作出了明确的要求。《决定》规定：党内法规既是管党治党的重要依据，也是建设社会主义法治国家的有力保障。党章是最根本的党内法规，全党必须一体严格遵行。完善党内法规制定体制机制，加大党内法规备案审查和解释力度，形成配套完备的党内法规制度体系。注重党内法规同国家法律的衔接和协调，提高党内法规执行力，运用党内法规把党要管党、从严治党落到实处，促进党员、干部带头遵守国家法律法规。党的纪律是党内规矩。党规党纪严于国家法律[①]，党的各级组织和广大党员干部不仅要模范遵守国家法律，

---

① 王岐山：《加强党内法规制度建设依规管党治党》，《人民日报》2014 年 11 月 3 日。

而且要按照党规党纪以更高标准严格要求自己，坚定理想信念，践行党的宗旨，坚决同违法乱纪行为作斗争。对违反党规党纪的行为必须严肃处理，对苗头性倾向性问题必须抓早抓小，防止小错酿成大错、违纪走向违法。依纪依法反对和克服形式主义、官僚主义、享乐主义和奢靡之风，形成严密的长效机制。完善和严格执行领导干部政治、工作、生活待遇方面各项制度规定，着力整治各种特权行为。深入开展党风廉政建设和反腐败斗争，严格落实党风廉政建设党委主体责任和纪委监督责任，对任何腐败行为和腐败分子，必须依纪依法予以坚决惩处，决不手软。

根据《决定》上述规定，加强党对依法治国的全面领导也包含了加强党对自身的依法治理，即依照党内法规管党治党。作为中国特色社会主义法治体系建设的一项重要任务，党内法规体系的完善至关重要，而要完善党内法规体系，关键是要建立科学和完善的党内法规和规范性文件备案审查机制，加强对党内法规自身正当性的监督。

2013 年 5 月 27 日，经中央批准，《中国共产党党内法规制定条例》（以下简称《条例》）、《中国共产党党内法规和规范性文件备案规定》（以下简称《规定》）公开发布。2019 年 8 月 30 日，中央政治局会议又对上述两个规定作了修订。这两部党内法规的制定、发布和修订，对于推进党的建设制度化、规范化、程序化，提高党科学执政、民主执政、依法执政水平，具有十分重要的意义。

根据《条例》《规定》，执政党建立起了正式和规范意义上的“党内法规备案机制”。作为党内法规备案机制，与国家的法规规章备案机制一样，从法规备案机制本身的功能来看，主要是要解决法律的统一性和立法监督问题。由于党内法规备案机制刚刚运行不久，相比国家的法规规章备案机制来说，还有许多制度尚未建立，关于备案主体、备案方式、备案程序和备案审查、备案效力等诸多方面还有许多理论和实践问题需要进一步加以研究。

一、党内法规的制度特征

根据2019年修订的《规定》的规定，属于该《规定》所要求的“备案审查对象”范围是比较清楚的。该《规定》第2条规定：本规定适用于党组织制定的党内法规和规范性文件的备案审查工作。

本规定所称规范性文件，是指党组织在履行职责过程中形成的具有普遍约束力、在一定时期内可以反复适用的文件。

下列文件不属于备案审查范围：

(一) 印发领导讲话、年度工作要点、工作总结等内容的文件；

(二) 关于人事调整、表彰奖励、处分处理以及机关内部日常管理等事项的文件；

(三) 请示、报告、会议活动通知、会议纪要、情况通报等文件；

(四) 其他按照规定不需要备案审查的文件。

根据上述规定，属于《规定》所规定的应当“备案审查”的对象是指党组织制定的党内法规和规范性文件。从党内法规备案机制的功能来看，应当涵盖所有党内法规和规范性文件，但在实践中如何操作，还需要认真加以研究。根据党章、《条例》《规定》的相关规定，我国目前党内法规主要分为四个层次：党章是具有最高效力的党内法规；党的中央组织制定的党内法规；中央纪律检查委员会以及党中央工作机关和省、自治区、直辖市党委制定的党内法规。不过目前党内法规体系四个层次的理论还没有正式文件来系统加以表述，只是从相关规定中可以推导出来，这种状况必须在完善党内法规体系过程中不断加以解决。

《规定》使用了狭义上的“党内法规”的概念，并且与“规范性文件”相并列，但到底哪些规范性文件属于“党内法规”，《规定》并没有予以明确，故无法从制度意义上来给出严格意义上的“党内法规”的内涵和外延。但是，从《规定》相关条文来看，“党内法规”作为特殊形式的党内规范性文件有以下两个基本特性：

1. “党内法规”有“上位和同位”之分。《规定》第11条第（二）项规定：审查机关对符合审查要求的报备党内法规和规范性文件，应当予以登记，从下列方面进行审查：是否同宪法和法律相一致，是否同党章、上位党内法规和规范性文件相抵触，是否与同位党内法规和规范性文件对同一事项的规定相冲突，是否符合制定权限和程序，是否落实精简文件、改进文风要求等。上述规定确立了“党内法规”的效力层次，但并没有说明具有最高效力的“党内法规”的表现形式，根据《规定》第11条第（一）项规定，要审查是否认真贯彻落实习近平新时代中国特色社会主义思想，是否同党的基本理论、基本路线、基本方略相一致，是否与党中央重大决策部署相符合，是否严守党的政治纪律和政治规矩等。很显然，党的理论、路线、方针、政策不属于具有最高效力的“党内法规”，但在效力上应当高于“党内法规”，是审查党内法规的上位法依据。

2. “党内法规”有“联合发布”和“单独发布”之别。《规定》第五条规定：党组织制定的党内法规和规范性文件应当向上级党组织报备。多个党组织联合制定的党内法规和规范性文件，由牵头党组织向共同的上级党组织报备。上述规定只是认可了“联合发布”的“党内法规”主体都属于党组织，而没有回答“联合发布”党内法规的主体只有一方或部分属于党组织的报备情形。由此可见，“联合发布”的“党内法规”就其内容和事项来说也分为两种情形，一是“联合发布”的“党内法规”仅仅涉及党内事务，不具有对党外事务的约束力，故发布主体都为党组织；二是“联合发布”的“党内法规”也具有约束党外行为的效力，其中有若干联合发布主体不属于党组织。在“联合发布”的“党内法规”事项中，是否存在着中国共产党作为执政党与参加人民政协的八个民主党派联合发文的问题，这个问题在《规定》中并没有涉及，需要深入加以研究。

二、完善党内法规备案机制应当解决的几个理论问题

由于党内法规备案审查机制刚刚建立，如何根据党内法规自身的规范特征来确立上下一体、协调统一的备案审查制度，建立和完善党内法规监督机制，这在理论上还有很多值得认真研究的问题，这些理论问题在《规定》中所设计的党内法规备案审查机制中也能够反映出来。主要的理论问题包括以下几个方面。

1．“党内法规”的制定主体需要在制度上明确化。《规定》对受备案审查的“党内法规”的制定主体规定得相对较为明确，主要包括“中央纪律检查委员会、中央各部门和省、自治区、直辖市党委”，但是，由于《规定》采用了“上位党内法规”的提法，故需要在理论上明确的是，权威在“中央纪律检查委员会、中央各部门和省、自治区、直辖市党委”之上党的机构哪些有权制定“党内法规”，这些“党内法规”谁来进行备案审查。从目前的《规定》来看，似乎只有“中央”这个概念。但根据《中国共产党章程》的规定，“中央”是一个含义很广的概念，涉及中央委员会、中央政治局、中央政治局常务委员会等中央机构。事实上，明确“中央纪律检查委员会、中央各部门和省、自治区、直辖市党委”之上党的机构作为“党内法规”的制定主体，涉及“党内法规”的最高法规地位问题，只有具有最高效力的“党内法规”地位明确，才有可能建立起适应党规备案审查的“下位党规不得抵触上位党规”的备案审查原则。

2．法规备案审查，不论是国家性质的，还是党内性质的，设立备案审查机制的制度目标都在于应当保证上下位法规之间遵循相同的原则。为确保上下位法规之间的“一致性”，对“上位法规”的解释是法规备案审查必不可少的制度工具。例如，为保证国家法律法规的统一性和便于法律法规备案审查工作的开展，我国现行宪法第67条就规定全国人大常委会有权解释宪法和法律。正因为全国人大常委会有权解释宪法和法律，故当接受备案审查的法律法规是否与作为最高法律效力的宪法相抵触时，对相关的宪法条文的宪法解释就非常重要。同理，接受备案审查的法规、规章和规范性文件是否与法律相抵触，也需要全国人大常委会对相关法律进行解释。因此，“党内法规”备案审查制度要真正发挥自身的监督作用和保证党规自身的统一性，就需要对审查党内法规的“合规性依据”或“正当性前提”做出解释。从《规定》现有的规定来看，“党章、党的理论和路线方针政策”是“党内法规”体系中具有最高效力的正当性依据，故需要建立对“党章、党的理论和路线方针政策”的解释制度。与此同时，在明确“党内法规”中具有最高效力的法规形式基础之上，对“最高党内法规”也应当建立起必要的法规解释制度。根据《中国共产党章程》的规定，可以确定只有党章才是具有最高效力的党内法规。但现行的党章并没有对党章如何解释加以明确规定。故要建立和完善党内法规的监督机制，只有党规解释制度跟进，“党内法规”的备案审查机制才能发挥真正的监督作用。

3.《规定》第4条确立了一项“法规联动审查机制”，该条第三款规定：“各级党委应当与同级人大常委会、政府等有关方面建立健全备案审查衔接联动机制。”将“党内法规”备案审查与“国家法律法规”备案审查结合在一起，确立相互衔接、相互补充的备案审查制度，完全符合我国的政治和法律国情，也是执政党依法执政的重要形式，是正确处理“党的政策”与“国家法律”一致性的必要保障机制。但要在制度上保证“备案审查衔接联动机制”的有效运行①，实际上关键还在于确立法规效力层级体系。虽然在党的领导地位层面，党的政策高于国家法律，但具

① 杜江茜、徐霄桐：《专家：党内法规体系和国家法规体系要衔接起来》，《中国青年报》2014年11月10日。

体到党内法规与国家法规之间的关系时，就必须进行法规层次上的效力分类。否则，就会出现备案审查依据相互之间的矛盾和冲突。从我国目前的政治体制来看，中国共产党的党章和国家的宪法毫无疑义应当作为“党内法规”备案审查的最高依据。而一般性的党内政策或者文件，不仅不得与党章矛盾，也不得与宪法相抵触。对于党的中央组织发布的“党内法规”与作为国家最高立法机关制定的国家法律，如果相互之间出现不一致的，也要尽量采取法规解释的手段，避免相互矛盾和冲突现象的产生。在这一方面，需要相关部门通力合作，制定出确实可行的“备案审查衔接联动机制”。

4. 从根本上来看，要解决党内法规“合规性”的监督问题，需要对“党的中央组织”制定的“党内法规”建立必要的备案审查和监督制度。特别是党的中央组织制定的“党内法规”如果与党章规定不一致或者相抵触，如何在制度上建立一套有效的备案审查机制来对违反党章的“党的中央组织”制定的“党内法规”进行必要的监督，应当通过党内立法的形式加以明确。如果要真正做到不同层次的“党内法规”都能遵守“下位党规”服从“上位党规”的原则，所有党内法规都必须服从党章的规定，就必须要树立党章的最高权威。只要是违反党章的党内法规，都要通过合规性审查机制来加以纠正。

5. 要加强党内法规的及时清理工作，通过清理来发现违法违规的问题，及时予以纠正。通过对党内法规的集中清理，废止了一些过时失效的党内法规，补充和完善了一些已经不适应新形势要求的党内法规，依据符合党章要求和国家宪法法律规定的标准[①]，重新对清理后的党内法规进行全面审查，比较有效地维护了党内法规的权威性，为建立完善的党内法规体系提供了法理和法律依据。

三、严格界定“党内法规”的调整范围有利于提高党内法规监督工作的效率

党的十八届四中全会审议通过的《决定》首次明确地提出了“形成完善的党内法规体系”的要求，并且把“党内法规体系”视为“中国特色社会主义法治体系”的重要组成部分。“党内法规体系”进入“中国特色社会主义法治体系”之列完全符合中国的政治国情，具有鲜明的中国特色，也是“中国特色社会主义法治体系”对“中国特色社会主义法律体系”的制度升华，使得依法治国、建设社会主义法治国家治国方略具有了更加丰富的理论内涵和实践价值。要从建设中国特色社会主义法治体系的高度来“形成完善的党内法规体系”，最关键的问题是要保证“党内法规”自成体系，这一体系不仅具有下位党规服从上位党规的层次效力要求，而且属于同一党内法规体系中的各种党内法规的调整和规范对象也必须具有内在的一致性，否则，就很难形成理论上自圆其说、实践中行之有效的党内法规体系。对党内法规提出“体系化”要求，通过完善党内法规的监督机制是一条重要的制度途径。但从本质上来看，要形成完善的“党内法规体系”关键

① 方世荣：《以党内法规促进依宪治国》，《人民日报》2014 年 12 月 4 日。

在于要在制度上保证党内法规之间的“同质性”。

从党的十八届四中全会审议通过的《决定》对“党内法规”的“任务”要求来看，“党内法规”的调整对象只限于党内事务。《决定》在明确“依法执政”内涵时指出：“依法执政，既要求党依据宪法法律治国理政，也要求党依据党内法规管党治党。”因此，根据《决定》上述精神，党内法规的任务是“管党治党”。此外，《决定》在强调“加强党内法规制度建设”也明确指出了党内法规的任务限于“管党治党”，即“党内法规既是管党治党的重要依据，也是建设社会主义法治国家的有力保障。党章是最根本的党内法规，全党必须一体严格遵行。完善党内法规制定体制机制，加大党内法规备案审查和解释力度，形成配套完备的党内法规制度体系。注重党内法规同国家法律的衔接和协调，提高党内法规执行力，运用党内法规把党要管党、从严治党落到实处，促进党员、干部带头遵守国家法律法规”。

从党内法规的历史渊源来看，党内法规概念的提出也是为了“管党治党”，专门用来规范党内事务。当然，值得注意的是，由于在执政党如何执政、党的政策与国家法律之间的关系等基本理论问题还需要更加深入细致的研究。党的十八届四中全会通过的《决定》非常明确地提出了“党要依据党内法规管党治党”的价值要求，这就为形成完善的党内法规体系提供了制度上的保障。当下，必须要将党内法规的规范功能聚焦在“管党治党”上，才能在制度上真正有效地解决不同的党内法规之间存在的矛盾和不一致，才能保证党内法规在“管党治党”中有效地发挥自身的规范功能。从理论上来看，也只有把党内法规的调整对象限定在党内事务上，党内法规体系才能科学地建立起来，才能在建设中国特色社会主义法治体系过程中保持自身的独立性。从实践角度来看，只有将党内法规的规范功能限定在“管党治党”上，才能在不同类型的党内法规之间建立起相互一致的逻辑关系，也才能建立起对党内法规的有效监督机制，形成完善的党内法规体系。

总之，“党内法规”合规性监督机制的建立意义非常重大。一方面，解决了执政党自身党规建设的问题；另一方面，又可以在党内法规、党的政策与国家法律法规之间建立起保证相互一致性的具体备案审查制度。该制度的建立和运行，必然会给执政党依法执政带来全新的思路，为法治中国的建设营造一个良好的法律和制度环境。

本文刊登在《学习与探索》2015 年第 10 期，收入本书时有增删。

创制中国特色监察权的伟大实践

随着国家监察体制改革深入推进，在理论上必然会产生国家监察体制改革重大措施的制度化和法治化的问题，其中最核心的问题就是监察委员会作为党领导下的反腐败机构，自身所行使的权力性质以及效力问题。

监察委员会是中国特色的反腐败机构

过去一段时间里，关于监察委员会性质的讨论，曾有一些观点并不符合国家监察体制改革的初衷。例如，有的观点认为应将目前我国所有的监督机构合并，组成带有综合性监督功能的大监督机构；有的观点主张国家监察委员会具有高于国家权力机关、行政机关、审判机关和检察机关的职能；有的观点认为国家监察委员会属于取代检察机关的专门的法律监督机关；等等。诸如此类的观点并没有准确体现我国基本政治制度的特点，与国家监察体制改革的目标也不一致。

根据中办印发的《关于在北京市、山西省、浙江省开展国家监察体制改革试点方案》和全国人大常委会《关于在北京市、山西省、浙江省开展国家监察体制改革试点工作的决定》，监察委员会是中国特色的反腐败机构，它主要行使国家监察权，对所有行使公权力的公职人员依法实施监察，履行监督、调查、处置职责，监督检查公职人员依法履职、秉公用权、廉洁从政以及道德操守情况，调查涉嫌贪污贿赂、滥用职权、玩忽职守、权力寻租、利益输送、徇私舞弊以及浪费国家资财等职务违法和职务犯罪行为并作出处置决定，对涉嫌职务犯罪的，移送检察机关依法提起公诉。

监察委员会是党统一领导下的反腐败机构，也是“党管干部”原则指导下的对干部廉洁状况进行监督的专门机构。充分认识深化国家监察体制改革是确立中国特色监察体系的创制之举，明确监察委员会实质上就是反腐败工作机构，和纪委合署办公，代表党和国家行使监督权，是政治机关，也是特殊性质的国家机关，不是行政机关、司法机关。在履行监督、调查、处置职责过程中，始终坚持把讲政治放在首位，综合分析政治生态整体情况，把握“树木”和“森林”关系，有效运用监督执纪“四种形态”，把党的政策策略体现在工作实践中，不断增强反腐败工作的政治效果，在廉政建设和反腐败工作中真正把党的领导落实到位，推动形成风清气正的良好政治生态。监察委员会行使国家监察权，针对各种行使公权力的公职人员，而不是公职人员所在的党政机构，应当与党内监督、人大监督、民主监督、司法监督、审计监督、社会监督、舆论监督等各种监督形式有机结合起来，形成科学有效的权力运行制约和监督体系，增强监督合力和实效。

国家监察制度设计体现“党管干部”原则

在我国现行的人民代表大会制度框架下，不存在可以与各级人大行使的国家权力相制约的其他性质的独立的国家权力。考察“监察权”的正当性和基本内容以及权力效力，必须从中国特色社会主义基本政治制度的构成来全面认识现行政治体制下各种权力的性质、归属及效力。

我国是共产党领导的社会主义国家，坚持党的领导是写进现行宪法序言的四项基本原则之一。我国现行宪法和法律所确立的人民代表大会制度本身是以中国共产党领导的多党合作和政治协商制度为基础的，执政党虽然不直接行使国家权力，但通过把党的政策转化为国家法律以及通过在国家机关中行使国家权力的党员干部的先锋模范带头作用，来实现党对国家生活和社会生活的政治领导。

在我国，作为执政党的中国共产党在国家治理和社会治理中享有全面的政治领导权、决策指挥权和监督权。党对行使国家权力的国家机关和国家机关工作人员实行的是政治监督，特别是通过“党管干部”原则来确保在国家机关和行使国家权力的组织、机构中的党员、领导干部能够廉洁奉公、遵纪守法、遵守职业操守。在实行多党制的国家中，在国家机关中执掌国家权力的各政党成员也要受到各自所在的政党的纪律约束，只不过在制度层面缺少统一和有效的来自政党的监督，很多国家采取了设立专门的反腐败机构的机制来专门监督公职人员的廉洁状况。

当然，“党管干部”原则还要与国家机关的干部人事管理制度结合起来，对国家机关中的公职人员具体的人事管理工作还需要国家机关自身的人事管理机构负责，才能起到应有的保障作用。故要在执政党的领导下，结合国家权力运行机制，创制国家监察权，管住行使公权力的所有公职人员，因此，旨在实现执政党反腐败使命的国家监察委员会行使的国家监察权，既有政治权力的性质，也有法律权力的特征，是具有中国特色的“监察权”。监察机关行使的“监察权”首先属于执政党执政权的一部分，进入国家机构序列之后，又具有法律监督权的特性。“监察权”的双重性质深刻地体现了中国特色社会主义政治制度的鲜明特色，不能脱离中国的具体国情，甚至只是从单纯的概念、逻辑推理或者是从西方三权分立的权力构造理论来简单地认识监察权的性质与制度功能。抛开党对监察工作具有绝对领导权这个政治前提，监察委员会自身的存在以及监察委员会所行使的监察权就失去了任何意义。

国家监察权具有丰富的制度功能

作为具有中国特色的监察权，首先，它与全国人大及地方各级人大依据宪法和法律所享有的国家权力并不矛盾，而是相辅相成的关系。根据我国现行宪法规定，人民行使国家权力的国家机关是全国人大及地方各级人大，国家监察委员会行使的国家监察权本身不构成对全国人大及地方各级人大行使的国家权力的制约，只是对在全国人大及地方各级人大中履行机关行政服务保障功能的公职人员的廉洁状况行使监察权，目的是为了保证各级人大在依法行使国家权力时获得一个良好的制度环境和一支高素质的人才队伍。各级人大公职人员不能以人大自身的国家权力机关性质，用“机关”的权力和权威来拒绝对公职人员个人的廉洁状况的监督。

其次，国家监察权不属于行政权，虽然国家监察委员会监督的对象主要集中在行政管理领域，但国家监察权是在执政党的领导下产生和行使的，监察权的效力范围远远超出行政权发挥作用的领域。

再次，监察权也不同于检察权。检察机关依据宪法和法律行使的是专门的法律监督权和检察权，对于构成违法犯罪的行为具有审查、批捕、公诉、抗诉和监督的权力，检察权着重解决的是行为的合法性问题，而监察权重点解决的是行使公权力的公职人员的廉洁状况，包含了对行为的一般法律监督和对涉嫌违法犯罪的行为进行富有实效的调查、甄别和确认。监察权与检察权完全可以相互配合、相互衔接、相互制约，共同发挥对公权力的监督作用。

最后，监察权也不可能妨碍审判权。监察权解决的是如何最大限度地发现腐败和违法犯罪问题线索，通过“管人”来提升审判权的公正性。总之，国家监察权与国家权力机关行使的权力、政府行使的行政权以及检察权、审判权是相辅相成的。国家监察委员会依法行使国家监察权，协助其他各种国家权力的有效运行，真正地把各种权力关进制度的笼子。

中国特色的监察权在制度上不是可有可无的，既反映了中国特色社会主义政治制度的特征，也是在党的领导下进行反腐败工作的实践要求，不可能被其他机关的监督权所简单代替。从创制中国特色监察权的角度来认识国家监察体制改革的重大意义，可以更加有效地把党的领导与依法治国有机结合起来，可以在制度上进一步落实“党管干部”原则、保证行使公权力的公职人员廉洁自律，可以从制度源头保证掌握公权力的人真正敬畏权力、慎用权力，最大限度地将公权力行使者的行为纳入廉洁政治轨道，实现建设廉洁政治的目标。

本文刊登在《中国纪检监察报》2017年11月29日第5版。

修宪保证监察机关依法履职

2018年3月11日下午，第十三届全国人民代表大会第一次会议高票通过了现行宪法的第五次修正案。宪法修正案的顺利通过，顺应了时代潮流，反映了党心和民心，为新时代中国特色社会主义事业的顺利推进奠定了坚实的法律基础。

此次宪法修改一项最重要的内容就是宪法修正案在宪法第三章“国家机构”第六节后增加一节，共有五个条文，作为第七节“监察委员会”，就国家监察委员会和地方各级监察委员会的性质、地位、名称、人员组成、任期任届、领导体制、工作机制等作出规定。此外，宪法修正案还对监察机关作为国家机构重要组成部分在人民代表大会制度构成以及国家机关相互之间关系中的重要地位作了相关补充规定，或者是删除了现行宪法条文中关于行政监察制度意义上的监察内容。作上述修改，反映了党的十八大以来深化国家监察体制改革的成果，贯彻了党的十九大关于健全党和国家监督体系的部署，也反映了设立国家监察委员会和地方各级监察委员会后，全国人民代表大会及其常务委员会和地方各级人民代表大会及其常务委员会、国务院和地方各级人民政府职权的新变化以及工作的新要求。

根据第十三届全国人民代表大会第一次会议的日程安排，在第十三届全国人民代表大会第一次会议审议通过《中华人民共和国宪法修正案》之后，将根据修改后的现行宪法第三章“国家机构”第七节“监察委员会”以及相关宪法条文的规定精神，由第十三届全国人民代表大会第一次会议审议通过《中华人民共和国监察法》。因此，从立法先后次序可以看出，《中华人民共和国监察法》相关内容及表述均与本次宪法修改关于监察委员会的各项规定相衔接、相统一，在现行宪法第五次修正案通过之后再行审议通过《中华人民共和国监察法》，就保证了监察法的制定具有充分的“合宪性”，也为监察机关依据监察法有效开展监察工作提供了明确的宪法依据。监察法根据宪法修正案将行使国家监察职能的专责机关纳入国家机构体系，明确监察委员会由同级人大产生，对它负责，受它监督，拓宽了人民监督权力的途径，提高了社会主义民主政治制度化、规范化、法治化水平，丰富和发展了人民代表大会制度的内涵，推动了人民代表大会制度与时俱进，对推进国家治理体系和治理能力现代化具有深远意义。

修改宪法对于监察机关依法履职具有非常重要的意义。其最显著的特征包括两个方面。一方面，对于监察机关来说，作为宪法所确认的国家机构的重要组成部分，其行使的监察职权是宪法赋予的，因此，根据依宪治国、依宪执政原则的要求，监察机关行使的监察职权必须受宪法和基于宪法制定的监察法的制约，必须要秉持“法无明文规定不可为”的精神，依据法律规定的程序和方式严格地行使监察职权，不能因为自身承载着反腐败的功能而随意超越宪法法律行使监察职权，在宪法和监察法面前，监察机关与其他国家机关一样，也不得享有任何特权。当然，宪法修正案确立了监察机关的宪法地位，同时又通过制定监察法来保证监察机关具体行使各项监察职权，首要之义是保证监察机关在宪法和法律所规定的范围内大胆独立地行使监察职权，不受任何行政机关、社会组织和个人的干涉。另一方面，监察机关的地位由宪法加以确定，本身也意味着监察机关必须代表国家履行监察机关的职权，承担不得侵害宪法所规定的公民基本权利的宪法义务。监察机关在履行监察职权时，主要依据监察法来开展工作，但与保障监察对象的人身权利密切相关的刑事诉讼法以及其他法律法规也必须得到监察机关的尊重和遵守。监察机关依据监察法对监察对象采取留置措施必须严格遵循法治原则和人权保障原则，将对监察对象人身权利的限制牢牢地约束在法律法规允许的范围内。

总之，通过修改宪法继而根据宪法修正案制定监察法来肯定和巩固国家监察体制改革的成果，设立依法独立享有监察职权的国家监察机关，将会全面有效地推动各级监察机关依法办事、依宪办事，在遵循法治原则和人权保障原则的前提下，发挥自身在反腐败上的制度特长，从而不负党和人民的嘱咐和重托，扮演好党和国家反腐败专责机关的角色，成为依规治党、依法治国的利器。

本文刊登在《中国纪检监察报》2018 年 3 月 15 日第 5 版。

准确把握监察法的属性

2018年3月，第十三届全国人民代表大会第一次会议审议通过的监察法，反映了党的十八大以来深化国家监察体制改革的成果，贯彻了党的十九大关于健全党和国家监督体系的部署，是党的政策通过国家法律得到充分体现的重要成果，体现了党和人民的共同意志，是反腐败领域党的纪律与国家法律的有机结合和高度统一。

监察法在立法的位阶上，属于根据宪法由全国人大制定的“基本法律”，与立法法、全国人大组织法、国务院组织法等基本法律一样，在中国特色社会主义法律体系中，法律效力位于宪法之下，高于行政法规、地方性法规和各种规章。在立法程序上，它属于在全面修改旧法的基础上制定的新法，前身是行政监察法。根据监察法第69条的规定，监察法生效之日，行政监察法同时废止。所以，在法律关系上来说，监察法与行政监察法是后法与前法之间的关系，只不过在监察法正式生效之后，作为“前法”的行政监察法完全失效，对后法不再具有任何约束力。

从监察法的内容来看，涉及监察机关及其职责、监察范围和管辖、监察权限、监察程序、反腐败国际合作、对监察机关和监察人员的监督以及法律责任等事项，基本上覆盖了国家监察体制的机构、职能、职权职责、工作程序和机制、法律监督等各个方面，所以，相对于其他国家机构组织法来说，监察法作为由全国人大审议通过的“基本法律”，是调整国家监察领域各种社会关系的综合性法律，包含了实体法与程序法、组织法与职权法等监察法律制度，而法院、检察院作为宪法所规定的国家机关，除了在组织体制上要遵守人民法院组织法、人民检察院组织法的规定外，在职权职责和工作程序方面还需要遵循民事诉讼法、刑事诉讼法和行政诉讼法等基本法律的各项规定。因此，对于各级国家监察机关来说，不论是组建监察机关，还是依法开展监察活动，基本的法律依据就是监察法。当然，在监察机关开展监察活动时涉及相关法律法规的事项也需要遵守相关法律法规的规定，从而保证“依宪依法行权”“依法监察”。

监察法是反腐败国家立法，是基于党情国情和反腐败的特殊任务进行的制度创新，不能将现行的刑事诉讼法规定的相关制度简单套用到监察法，或者用刑事诉讼法审视、评判监察法。从目标任务看，刑事诉讼法是为了保证刑法实施，保证准确、及时查明犯罪事实，惩罚犯罪分子，保护公民的人身权利和财产权利；而监察法是为了加强对行使公权力的公职人员的监督，防止权力受到腐蚀，防止干部脱离群众，完善党和国家的自我监督体制，探索出一条实现自我净化的有效路径，是为我们党跳出历史周期率提供有力制度保障。基于这一目标任务，监察法规定的执法主体是与党的纪律检查机关合署办公的国家监察机关；监督调查对象是行使公权力的公职人员，而不是普通的刑事犯罪嫌疑人；监督调查内容是职务违法和职务犯罪行为，而不是一般刑事犯罪行为；行使的权力是监督调查权，而不是刑事侦查权；在行使职权时，重要事项由同级党委批准。监察委员会既要负责日常监督，调查违纪违法犯罪行为，还要开展严肃的思想政治工作，进行理想信念宗旨教育，把干部拉回到正确的轨道上来，惩前毖后、治病救人。这与检察机关查清职务犯罪事实的目的完全不同，各自依据的监察法与刑事诉讼法也是两个不同性质的法。

监察机关严格按照监察法履行监察职责，而不是依据民事诉讼法、刑事诉讼法和行政诉讼法行使监察职权，遇到相关的民事诉讼和行政诉讼问题时，移交有关机关处理。同时，监察法第 34 条明确，被调查人既涉嫌严重职务违法或者职务犯罪，又涉嫌其他违法犯罪的，一般应当由监察机关为主调查，其他机关予以协助。第十三届全国人民代表大会第一次会议通过的宪法修正案，在第三章“国家机构”中增设第七节“监察委员会”，共有五个修正条文。修正条文规定：“监察委员会依照法律规定独立行使监察权，不受行政机关、社会团体和个人的干涉。”“监察机关办理职务违法和职务犯罪案件，应当与审判机关、检察机关、执法部门互相配合，互相制约。”这就意味着监察机关不是国家审判机关、检察机关，而是根据现行宪法修正案设立的“国家监察机关”。作为“国家监察机关”，各级监察委员会是独立的国家机关，是各级国家机构的重要组成部分，并且由于宪法修正案确立了监察委员会的宪法地位，因此监察机关与行政机关、审判机关和检察机关一样，都是依据宪法和法律规定履行特定国家机构职能的“宪法机构”，具有相同的宪法地位。当然，作为独立的国家机关，各级监察委员会在行使监察职权时应当遵守宪法和法律法规的约束，而不是只遵守监察法的规定，在具体履行监察职权时如何遵守则必须要依据法律规定的具体程序和要求来确定。因此，各级监察委员会在履行自身职权时主要是遵守监察法的规定，监察法所规定的监察职权和监察程序也是独立的，不受行政机关、社会团体和个人的干涉。

总之，监察法的审议通过对于健全和完善国家监察组织管理体制和保障各级监察机关有效地行使监察职权，充分发挥国家监察机关作为履行国家监察职能的专责机关和反腐败的专门机关的制度功能，具有非常重要的现实意义。它的出台为深化国家监察体制改革，实现国家监察全面覆盖，践行宪法第 5 条所规定的“任何组织或者个人都不得有超越宪法和法律的特权”，统筹各种反腐败制度力量、形成反腐败工作的制度合力，提高反腐败工作的效率，全面和系统地贯彻落实执政党反腐败方面的大政方针，奠定牢靠和坚实的法律基础。

本文刊登在《中国纪检监察》2018 年第 7 期。

国家监察体制改革
要注重对国家监察权性质的研究

2016年，中央政治局、中央政治局常委会和中央全面深化改革领导小组多次专题研究，审议通过深化国家监察体制改革方案和试点方案。这项改革是事关全局的重大政治改革，目的是加强党对反腐败工作的统一领导，设立监察委员会，实现对行使公权力的公职人员监察全覆盖。为了全面贯彻落实中央关于深化国家监察体制改革方案，2016年11月初，中共中央办公厅印发《关于在北京市、山西省、浙江省开展国家监察体制改革试点方案》，在北京市、山西省和浙江省试点设立各级监察委员会，为在全国推开积累经验①。根据“凡属重大改革都要于法有据”的精神，全国人大常委会委员长会议依法提出相关议案②，2016年12月25

① “中共中央办公厅印发《关于在北京市、山西省、浙江省开展国家监察体制改革试点方案》”，来源：中央纪委监察部网站，发布时间：2016年11月7日，参见 http://www.ccdi.gov.cn/yw/201611/t20161108_89274.html，2021年10月25日最新访问。

② 全国人民代表大会常务委员会委员长张德江：“全国人民代表大会常务委员会工作报告——2017年3月8日在第十二届全国人民代表大会第五次会议上”，中国人大网，参见 http://www.npc.gov.cn/npc/xinwen/2017-03/15/content_2018935.htm，2021年10月25日最新访问。

日第十二届全国人大常委会第二十五次会议通过《关于在北京市、山西省、浙江省开展国家监察体制改革试点工作的决定》决定：在北京市、山西省、浙江省开展国家监察体制改革试点工作①。2017年初，根据党中央确定的《关于在北京市、山西省、浙江省开展国家监察体制改革试点方案》和第十二届全国人大常委会第二十五次会议决定，山西省②、北京市③和浙江省④人民代表大会相继产生了监察委员会。三省市监察委员会的正式成立，标志着国家监察体制改革试点工作取得阶段性成果⑤。

毋庸置疑，一种新的制度的出现必然会涉及权力分配体制的变革，国家监察体制改革要能够在法治轨道上有序地运行，必然会涉及监察体制改革的权力基础问题，也就是说，国家监察委员会作为公权力部门，在制度上行使的是何种性质的权力？与现有的权力体系的关系如何产生法理和制度上的和谐与一致？国家监察委员会行使的监察权是否与现有的权力结构具有相似性和相容性？赋予国家监察委员会的监察权是否具有中国特色？这种权力

① 《人民日报》2016年12月26日。

② 2017年1月18日上午，山西省十二届人大七次会议选举产生了山西省监察委员会主任；18日下午，山西省第十二届人大常委会第三十五次会议通过了山西省监察委员会副主任、委员的任命，标志着山西省监察委员会正式成立。

③ 2017年1月20日上午，北京市第十四届人民代表大会第五次会议选举市纪委书记张硕辅为新成立的北京市监察委员会主任。同日下午召开的市人大常委会会议，根据监察委员会主任的提名，任命了监察委员会的副主任和委员。

④ 2017年1月20日，在浙江省第十二届人民代表大会第五次会议第三次全体会议上，无记名投票依法选举浙江省委常委、纪委书记任泽民为浙江省监察委员会主任。由监察委员会主任提请浙江省人大常委会选举或表决产生监察委员会副主任和委员。在浙江省第十二届人大常委会第三十八次会议上，4名省纪委副书记被任命为省监察委员会副主任，另有6人被任命为省监察委员会委员。

⑤ 《人民日报》2017年1月25日。

能否完全纳入国家权力体系，是否可以完全“国家化”“法律化”？诸如此类的法理问题是无法回避的，无论在实践中如何发挥国家监察委员会在反腐败工作中的作用，国家监察委员会自身的正当性和合法性问题都是首要的理论问题，这个问题直接决定着国家监察体制改革的方向以及共产党“依法执政”“依宪执政”的制度框架。本文拟从共产党执政的现行政治体制的权力构造特征出发，结合我国现行宪法所确立的人民代表大会制度以及人民代表大会制度下的国家权力体系的特点，来详细论证国家监察体制改革必须要以创设中国特色监察权作为该制度有序运行的合法性依据，对于学界提出一些脱离中国政治制度实际的“制度构想”提出若干学理上的修正。

一、国家监察委员会是具有中国特色的反腐败机构

随着国家监察体制改革在实践中不断有序推进，在理论上必然会产生国家监察体制改革重大措施的制度化和法治化的问题，其中最核心的问题就是在国家监察体制改革中设立的国家监察委员会，即作为党领导下的反腐败机构，国家监察委员会所行使的权力性质以及效力问题。一段时间以来，关于国家监察委员会性质的探讨，特别是关于国家监察委员会行使的权力性质的许多学术观点并不符合监察体制改革的初衷，甚至根本罔顾共产党作为执政党拥有对国家生活和社会生活进行政治领导的现实，把国家

监察委员会将要行使的监察权强行纳入国家权力体系之中①，企图实行“国家监察体制”的“完全国家化”，并赋予种种制度限制，似乎只有监察权的性质完全“国家化”才能真正赋予国家监察体制改革合法性，这些观点表面上渗透了法治原则的精神，突出了权力应受法律制约的思想，但却与中国特色社会主义政治制度和政治实践的具体实际大相径庭。有的观点试图将目前我国所有的监督机构合并在一起组成带有综合性监督功能的大监督机构②，有的观点主张国家监察委员会具有高于国家权力机关、国家行政机关、国家审判机关和国家检察机关的职能，有的观点认为国家监察委员会属于取代国家检察机关的专门的法律监督机关③，等等。诸如此类的观点并没有有效地体现我国基本政治制度和共产党执政政治实践的特点，与监察体制改革的目标渐行渐远，不可能为监察体制改革的实践真正“出实招”，故需要在进行充分法理论证的基础上予以正本清源。根据中央精神和全国人大常委会的决定，国家监察委员会是具有中国特色的反腐败机

---

① 童之伟认为，“在改革试点全面铺开时，需要创制宪法根据，除修宪外别无选择。将国家监察体制改革全程纳入法治轨道，有必要制定监察委员会组织法和其他配套的法律。对现有法律做调适修改或废止其中过时部分的问题，也有必要及时提上全国人大常委会的议事日程”。参见《热议“国家监察委”》，《民主与法制时报》2017 年第 1 期。

② 魏昌东认为，“监察委成立后，其内部机构应该分为四大板块：合规部、违规部、文化建设部和国际合作部”。“监察委应该更多调动政府、人大、政协等所有的被监督对象，让他们自己创制并不断完善反腐的免疫制度”。参见《热议“国家监察委”》，《民主与法制时报》2017 年第 1 期。

③ 原中央纪委驻国家粮食局纪检组组长赵中权表示，应“考虑对现有分散在检察机关等的反腐败专门机构进行整合”；在学界，中国政法大学副校长马怀德在多个场合呼吁将检察机关的反贪局并入监察委。参见侯兆晓：《监察委是行政监察的全面升级》，《民主与法制》2017 年第 2 期。

构，它主要行使监察权，对所有行使公权力的公职人员进行监督，它既是在执政党领导下的反腐败工作机构，也是“党管干部”原则指导下的对干部廉洁状况进行一般性监督的专门机构。国家监察委员会行使监察权，只针对各种行使公权力的公职人员，对于公职人员所在的党政机关的监督仍然要依靠党内法规和国家法律法规所建立的监督机制来完成监督使命。也就是说，在监察体制改革中所建立起来的“监察监督”是共产党执政的一种方式，是执政党治国理政的具体形式，应当与党内监督、人大监督、民主监督、行政监督、司法监督、审计监督、社会监督、舆论监督等各种监督形式有机结合起来，努力形成科学有效的权力运行制约和监督体系，增强监督合力和实效。

首先，国家监察体制改革是传统行政监察体制向国家治理领域的合理延伸，改革的主要重点在于扩大了受监察监督对象的范围以及明确了对监察对象可以采取的制度上的限制人身自由权利的手段①。国家监察委员会作为独立的国家机构的出现，在体制上并非要分享或代替现行人民代表大会制度下其他国家机构的固有职权，只是要进一步强化国家权力体系的功能，解决在反腐败过程中受到监察监督的“死角”以及监察手段缺乏以及合法性不

① 按照设计，监察体制改革试点地区设立的监察委员会对本地区所有行使公权力的公职人员依法实施监察，同时履行监督、调查、处置三项职责，为履行以上三项职责，可以采取谈话、讯问、询问、查询、冻结、调取、查封、扣押、搜查、勘验检查、鉴定、留置等措施。参见《热议“国家监察委”》，《民主与法制时报》2017 年第 1 期。

足的问题①。国家监察委员会进入国家机构体系，是与国家权力机关、国家行政机关、国家审判机关和国家检察机关“四机关”并列的国家机关，与目前人民代表大会制度下的人大与“一府两院”之间的关系不完全一致，此外，国家监察委员会是与党的纪律检查机关合署办公的，因此，监察权实际上是由合署办公的纪检机关与监察机关共同行使的，只不过在涉及国家治理的领域，监察权是以国家监察机关行使的公权力面目出现的，而从本质上来看，监察权的设立服务于反腐败工作的整体要求，是一个不可分割的权力整体。

其次，国家监察委员会成立之后与同级纪律检查机关合署办公，共同行使监察权，这就决定了支撑国家监察委员会监察活动合法性的监察权不完全属于受宪法和法律制约的国家权力，本身与中国共产党作为执政党所行使的政治领导权、指挥权、监督权和对干部的问责权是存在权力上的交叉和重叠关系的，故如果要从制度上明确监察权的性质，它属于一种执政党的执政权与国家机构的国家治理权相混合的产物，是中国共产党在长期的执政实践中所创造的一种执政方式。监察机关行使的监察权不能用三权分立体制下的国家权力关系以及现行的人民代表大会制度下的人大监督“一府两院”权力关系来生搬硬套，强行“对号入座”，而是要依据“把权力关进制度的笼子”的反腐败原则进行创造性

① 2014年底，最高人民检察院副检察长邱学强在接受新华社采访时，坦言反贪局在制度方面存在的问题：“最高检反贪总局自1995年成立以来，一些影响办案成效的问题逐渐暴露出来，特别是机构设置不合理、力量分散、案多人少、统筹乏力、装备落后等问题日益凸显，已经不能完全适应反腐败斗争新形势的需要。”参见《热议“国家监察委”》，《民主与法制时报》2017年第1期。

的构造。这就是意味着，国家监察委员会行使的监察权是具有中国特色的监察权，不能用以往任何现成的监察权理论来做简单的归纳和分类，而是要结合中国共产党执政的政治实践以及反腐败工作的要求来精心设计。国家监察体制改革的最终目的是要把权力关进“制度”的笼子，而没有说只将权力关进“法律”的笼子，“制度笼子”的内涵要比“法律笼子”的内涵更加丰富，更符合当今中国反腐败工作的要求。

再次，国家监察委员会所行使的监察权具有独立性有着比较深厚的历史传统和制度基础①。中国共产党执政的最大特色就是通过将党的政策转化为国家宪法和法律来有效实现党的各项主张，与此同时，作为执政党，共产党执政并非完全依托政策层面的发号施令，需要通过抓好实施政策和法律的“干部”队伍建设来保证党的各项政策主张在国家治理和社会治理的政治实践中真正得到贯彻落实，保证不变形、不走样，所以，“保证执法”是党对国家和社会实行政治领导的重要任务。党的十八届四中全会《中共中央关于全面推进依法治国若干重大问题的决定》明确地将“保证执法”作为与“领导立法”“支持司法”和“带头守法”相并列的党对依法治国各项工作实现全面领导的具体方式之一。为此，中国共产党一直坚持“党管干部”原则，也就是说，作为执政党，通过直接管理掌握国家政权、运行国家机器的干部

① 何家弘以为，目前，保持监察机关的独立性已成为世界上许多国家防治腐败的做法，《联合国反腐败公约》亦规定各缔约国的反腐败机构应该拥有必要的独立性。因此，推进国家监察权与国家行政权的分离是分权制衡的路径之一。参见侯兆晓：《监察委是行政监察的全面升级》，《民主与法制》2017 年第 2 期。

队伍来有效地执掌政权，保持自身的执政地位。这种“党管干部”原则不能简单地归结为“以党代政”，而是由共产党作为执政党的自身性质、历史使命决定的。共产党执政最终目标是要实现共产主义理想，把全社会所有成员都转变成具有共产主义思想觉悟的新人，而要实现共产主义的远大理想和目标，这是长期的历史的过程。在这一漫长的历史过程中，党必须要依靠共产党员以及社会上的先进人群自觉地来维护党的权威、实现党的主张，因此，作为执政党对国家和社会生活实行政治领导，首要的是解决“关键少数”的问题，对于掌握公权力的公职人员以及参照公职人员管理的人员这支“干部队伍”，共产党一直都没有放松要求，干部人事管理权一直由执政党所牢牢掌握。至于普通群众，在共产党取得全国政权之后，一直没有把党员的标准直接应用于普通民众，没有采取“以党代政”的治理模式，相反还注重宪法和法律的权威，重视通过法治的手段来把党的主张转化成人民的意志。此外，共产党在执政方式上还注重对同盟者以及民主党派等一切积极力量的统战工作，建立了制度完备和功能齐全的政治协商制度和人民参与制度。对于受到“党管干部”原则支配的人员，从干部的选任到干部的监督以及干部自身素质的提升、作用的发挥等，执政党在长期的执政实践中形成了比较完善的干部管理制度。其中，合署办公就集中体现了党管干部的各项制度要求，这种体制对在行政机关工作的非党员干部同样也实行有效的廉政监督。所以，对干部队伍的廉洁状况进行监督的监察权从权力性质来看，一直是共产党执政权的重要事项[①]。

最后，此次国家监察体制改革所涉及的监察对象范围的拓展，有关部门做了很好的说明。原监察部副部长肖培在中央纪委新闻发布会上指出，新的纪检监察合署体制覆盖的监督对象包括六大类人员：第一类，包括党的机关、人大机关、行政机关、政协机关、审判机关、检察机关、民主党派机关、工商联机关的公务员，以及参照公务员管理的人员。第二类，由法律授权，或者由政府委托来行使公共事务职权的公职人员。第三类，国有企业的管理人员。第四类，公办的教育、科研、文化、医疗、体育事业单位的管理人员。第五类，群众自治组织中的管理人员。第六类，其他依法行使公共职务的人员。[②] 由此可见，上述被纳入国家监察委员会所监察的人员都是掌握一定公权力的人员，属于党管干部原则所约束的范围，对于普通老百姓并不适用，故国家监察委员会并没有涉及对公共权力管理对象社会组织和普通民众廉政状况的监督，没有将对党员干部和公职人员的廉政要求强加于普通民众。普通民众的廉洁状况的监督仍然依法由有关部门来行使，构成违法犯罪的仍然按照法律程序来处理。监察权所约束的对象只是“关键少数”，并没有改变国家机构与社会组织和公民个人之间的宪法和法律关系，也不涉及国家监察机关与其他国家

① 2015 年全国查办的征地拆迁、医药卫生、生态环保、扶贫救灾等民生领域腐败犯罪案件涉案达 32132 人，其中非党人员占 45%，同比上升 3.3%，暴露出非党公务员的纪律约束存在空白地带。参见侯兆晓：《监察委是行政监察的全面升级》，《民主与法制》2017 年第 2 期。

② 肖培：《成立监察委员会实现对所有行使公权力的公职人员监察全覆盖》，中央纪委国家监委网站，参见 http://www.ccdi.gov.cn/yw/201701/t20170109_92539.html，2021 年 10 月 25 日最新访问。

机关之间的权力再分配关系。可以毫不夸张地说，国家监察委员会的设立不需要新的权力理论的支撑，更不能在学理上习惯性地用“三权分立”的逻辑思路来将国家监察权严格地纳入整个国家权力体系中，而应当在反腐败这一价值目标支配下，依据共产党执政的政治实践以及当前反腐败工作的实际需要来赋予国家监察委员会所行使的监察权以充分的合法性和正当性。我国监察体制从行政监察体制转变为国家监察体制，关键是要解决纪检监察合署的体制无法有效地覆盖所有党政机构以及对于尚不构成犯罪无法由检察机关来侦查的违法行为调查和预防手段合法性的问题，目的就是要填补反腐败工作机制的缺陷。目前学术界许多主张把国家监察委员会完全纳入国家权力体制的观点，大多是从保障人权角度出发①，认为为了避免党政合一的国家监察委员会滥用宪法和法律赋予的监察职权，为了有效地保护被监察对象的人身权利，必须要将国家监察委员会纳入国家机构序列，将国家监察委员会行使的监察权“关进制度的笼子”。这样的观点只看到了对权力进行必要的法律监督的一面，却没有看到在共产党执政体制下，如果没有执政党的“党管干部原则”的政治决断，一大批执政党的领导干部和在党政机构工作的公职人员自身的廉洁状况根本就无法进行有效监督，这些受监督的对象就可能运用自己手中

① 中国政法大学终身教授陈光中接受财新记者专访时称：“监察权是一项独立的国家权力，制定时应落实《宪法》中的人权保障原则，明确监察权运行应遵循比例原则、程序法治原则。”他建议：“为保障被调查人的人权，《监察法》应设置适用留置措施的具体标准，允许被调查人在被留置后聘请律师。”参见陈光中：《制定〈监察法〉应贯彻人权保障原则》，财新网，2017 年 8 月 17 日，http://china.caixin.com/2017-08-17/101131939.html，2021 年 10 月 25 日最新访问。

的权力来抵抗反腐败机构的监督，所以，即便在严格的法治原则下，也不能将受国家监察委员会监察的对象与普通公民等同起来，党员干部和公职人员因为自身的特殊身份和所掌握的公权力，必须要受到比普通公民更多的权利限制，这一点在境外的警察人员不得行使与普通公民同等程度的基本权利以及廉政机构可以对公务人员采取特别程序来进行职务违法和犯罪行为的调查等制度中表现得非常明显和充分①。我国目前由宪法和法律所规定的以检察机关为主体的反腐败机制根本不能承担对行使公权力的公职人员廉洁状况实行有效“全覆盖”监督的任务，必须在执政党的领导下，根据“党管干部原则”，依托纪检和监察合署办公的国家监察委员会，才能对行使公权力的公职人员行使无遗漏、全覆盖、有威慑的监督权力，产生应有的反腐败效果。所以，从防范行使公权力的公职人员运用手中公权力对抗反腐败监督权力的角度来看，明确国家监察委员会所行使的监察权的“政治性”“权威性”，避免将监察权完全国家化非常有必要。

二、“党管干部”原则是中国特色监察权的理论基础

监察制度在我国起源于周朝，兴于秦汉，隋唐时期臻于完备，一直延续至明清。在数千年的历史演变中，监察机构几经变

① 例如，我国香港特别行政区的《廉政公署条例》第12条规定廉政专员的职能有：调查：调查任何涉嫌干犯《廉政公署条例》《防止贿赂条例》及《选举(舞弊及非法行为)条例》的罪行。只要有贪污投诉，有足够数据可以追查的，一定要在廉政专员认为切实可行的范围内进行调查，不受任何人或机关干预。防贪：审查各政府部门及公共机构的工作常规，确保助长贪污的工作方法或程序得以修正，及应任何人要求给予防贪意见，以减少发生贪污的可能性。

革，不仅名称有所变化，而且机构设置与地位也有所变化，但基本的制度功能都是为了监督文武百官的廉洁状况，核心是要管住掌握权力的“人”。监察这个词是从唐代开始出现的，明清时代改为都察。无论称为御史、监察，还是都察，职能一直延续下来。监察官的主要职能是监察百官，即纠举弹劾百官，其官职品位不高，但是权力很大，所谓“大事奏裁，小事立断”。监察范围覆盖财政、军事、人管理、司法、教育以及民风民情等诸方面。监察方面的法律也十分完善，从汉代的“监御史九条”“刺史六条”[①]，到清代的“钦定台规”“都察院则例”[②]“十察法”[③]等不一而足。孙中山先生结合中国古代的监察制度，创设了“五权宪法”，并设定了独立于立法、行政、司法、考试之外的监察权，也就是对百官弹劾纠举、实施监督的权力，这一监察权思想对当下监察体制改革具有启发意义[④]。

总的来说，中国古代在治吏过程中形成的“监察制度”功能是比较明确的，主要是针对掌握权力的官吏，而不是泛泛地针对一般的老百姓。由于各级官吏掌握着管理国家和社会的权力，容

---

① “监御史九条”又称“御史九条”，颁行于汉惠帝三年，“刺史六条”内容见于唐代颜师古《汉书》注引蔡质《汉官典职仪》。“监御史九条”和“刺史六条”开中国古代监察法之先河，对后世监察制度的建立产生了非常重要的影响。参见张晋藩：《中国监察法制史稿》，商务印书馆2007年版，第115页。

② “钦定台规”“都察院侧例”初修于乾隆时期。

③ 顺治年间强化御史监察职权，制定“十察法”，明确巡按监察的法律权限。

④ 何家弘以为，正因为中国素有重视监察权的传统，孙中山先生提出的五权分立主张才独设监察院。目前，保持监察机关的独立性已成为世界上许多国家防治腐败的做法，《联合国反腐败公约》亦规定各缔约国的反腐败机构应该拥有必要的独立性。因此，推进国家监察权与国家行政权的分离是分权制衡的路径之一。参见侯兆晓：《监察委是行政监察的全面升级》，《民主与法制》2017年第2期。

易利用职权来谋取私利，所以，封建统治者从维护自身的政权角度出发，必须要针对官吏这个特殊的群体采取特殊的治理手段，监察制度之所以延续了近两千年的历史，其本质是为了维护封建政权的需要，但对于国家治理和社会治理来说，也反映了国家治理和社会治理的一般规律，这就是，“治国先治吏”[①]。

资产阶级在反对封建专制的过程中逐渐形成了权力制约的概念。最早由英国的洛克在《政府论》中提出了“立法权”“行政权”和“外交权”三种国家权力分立行使、相互制约来保证行使公权力的人依法履职、防止以权谋私。法国的孟德斯鸠在《论法的精神》一书中将权力制约的理论加以完善，提出了“立法权”“行政权”和“司法权”相互制衡的经典的“三权分立”理论，改变了以往在国家治理和社会治理中简单延续的“吏治”理论。“权力分立”的学说和实践解决的是通过掌握国家权力的不同机关之间的制约来防止因为过多擅权而产生各种腐败问题。“权力分立”理论没有解决的是在国家机关相互之间存在权力制衡的制度背景下，代表国家机关行使国家权力的公职人员个人能否谨慎用权、是否可以廉洁从政。故从反腐败的角度来看，权力制衡学说所提供的“三权分立”制度也只是保证公职人员廉洁从政的一种制度保障，并没有从根本上解决掌握国家权力的公职人员自身

① 参见《韩非子·有度》：“当今之时，能去私曲，就公法者，则民安国治。”《三国志·蜀志·诸葛亮传》：“至于吏不容奸，人怀自厉，道不拾遗，强不侵弱，风化肃然也。”

的廉政问题[①]。

由于我国实行的是人民代表大会制度，不采取西方国家的“三权分立”体制，所以，在法理上，人民权力只赋予了全国人大及其地方各级人大，而没有把权力分成三个部分或者是五个部分，并将不同部分的权力授予不同国家机关行使，这种制度设计保证了人民权力的统一性。由于全国人大及其地方各级人大由人民代表组成，而人民代表大多数是兼职代表，这就意味着全国人大和地方各级人大作为代表人民行使国家权力的国家机关不可能经常性地在具体实施人民的权力，就需要依法设立一些国家机关来按照全国人大以及地方各级人大的要求行使部分或者是某些特定性质的国家权力。这些国家机关是以全国人大及其地方各级人大的要求、按照宪法和法律的规定承担具体实施国家权力的某项

① 即便像英国这种老牌资本主义国家，为了防止公职人员的腐败，也不得不制定一系列专门的法律，规定各种具体严格的制度来防范腐败行为的发生，而不是仅仅依赖立法、行政和司法三机关之间的“权力制衡”。早在1889年，英国就颁布了第一部反腐败法《公共机构腐败行为法》，把禁止政府官员、公共机构人员以权谋私与贪污腐化作为职业道德的核心，明确在与公共机构有关的交往中主动或被动收受任何形式的礼物、贷款、费用、酬劳或利益，均属腐败行为，被视为犯罪。1906年，英国制定了《反腐败法》，将反腐败行为的范围从公共机构工作人员扩大到公共机构本身。1916年通过的《防止腐败法》，将公共机构的范围再次扩大到一切地方性和公共性机构，并引入了“推断腐败”。2001年后，英国颁布了《反恐、犯罪和安全法》《犯罪收益法》等法律，既发展了原来的反腐败立法，又包括英国在1998年12月签署的经合组织的《禁止在国际商业交易中贿赂外国公职人员公约》《经济合作发展组织巴黎公约》《联合国反腐败公约》等，将反腐败从国内向境外延伸。明确规定，在英国国土之外发生的任何贿赂或腐败行为，将与发生在国内一样受到处罚，相关程序可以在国内执行。2003年3月起，英国政府对现有的各类反腐败法律条文进行整理、综合和修订。2006年5月，英国通过了新的《反腐败法》，扩大了贿赂犯罪的主体范围，规定只要利用其职位为他人谋取利益并收受好处，即被界定为犯罪，进一步完善了反腐败的法律规定。

任务，所以，在全国人大及其地方各级人大之外其他所有的国家机关，都是“任务主导型”国家机关，这些国家机关之间不存在权力分立的关系，只有任务分工的不同。这些国家机关所行使的国家权力与宪法和法律所规定的自身应当承担的“任务”密切相关。其他国家机关不能超越宪法和法律所规定的“任务”去主动行使国家权力，否则就构成了对全国人大及其地方各级人大所享有的国家权力的侵犯。以“任务”来行使宪法和法律所规定的国家权力是我国宪法设置国家机关的基本组织原则，也是国家机关在国家机构体系中获得宪法地位的形式标志。例如，我国现行宪法第 85 条规定：“中华人民共和国国务院，即中央人民政府，是最高国家权力机关的执行机关，是最高国家行政机关。”上述规定表明了国务院作为中央国家机关，其任务是“最高国家权力机关的执行机关”，任务很具体，性质也很清晰。再如，第 123 条规定：“中华人民共和国人民法院是国家的审判机关。”第 129 条规定：“中华人民共和国人民检察院是国家的法律监督机关。”上述规定把人民法院和人民检察院作为国家机关的具体任务讲清楚了，法院就是负责审判，检察院就是负责法律监督。

在我国现有的人民代表大会制度框架下，不存在可以与各级人大行使的国家权力相互制约的其他性质的独立的国家权力。考察国家监察委员会行使的“监察权”的正当性和基本内容以及权力效力，必须要跳出人民代表大会制度的框架，从中国特色社会主义基本政治制度的构成来全面认识我国现行政治体制下各种权力的性质、归属以及效力。我国是共产党领导的社会主义国家，坚持党的领导是写进现行宪法序言的四项基本原则之一。党的十八届四中全会审议通过的《中共中央关于全面推进依法治国若干重大问题的决定》也具体明确了要把党的领导贯彻到全面推进依法治国的全过程和各方面，也就是说，我国现行宪法和法律所确立的人民代表大会制度本身是以中国共产党领导的多党合作和政治协商制度为基础的，执政党虽然不直接行使国家权力，但却通过把党的政策转化为国家法律以及通过在国家机关中行使国家权力的党员干部的先锋模范带头作用，来实现党对国家生活和社会生活的政治领导。在我国，作为执政党的中国共产党在国家治理和社会治理中享有全面的政治领导权、决策指挥权、监督权和问责权。党对行使国家权力的国家机关和国家机关工作人员实行的是政治监督，特别是通过“党管干部”原则来确保在国家机关和行使国家权力的组织和机构中的党员和领导干部能够廉洁奉公、遵纪守法、谨守职业操守。当然，“党管干部”原则还要与国家机关的干部人事管理制度结合起来，才能起到应有的“保障”作用。故要在执政党的领导下，结合国家权力运行机制，创设国家监察权，管住行使公权力的所有公职人员，因此，旨在实现执政党反腐败使命的国家监察委员会行使的国家监察权，既有政治权力的性质，也有法律权力的特征，是具有中国特色的“监察权”，而从法理上看，国家监察委员会行使的监察权只属于中国特色监察权的一部分，也就是说需要通过国家机构以及法律程序的行使体现出来的“国家监察权”，这种“国家监察权”的正当性来自执政党的执政权以及“党管干部”原则。

在现行政治体制下，国家监察体制改革不仅是法律改革，更重要的是一项政治改革，根本的制度目标是要解决党员干部和公职人员自身的廉洁状况，实现反腐败的全覆盖以及反腐败工作机制运行的有效性。虽然各级人大作为各级国家权力机关享有包括人事任免权、监督权在内的各种国家权力，但各级人大依据宪法和法律所享有的人事任免权不能超越中国共产党作为执政党在党管干部原则支配下的干部选拔任用权、监督权和问责权，国家监察委员会行使监察权解决的是法律之外的问题，或者是应当进入各级人大依法行使人事任免权程序的前置问题。监察权启动的是对包括各级人大机关干部在内的廉政监督权，并不一定要以被监察对象的违法行为为前提，可以根据干部人事政策进行一般性监督，如果在行使监察权的过程中发现被监督对象存在违法犯罪行为的，应当及时移送法律程序处理，也就是说，国家监察委员会的成立并不影响检察机关对各种职务违法犯罪行为的侦查、批捕和起诉职权。因此，国家监察委员会对各级人大的监察监督不是针对作为国家权力机关的各级人大所进行的机构之间的相互权力监督，而是对在各级人大机关工作的公职人员以及参照公职人员管理的人员是否廉政进行监督，从而保证各级人大及其常委会能够依法行使职权，保持廉洁从政的工作作风，防范各种腐败行为的发生。国家监察委员会对各级人大机关进行的监察监督并没有妨碍各级人大依据宪法和法律有效地行使人事任免权，凡是涉及各级人大机关的公职人员的监察事项，构成违法犯罪的，仍然需要各级人大依照法定职权来处理。

三、中国特色的监察权具有丰富的制度功能

作为具有中国特色的监察权，具有丰富的制度功能。首先，

它与全国人大及其地方各级人大依据宪法和法律所享有的国家权力并不矛盾，而是相辅相成的关系。根据我国现行宪法规定，人民行使国家权力的国家机关是全国人大及地方各级人大，国家监察委员会行使的监察权本身不构成对全国人大及其地方各级人大行使的国家权力的制约，只是对在全国人大及地方各级人大中履行机关行政服务保障功能的公职人员的廉洁状况行使监察权，目的是为了保证各级人大在依法行使国家权力时获得一个良好的制度环境。其次，监察权不属于行政权的范围①，监察权是在执政党的领导下产生和行使的，监察权的效力范围远远超出行政权发挥作用的领域。再次，监察权也不同于检察权，检察机关依据宪法和法律行使的是专门的法律监督权和检察权，对于构成违法犯罪的行为具有审查、批捕、公诉、抗诉和监督的权力，检察权着重解决的是行为的合法性问题，监察权重点解决的是行使公权力的公职人员的廉洁状况，包含了对行为的一般法律监督和对涉嫌违法犯罪的行为进行富有实效的调查、甄别和确认，监察权不能代替刑事侦查权，而是辅助刑事侦查权的一种形式，以便为检察机关通过司法程序作出相关决定提供依据。在我国现有的政治体制下，之所以要由纪检与监察合署来从事反腐败工作，其根本的原因是共产党自身的执政地位导致了检察机关很难对同级党委成员以及一些重要岗位上的领导干部采取有效的限制人身权利和自

① 何家弘认为，党的十八届六中全会公报将国家监察委员会与“权力与立法机关”“行政机关”“司法机关”并提，暗示了国家监察权与国家行政权的分离。监察权本来就应该是对行政权的一种制约，但是在监察权依附于行政权的体制下，这种制约就很难发挥实效。参见侯兆晓：《监察委是行政监察的全面升级》，《民主与法制》2017 年第 2 期。

由的措施，只有执政党的纪检部门先期介入，才能将领导干部违法乱纪以及各种不廉洁的从政行为纳入反腐败工作的监督视野，这是中国政治体制下反腐败工作的最大特点，任何学理上罔顾这一政治现实的观念都不可能真正推动反腐败工作的有效开展。因此，监察权中的调查等职能不同于检察权中的侦查和批捕，带有一定的预防和警示性质，目的是为了有效对抗手中掌握着一定公权力的党政干部利用职权来对抗反腐败机构对其廉政状况所进行的监督。监察权与检察权完全可以相互配合、相互衔接，共同发挥对公权力的监督作用①。最后，监察权也不可能妨碍审判权，监察权解决的是如何最大限度地发现腐败和违法犯罪问题的线索，通过“管人”来提升审判权的公正性。总之，国家监察权与国家权力机关行使的权力、政府行使的行政权以及检察权、审判权是相辅相成的。国家监察委员会依法行使国家监察权，通过法律规定获得预防腐败所必需的合法性手段，协助其他各种国家权力的有效运行。

从创制中国特色监察权的角度来认识监察体制改革的重大意义，可以更加有效地把党的领导与依法治国有机结合起来，可以在制度上进一步落实“党管干部”原则、保证行使公权力的公职人员廉洁自律，可以形成从源头抓起的防范腐败现象滋生的监督

① 何家弘认为，腐败犯罪侦查是技术性很强的专业调查工作，与纪检监察工作有很大差异。一方面，中国正在大力推行法治，腐败犯罪的侦查必须严格依法办案，不能以“两规”等手段代替法定侦查手段。另一方面，随着科学技术特别是电子信息技术的高速发展，反贪侦查工作的发展必须朝向科学化、信息化、大数据化，而这些发展都要求侦查组织和侦查人员的专业化。因此，反贪侦查机构在一定程度上独立于纪检监察机关是比较合理的。参见侯兆晓：《监察委是行政监察的全面升级》，《民主与法制》2017 年第 2 期。

机制，可以通过“管住人”来促进“人”所在的机关作风的转变，可以通过一般性监督为专门的司法机关有效地行使司法监督权奠定基础，可以有效地排除各种来自形形色色权力因素的干扰，及时地揭露违法犯罪行为的存在状况及危害性，可以从制度源头保证掌握公权力的人真正地敬畏手中的权力、慎用手中的权力，可以最大限度地将公权力行使者的行为纳入廉洁政治的轨道，从而实现执政党反对各种腐败现象、建设廉洁政治的治国理政目标。只有从中国政治制度的实际出发，才能在国家监察体制改革中，准确地定位国家监察委员会的职能，明确国家监察委员会自身的权力边界，防止监察机关越权监督，妨碍其他国家机关正常行使权力，给受监察对象造成不必要的人身权利的伤害。

四、中国特色监察权是执政党“依法执政”“依宪执政”的正当性基础

学术界曾存在着一种将监察权完全“国家化”① 的观点，这种观点是从宪法所规定的国家机构的体系性质出发简单延伸出来的逻辑推论，认为既然现行宪法规定了国家的一切权力属于人民，故代表人民行使国家权力的各级国家权力机关就应当是各种权力合法性的来源。而事实上，根据我国现行宪法的规定，各级国家权力机关代表人民行使国家权力并没有妨碍人民的权力还可

① 魏昌东认为，监察委员会有权对行政机关、中国共产党的机关因行使国家权力而作出的决定、规范性文件及重大决策事项进行执法监察和效能监察。魏昌东：《国家监察委员会改革方案之辨正：属性、职能与职责定位》，《法学》2017 年第 3 期。

以通过其他方式来行使。第一，从中国共产党作为执政党的性质来看，执政党对国家和社会生活行使的政治领导权属于人民权力的一部分，执政党行使执政权也是人民行使自身权力的一种途径和方式。第二，执政党虽然不直接行使国家权力，但一些最重要的国家治理和社会治理事项必须亲力亲为，并以此来确保党的执政根基的牢靠和稳固。例如，作为维护国家安全领域的中央国家安全机构，虽然学界和社会各方多次提出要将该机构“国家化”以体现国家安全工作的“国家性”，但根据“总体国家安全观”的要求，政权安全是国家安全中的核心内容，政权安全首要的事项就是执政党的执政安全，而执政党自身的执政安全问题如果不靠执政党的自身努力，认为纳入“国家化”就可以万事大吉，这种想法理论上是不周延的、天真的，在实际生活中更是与当今中国的政治运行机制相距甚远。第三，共产党执政最大的特点除了抓方向、抓政策、管大事，最关键的是抓住国家干部这个“关键少数”。因为共产党的立党学说和性质就决定了，党的各项路线方针政策的落实是依靠作为具有坚强党性的共产党员的先锋模范带头作用来推动的。1945 年 6 月 11 日中国共产党第七次全国代表大会通过的《中国共产党章程》在序言中开宗明义地主张，“中国共产党，是中国工人阶级的先进的有组织的部队，是它的阶级组织的最高形式”。“中国共产党要求自己的每一个党员，积极地自我牺牲地进行工作，以实现党的纲领和党的一切决议，达到中国民族与中国人民的彻底解放”①。与资产阶级性质的政党或

① 中共中央党校党章研究课题组编著：《中国共产党章程编介（从一大到十八大）》，党建读物出版社 2016 年版，第 220—236 页。

其他性质的政党执政理想和执政方式根本不同的一点就是，无论是在民主革命时期，还是在新中国成立后掌握了政权成为执政党，中国共产党治国理政的主要方式首先是依重于党的各级组织以及全体共产党员在治国理政的实践中自觉地维护党的各项主张，用自己的实际行动来保证党的各项路线方针政策的有效贯彻以及带头和模范地遵守体现了党的政策要求的国家宪法和法律。所以，党员以及依据党管干部原则所统率的行使公权力的公职人员必须要带头遵守党的路线方针政策和国家宪法和法律，并且在自己的工作中来践行廉政，如果党员和行使公权力的公职人员这个人群中的“关键少数”出了问题，共产党作为执政党的执政能力就会受到削弱，共产党的执政安全就会受到严重威胁和挑战。所以，在反腐败工作中首先要抓的是“关键少数”，任何党员都不得对抗党组织的监督，对于掌握公权力的公职人员的廉政状况的监督机制更不能模仿三权分立体制下的权力制衡模式来设计不同党政机关之间的权力相互牵制的机制和程序。事实上那种试图从权力制约角度来发现解决反腐败问题的制度路径的观点与中国当今实际格格不入，在实践中没有任何制度运行的可行性。抓住了“关键少数”，就能保证执政党的执政理念在国家治理和社会治理的实践中得到有效的贯彻落实，就能维护党中央的权威，维护党在人民群众的崇高威望。

有鉴于中国共产党作为执政党执政方式的要求，在进行国家监察体制改革中设立国家监察委员会，赋予国家监察委员会必要的监察权，就必须要尊重中国当今政治体制实际运行的现实，而不是按照多党制体制下的宪法法律绝对至上的理念来实行所有权力的完全“国家化”，这一点，当下宪法学界盛行的“政治宪法学”① 理论具有某种贴合实际的解释力，可以作为解释中国特色的监察权的理论参考。从法律的本质特征来看，作为现代法治国家的根本法宪法是有着完整的价值基础的，宪法不可能脱离实际的社会政治形态而存在，因此，宪法本身是一种价值法和政治法，宪法的规范性与一个国家占主流的政治意识形态或政治力量之间不可能产生完全复合的逻辑上的一致关系，也就是说，即便从人民主权原则出发，人民行使权力的方式也不可能完全“国家化”或“宪法化”。执政党的执政行为也分担一部分人民主权运行的功能，而一些基于全体选民表达意思的公决方式也可以排斥人民主权“国家化”的诉求。特别是在我国，共产党作为执政党对国家生活和社会生活实行政治领导，这种领导必须以政治权力作为合法性的基础，这种政治权力从抽象意义上来看，就是执政权。从执政权具体表现形式来看，可以分解为政治决策权、行动指挥权、关系协调权、干部管理权、行为监督权、责任追究权。当然，在上述各项政治权力体系中，监察权可以说其权能要求覆盖了干部管理权、行为监督权和责任追究权等领域，是执政权意义上的一种复合型政治权力。由于监察权所规范的对象涵盖所有行使公权力的“公职人员”，故监察权如果不能具有国家权力的某些权力功能，就无法有效地在国家体制中发挥自身的监督作用，因此，一定程度和部分意义上将监察权的权力形态“国家化”是中国特色的监察权的重要特点，也是保证本质上属于执政

① 参见高全喜：《政治宪法学纲要》，中央编译出版社 2014 年版。

权的权能事项的监察权能够具有更加有效的对人效力、时空效力和制度效力。

将监察权部分意义上予以“国家化”，是监察权在“制度的笼子里”合理运行的重要特征。监察权进入国家权力体系，必须要服从国家权力体系赖以存在的宪法和法律秩序，因此，监察权的正当性在国家权力体系中必须要获得“合法性”。党的十八届四中全会审议通过的《中共中央关于全面推进依法治国若干重大问题的决定》对执政党的执政方式明确提出了“依法执政”“依宪执政”的要求，这种要求并非从逻辑上完全覆盖了执政党的所有执政方式，而是指当执政党的执政纲领、政策和决策事项涉及国家治理和社会治理的领域时，必须要依托法治原则所约束的国家权力体系的规则来规范具体的执政方式和行为，这种来自“国家化”“法治化”价值对执政党的执政权的要求，体现了执政党执政方式的科学性、合理性，可以防止因为少数人决策的失误而影响绝大多数社会公众的合法权益。而监察权进入国家权力体系，监察权并不是要代替现有国家权力体系中的监督权的职能，只不过是利用监察权的政治权力属性真正在制度上解决在现有国家权力体系下监督权自身权威不够的问题，特别是对那些担任国家机关主要负责人的党员干部，在现有的国家权力体系中的监督权监督无效或者监督不力的情况下，国家监察委员会从党管干部原则出发对在国家机关中行使公权力的公职人员的廉政状况进行必要的监察监督无疑会起到“保证执法”的制度功效。为此，监察权进入国家权力体系是有条件的，监察权并没有改变现有的国家权力体系结构，也没有直接针对作为国家管理相对人的社会组织和公民个人，更不会在不同国家机关之间或者是在不同法律监督机关之间制造新的监督关系，而是专门针对在国家机关中行使公权力的公职人员。当然，在原有的国家权力体系中的监督权从理论上和制度上已经覆盖了对所有行使公权力的公职人员的人事监督事项，自然也涵盖了对公职人员廉政状况的监督，但是从监督的能力和效果来看，确实存在着与制度设计的目标相距甚远的现象[①]。为此，在保持原有监督权力体系不变的情况下，在国家权力体系中引入监察权，无疑会使得原有的国家权力体系中的人事监督权更加有效。当然，监察权进入国家权力体系也需要服从国家权力运行的规则，这种规则就是必须要制定统一的《中华人民共和国监察法》，对监察权进入国家权力体系的程序、机制和效力作出明确的规定，特别是对监察权与其他性质的监督权之间的法律联系和制度衔接也要作出科学的界分，否则就会在实践中出现简单的代替或者是相互冲突的问题。

监察权进入国家权力体系，运用法律权力的运行机制来保证执政党“依法执政”“依宪执政”，监察权在法律上管住了在国家机关中行使公权力的公职人员，特别是对公职人员的廉政状况进行必要的监督，可以在制度上进一步强化不同国家机关认真履行宪法和法律职责，推动机关自身的廉政建设。机关人员，特别是领导干部廉政状况改善了，机关本身在权力运行中也就很容易受

① 2014年底，最高人民检察院副检察长邱学强在接受新华社采访时，坦言反贪局在制度方面存在的问题：“最高检反贪总局自1995年成立以来，一些影响办案成效的问题逐渐暴露出来，特别是机构设置不合理、力量分散、案多人少、统筹乏力、装备落后等问题日益凸显，已经不能完全适应反腐败斗争新形势的需要。”参见《热议“国家监察委”》，《民主与法制时报》2017年第1期。

到宪法和法律的约束，进而可以有效地改善不同国家机关之间的法律关系，扎紧反腐败工作的笼子和口袋，形成政治监督与法律监督有机结合的中国特色监察权运行机制。从理论上来看，只有弄清国家监察委员会的性质、行使的监察权的法律特征，才能在国家监察体制改革中把握住改革的大方向，不在一些原则性问题上犯错误，真正实现国家监察体制改革制度设计的初衷。如只从宪法文本出发，只重视从法理上的监督逻辑进行推理，甚至不自觉地运用三权分立的理论来关照、评价、分析目前正在进行的国家监察体制改革，随意开出一堆药方的学术企图都缺少任何有价值的制度推动力。对于正在进行的国家监察体制改革所面临的合法性和正当性来说，真正需要关注的应当是国家监察委员会依据法律可以采取的限制受监察对象的人身权利和自由措施的法律边界在哪儿，而不是从源头上就彻底否定国家监察委员会可以依法采取必要的反腐败法律举措。

本文内容修改版刊登在《中州学刊》2017 年第 10 期，收入本书时作了部分增删。

参考文献

一、著作类

1. 《毛泽东选集》第 2 卷，人民出版社 1991 年版。

2. 《刘少奇选集》上卷，人民出版社 1981 年版。

3. 《邓小平文选》第 2 卷，人民出版社 1983 年版。

4. 《邓小平文选》第 3 卷，人民出版社 1993 年版。

5. 《江泽民文选》第 1 卷，人民出版社 2006 年版。

6. 《江泽民文选》第 2 卷，人民出版社 2006 年版。

7. 《胡锦涛文选》第 3 卷，人民出版社 2016 年版。

8. 《习近平谈治国理政》，外文出版社 2014 年版。

9. 《习近平谈治国理政》第 2 卷，外文出版社 2017 年版。

10.《习近平关于严明党的纪律和规矩论述摘编》，中央文献出版社、中国方正出版社 2016 年版。

11. 《吴邦国论人大工作》（上、下），人民出版社 2017 年版。

12. 《〈中共中央关于全面推进依法治国若干重大问题的决定〉辅导读本》，人民出版社 2014 年版。

13. 《党的十八届六中全会文件学习辅导百问》，党建读物出版社、学习出版社 2016 年版。

14.《党的十九大报告学习辅导百问》，党建读物出版社、学习出版社 2017 年版。

15.《关于〈中共中央关于坚持和完善中国特色社会主义制度、推进国家治理体系和治理能力现代化若干重大问题的决定〉辅导读本》，人民出版社 2019 年版。

16.《党的十九届四中全会〈决定〉学习辅导百问》，学习出版社、党建读物出版社 2019 年版。

17. 中共中央组织部干部教育局、中国法学会研究部编著：《领导干部法治读本》，党建读物出版社 2016 年版。

18. 国家行政学院政治学部编：《中国共产党党内重要法规（修订版）》，人民出版社 2016 年版。

19. 朱景文：《法理学》，中国人民大学出版社 2008 年版。

20.【美】约翰·N. 卓贝尔：《规范与法律》，北京大学出版社 2012 年版。

二、文章类

21. 柳华文：《推动构建人类命运共同体：法律化及其落实》，《厦门大学学报（哲学社会科学版）》2019 年第 6 期。

22. 王峰：《论政府法制化的路径选择》，《边缘法学论坛》2019 年第 2 期。

23. 王雅琴：《中国国家治理法治化的当代实践》，《晋中学院学报》2019 年第 6 期。

24. 杜艳艳、董贵成：《关于构建中国特色社会主义法律体系之历史起点的考察》，《理论界》2014 年第 9 期。

25. 张婧：《中国特色社会主义法律体系形成之路》，《经济师》2015 年第 8 期。

26. 张建升、薄政峰：《从法律体系到法治体系——中国特色社会主义法律体系形成之后的思考》，《东岳论丛》2013 年第 2 期。

27. 魏治勋：《从法律体系到法治体系——论党的十八大对中国特色社会主义法治体系的基本建构》，《北京行政学院学报》2013 年第 1 期。

28. 李杨：《法律体系与法治体系的关系——中国特色社会主义法治体系提出后的思考》，《法制与经济》2016 年第 3 期。

29. 韩春晖：《社会主义法治体系中的软法之治——访著名法学家罗豪才教授》，《国家行政学院学报》2014 年第 6 期。

30. 李玉基：《中国特色社会主义法律体系和法治体系的内涵》，《西部法学评论》2014 年第 6 期。

31. 杜峻峰：《税收制度的构成要素》，《中国税务》1985 年第 5 期。

32. 张利群：《论文艺制度的构成要素》，《广西师范学院学报》2005 年第 2 期。

33. 焦少林：《私有财产权应回归公民基本权利体系》，《安徽师范学院学报（社会科学版）》2004 年第 5 期。

34. 曾青、张玉娆：《继承权并非民事权利——继承权性质研究》,《西南民族大学学报（人文社科版)》2004 年第 10 期。

35. 李亚凝:《论“三定方案”在国家监察制度体系中的作用》,《现代法治研究》2018 年第 4 期。

36. 刘会娜、冯磊:《政策和法律关系之辩:基于历史、理论和现实》,《法制与社会》2015 年第 21 期。

37. 贺晓荣:《试论动态法制与静态法制相悖的文化因素》,《法律科学》1989 年第 2 期。

38. 周叶中:《“中国之治”的制度密码》,《济南日报》2019 年 11 月 28 日。

39. 张学博:《习近平治国理政的法治思维》,《特区实践与理论》2019 年第 1 期。

40. 甘藏春:《现代法治的基本标准和要素》,《法制日报》2015 年 5 月 16 日。

41. 万文周:《刍议有法不依的原因及对策》,《楚天主人》1996 年第 3 期。

42. 刘巽达:《变“刀制”为“水治”》,《民主与科学》2011 年第 4 期。

43. 邵方琦:《不确定法律概念的法律解释》,《法制与社会》2019 年第 8 期。

44. 杜江茜、徐霄桐:《专家:党内法规体系和国家法规体系要衔接起来》,《中国青年报》2014 年 11 月 10 日。

45. 王比学、姜业宏:《新观察:依党内法规从严治党》,《人民日报》2014 年 11 月 26 日。

46. 方世荣：《以党内法规促进依宪治国》，《人民日报》2014 年 12 月 4 日。

47. 侯兆晓：《监察委是行政监察的全面升级》，《民主与法制》2017 年第 2 期。

48. 魏昌东：《国家监察委员会改革方案之辨正：属性、职能与职责定位》，《法学》2017 年第 3 期。

后　记

编辑出版此书，缘于中国方正出版社的约稿。我仔细梳理了一下最近几年在制度、党规和监察方面的已经发表的论文，深觉这些文章背后有着共同逻辑，即所有的文章的选题都来自于对现实问题的关切，而不是简单地从逻辑推理出发的，所以说，本书收录的论文中的一些想法有一定的现实针对性，权且作为读者思考同类问题的学术参考吧。

事实上，这些年来，作者本人对纪检监察工作尤其是国家监察体制改革相关重大问题还是较为关注的。其中的原因之一就是作者的专业宪法学理论需要面对这些新问题的挑战和给予学术上的合理解释。中国的宪法学要真正摆脱西式话语的束缚，不仅仅是简单地弃用西式宪法学话语中的概念和术语问题，更重要的是要拿出一个为实践服务和管用的学术体系。这是非常艰巨的任务，需要从思维方式上作根本性的变革。作者近年来的学术论著也是侧重于对具体问题的研究，试图在大量的实证研究基础之上，归纳总结出一定的逻辑规律，形成自身的学术体系。当然，这种学术努力是否达到了目的，还有待时日的检验。

为方便读者阅读之故，收录本书中的已经发表的相关论文都作了适当删节，同时还增加了尚未公开发表的专题研究成果，旨在构成一个解读“制度”“党规”“监察”的体系化的法理结构，以利于读者更全面和系统地把握上述三个重要领域的理论和实践问题的全貌。此外，根据出版社的建议，还对由于法律法规的修订导致的部分论文内容过时的问题结合新修订的法律法规进行了重写，同时也增加了一些最新文献，目的是为了保证本书各种观点的及时性、有效性。此外，本书也是中国社会科学院重大项目“习近平法治思想与国家制度建设研究”（2022YZD007）阶段性研究成果，是作者近年来以习近平法治思想为指导，全面和系统研究国家制度建设问题的系列成果汇集，谨以此书敬请同行批评指正。

作　者

2023 年 8 月

图书在版编目（CIP）数据

制度之治：历史底蕴与时代特征/莫纪宏著．—北京：中国方正出版社，2023.8

ISBN 978-7-5174-1245-8

Ⅰ.①制… Ⅱ.①莫… Ⅲ.①社会主义法制—研究—中国 Ⅳ.①D920.0

中国国家版本馆 CIP 数据核字（2023）第 176525 号

制度之治：历史底蕴与时代特征

ZHIDU ZHIZHI：LISHI DIYUN YU SHIDAI TEZHENG

莫纪宏 **著**

责任编辑：安乐明
责任校对：周志娟
责任印制：李惠君

出版发行：中国方正出版社
（北京市西城区广安门南街甲 2 号　邮编：100053）
编辑部：（010）59594610　发行部：（010）66560936
印制部：（010）59594625　门市部：（010）66562733
邮购部：（010）66560933
网　址：www.lianzheng.com.cn
经　　销：新华书店
印　　刷：保定市中画美凯印刷有限公司

开　　本：787 毫米×1092 毫米　1/16
印　　张：19
字　　数：195 千字
版　　次：2023 年 8 月第 1 版　2023 年 8 月北京第 1 次印刷

ISBN 978-7-5174-1245-8　　定价：56.00 元